全国船舶工业职业教育教学指导委员会“十三五”规划教材

游艇概论

主　编　刘　璐　王晓天
副主编　连建鲁　杜友威　宋　倩

哈尔滨工程大学出版社
Harbin Engineering University Press

内容简介

本书的主要内容包括走进游艇、游艇材料与制造工艺、游艇艇体、游艇动力及推进装置、游艇电器及导航、游艇舾装、游艇舱室布置及内饰、游艇维护保养等内容。除了对游艇的发展历程、游艇的经济和文化进行了介绍,也根据游艇结构、动力、电气等专业方向对游艇的选购、选机及制造方面的知识进了详细的讲解。

本书可作为大专院校船舶专业的教材,船舶游艇企业的培训资料,也适合用作游艇营销、生产、设备配套等相关行业人员的参考书籍。

图书在版编目(CIP)数据

游艇概论/刘璐,王晓天主编. —哈尔滨:哈尔滨工程大学出版社,2019.8(2025.7 重印)
ISBN 978-7-5661-2262-9

Ⅰ.①游… Ⅱ.①刘… ②王… Ⅲ.①游艇—高等职业教育—教材 Ⅳ.①U674.91

中国版本图书馆 CIP 数据核字(2019)第 142799 号

选题策划 史大伟 薛 力
责任编辑 张植朴 刘海霞
封面设计 李海波

出版发行 哈尔滨工程大学出版社
社　　址 哈尔滨南岗区南通大街 145 号
邮政编码 150001
电　　话 0451-82519989
经　　销 新华书店
印　　刷 哈尔滨午阳印刷有限公司
开　　本 787 mm×1 092 mm 1/16
印　　张 12.5
字　　数 318 千字
版　　次 2019 年 7 月第 1 版
印　　次 2025 年 7 月第 3 次印刷
定　　价 33.00 元

http://www.hrbeupress.com
E-mail:heupress@hrbeu.edu.cn

游艇概论“十三五”规划教材编委会

前　　言

我国职业教育现阶段的主要任务已由外延扩展转为内涵建设。在此阶段，教材建设的重要性就愈发凸显。《国家中长期教育改革和发展规划纲要（2010—2020年）》明确提出要将工学结合作为办学模式改革和提高职业教育质量的重点，这一定位决定了职业教材必须反应职业岗位对人才的需求，突出实践技能的培养。为此，威海海洋职业学院游艇方向的骨干教师针对当前职业教育出现的新特点，结合不断创新的教学思路和方法，联合青岛黄海学院的相关教师，精心编制了实用性较强的工学结合教材《游艇概论》。

本教材的作者都是威海海洋职业学院和青岛黄海学院游艇及相关专业的专业带头人或一线骨干教师，他们有丰富的教学和实践经验。全书结构严谨，思路清晰，案例详实，文笔流畅，充分体现了职业教育教学的“实用性”特点。理论知识深入浅出、言简意赅，实践内容贴合实际，便于读者对游艇的基础入门知识融会贯通。除各主编教师外，青岛黄海学院的周新院、威海海洋职业学院的丁笑笑和任祥华等教师都参与了教材编写，为教材的完成付出了大量心血，在此表示感谢。

由于时间仓促，编者对游艇和相关的实践经验认识有限，编写中存在许多不足和谬误之处，敬请读者批评指正。

编　者
2019年7月

目　　录

项目一　走进游艇

【能力要求】

游艇是一种水上娱乐用的高级耐用消费品,集航海、运动、娱乐、休闲等功能于一体。游艇发展有几百年的历史,在各国都有良好的群众基础。游艇的发展与国家经济和人民的生活水平都有关系。根据不同的特点可以将游艇分成很多种类,本项目对这些种类和分类方式进行了基本介绍,引导学生入门,对游艇有一个初步认识,为进一步的学习奠定基础。

【工作任务】

了解游艇的基本定义、历史发展和经济文化,掌握游艇的基本分类。

【任务目标】

1. 熟悉游艇不同的定义和发展。

2. 熟悉游艇的经济和文化。

3. 掌握游艇的分类方式和不同类型游艇的特点。

【任务链接】

任务一　游艇的起源与发展

任务二　游艇的经济与文化

任务三　游艇的分类

任务一　游艇的起源与发展

游艇,在不同的规定或规范中有不同的界定。

欧洲法律上对游艇的界定:长度不小于2.5 m,不论属于何种性质的器具或设备,只要其作为或可作为水上移动装置的航水器具,且用于非营利性的海上运动、钓鱼或其他娱乐活动,便属于游艇。

而在我国,中华人民共和国交通运输部(简称交通部)《游艇安全管理规定》中对游艇的表述为"指仅限于游艇所有人自身用于游览观光、休闲娱乐等活动的具备机械推进动力装置的船舶"。而中国船级社(China Classification Society,CCS)《游艇建造规范》对游艇的定义为"指从事非营业性游览观光、休闲娱乐等活动的船舶,包括以整船租赁形式从事前述活动的船舶。其适用范围:总长90 m以下、非营业性(含整船租赁)、乘员12人以下,超出这三个条件任何一条的游艇则按客船的相关规定执行"。中华人民共和国海事局(简称海事局)《船舶与海上设施法定检验规则——游艇法定检验暂行规定》中又给出了不一样的表述:"仅包括海上与内河航行的艇长20 m以下的机动游艇,但不包括帆艇、充气式游艇及体育运动艇。"

综上所述,游艇是指拥有人自用或委托游艇管理公司出租的用以休闲娱乐、游览观光、航海运动等水上活动的船舶。

一、国外游艇发展史

游艇的雏形源于300多年前的荷兰,17世纪中叶,英皇查尔斯二世登基时,荷兰赠送了一艘20 m长、5.6 m宽的游艇给查尔斯二世,这成为英国第一艘做工精美、具有游艇意义的皇家狩猎钓鱼艇。此后,王公大臣们纷纷仿效,把渔船改装为豪华的娱乐用艇。18世纪,欧洲海洋国家的贵族、富豪竞相以改装帆船来炫耀,并形成一种风气。19世纪,英国人把螺旋桨和蒸汽机用到游艇上,产生了动力游艇。

而现代意义上的游艇产业始于第二次世界大战后,从20世纪50年代开始,发展至今,大致经历了四个发展阶段。

1. 第一阶段:经典沿袭和现代游艇萌芽阶段

20世纪50年代,世界的航运业和造船业从第二次世界大战的噩梦中苏醒过来。当时一部分生产鱼雷艇的工厂开始转向民品生产,他们擅长的高速艇技术被转移到游艇的开发上来。例如美国亨特(Hunter)公司在战时是高速军用艇的主要生产厂,战后成为美国最大的游艇制造商,在游艇的性能和创新方面处于世界领先地位。英国的沃斯珀(Vosper)公司研制成功的以燃气为动力的快艇,也曾风靡一时。但这种高速艇主要用于赛事和公务艇,还没有进入家庭。但他们的小艇制造技术对游艇产生极大影响,如铝合金艇的制造技术、胶合木结构艇的制造技术以及高速轻型发动机的制造技术。

美国希金斯(Higgins)公司1959年推出的一艘全新设计的快艇,用于运送墨西哥湾海上油田的工作人员。艇底形状的特征是有多条纵向棱状肋条,使艇底部横向呈阶梯状。这种"阶梯"所引起的横向斜升总高度比具有相同面积的光滑艇底的斜升大得多,以此提供一个较小的进水角以减少波浪的冲击。"阶梯"阻碍水沿艇体由龙骨到舭部的横向运动,以减少飞溅,同时当艏部产生下沉运动时能起到气垫缓冲作用。这种"多棱形"艇体在风浪中能发挥高速的特点并有良好的航海性能,对后来的深V形游艇艇体(图1-1)产生了重大影响。

图1-1 典型的深V形艇体

与此同时,日本综合了第二次世界大战时使用的高速艇船型的优缺点,研制成功了耐波性优良的"波形艇体"。德国雷申(Lurssen)船厂对高速圆舭式艇体(图1-2)作了改进,使其成为意大利游艇的主流形状。

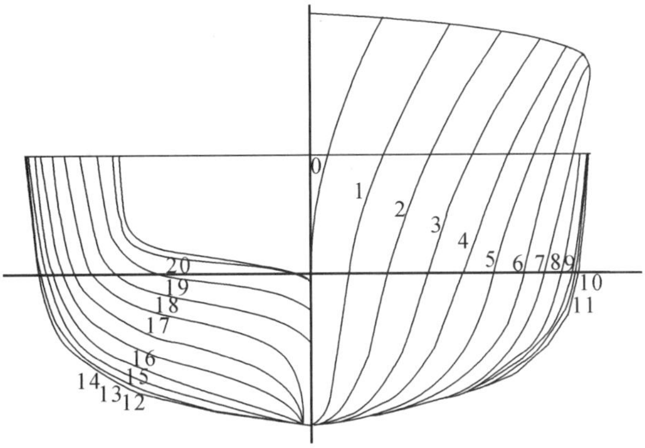

图 1-2　圆舭式艇体横剖面示意图

第二次世界大战结束到 20 世纪 50 年代中期的十多年间，世界游艇的年销售量约为 3 100艘，销售金额约 5 270 万美元。至 20 世纪 50 年代末，世界游艇市场销售金额为 10 多亿美元。其中 71% 为木质结构的小型机动艇和帆艇，少量为铝质结构的机动艇，大部分是作为现代游艇萌芽特征的舷外挂机动力艇（图 1-3）。以美国为例，1965 年，舷外挂机销售量就达到 64.2 万艘，是美国当时历史上舷外挂机年销售量最高纪录，并且至今未被打破。

图 1-3　舷外挂机动力艇

2. 第二阶段：现代游艇成长期

进入 20 世纪 60 年代，世界经济迎来了战后第一个快速发展时期。西方发达国家人民生活水平的提高，拉动了游艇经济的发展，开始了真正意义上的现代游艇的成长期。从制造材料上说，20 世纪 60 年代前半期以胶合木结构为主，在后半期玻璃钢材料和工艺逐步成熟，这对现代游艇的发展产生了巨大的影响。

这个时期，现代游艇的发展以美国和意大利厂商为代表。最为显著的技术创新是“飞桥”（flying bridge）的发明和复式驾驶控制台的出现。这项源于美国人的发明原本用于渔船，它使得游艇露天体积和面积都增加了 30%，并因此革命性地改变了摩托游艇的类型。在意大利，1968 年出现了第一批装备复式驾驶控制台的游艇。它们分别是 Tiger、Italcraft X44（图 1-4）和 Baglietto 16.50。所谓复式驾驶控制台是指飞桥（甲板）上设置的第二套驾驶台,它具有与座舱中驾驶台联动的功能。

图 1-4　Italcraft X44 艇

在 20 世纪 60 年代初期,这时候艇体外板都是采用航海胶合板制作,只有体积很小的艇才会采用玻璃钢材料。这种用胶合板制造的游艇的外观线条很生硬,表面平坦,缺乏柔和的曲线过渡。这是 20 世纪 60 年代在外观设计方面受到的最为明显的限制,直到 20 世纪 70 年代中期,这种外观生硬的线条才转向更为柔顺、美观的曲线。

20 世纪 60 年代后期,意大利等国从美国引进玻璃钢材料和游艇的制造技术,导致游艇制造技术的革命性变化。玻璃钢材料以其色彩鲜丽、亲和力好、强度高、容易成型和可批量生产等特点,为世人所青睐。以玻璃钢为材料制造的游艇开始进入市场,并得以迅速发展,形成了完善的制造、销售、修理、服务、金融、保险等综合配套的工业和市场体系。加上游艇展览会活跃,游艇俱乐部、游艇码头应运而生。世界游艇年销售金额达到 16 亿美元,其中玻璃钢游艇份额占到了 69%。

3. 第三阶段:世界游艇高速发展期和四大板块的形成

从 1973 年开始,世界出现了能源危机,航运和造船业都出现了一个低迷的时期。这个刚刚兴起的游艇热潮随着第一次油料冲击而有所消退。日本 1974 年原定举办的第 13 届游艇展览会被迫中止。这种游艇业的低迷现象直到 1975 年才慢慢复苏。随即进入一个为期十五年的高速发展期。

在这个时期,游艇设计的创新思想不断通过设计大师的作品演绎出来,逐步形成现代游艇的特征和格调。

1975 年,世界经济开始复苏,那时的日本游艇界致力于开发低价、经济的游艇,把目光集中在了日本远古渔业者使用过的"和船"(日式的小型渔船)上。这个时期,由于东发株式会社开发 1.5 hp① 舷外挂机以来经过了约 20 年的历程,日本舷外挂机的功率也按照 10 hp、20 hp、40 hp、50 hp 的顺序逐步大型化,许多渔业者使用了安装舷外挂机的渔船。于是用这样的渔船改造成了钓鱼游艇(图 1-5)。这种类型的游艇因经济适用而得到急速推广,从那时起,游艇项目从一部分有钱人的娱乐转变成了普通人的娱乐。

① 1 hp = 745.699 872 W

图 1－5　钓鱼游艇

Technema 65 型游艇（图 1－6）于 1978 年由意大利 Posillipo 造船厂制造，由吉恩尼·佐康（Gianni Zuccon）设计。该艇现代、优雅和精致的线条标志出摩托游艇的另一个重要里程碑。

图 1－6　Technema 65 型游艇

意大利 Alfamarine 造船厂在 1982 年推出了全新的 Cronos 83 型游艇（图 1－7）。该艇由弗朗戈·哈瑞尔（Franco Harrauer）设计，这是第一艘完全意义上的宽体或整体横梁的游艇，桥楼室从头贯穿到尾部，外表紧凑连贯，没有侧边的过道，以确保内部空间尽可能宽敞。

图 1－7　Cronos 83 型游艇

进入 20 世纪 80 年代，玻璃钢材料的使用已日趋成熟。对新材料的运用自如和玻璃钢丰富的表现力促使设计师们采用更为流畅的线条，而非传统的几何图形。1983 年，一项技术纪录显示出新材料的潜力：Azimut 105 Failaka 艇（图 1-8）的长度为 30.80 m，是当时最大的由玻璃钢模具制造的游艇，该纪录保持了多年。

图 1-8 Azimut 105 Failaka 艇

20 世纪 70 年代，随着西方各国经济的恢复和发展，游艇购买力大幅度提高，美国、西欧、北欧游艇市场对各类游艇的需求量越来越大。20 世纪 70 年代后，亚太地区游艇制造业也进入了快速发展期，日本很快就成为第二大游艇产品出口国，中国台湾地区成为第三大游艇出口地。

至 20 世纪 70 年代，世界游艇市场形成以美国、西欧、北欧、亚太地区为主的四大板块，世界主要游艇生产消费国都处于空前繁荣时期。1981 年美国游艇总销售金额达到 81 亿美元，到 1988 年总销售金额已高达 179 亿美元。

4. 第四阶段：稳定成熟期

进入 20 世纪 90 年代，部分国家游艇市场进入调整阶段，但国际游艇市场仍处于稳定发展的状态。90 年代，游艇向大型化发展，大量的航空、航天先进科技渗入游艇，游艇的附加值不断提升，出现了巨型游艇（即尺度不断增长，装修更加奢侈，科技含量不断提升）。

20 世纪 90 年代，发达国家的环境保护意识增强，一些国家（如日本）的泡沫经济破碎，游艇经济又一次陷入低迷。对环境的保护，国际上提出了许多控制目标，如发动机的加速噪声要降低至 74 dB 以下。美国针对汽油发动机废气排放制定了控制减排目标，并且这个排放标准在不断修正，越来越严格。日本配合这项活动，推进了 4 冲程舷外挂机以及直喷型 2 冲程舷外挂机的开发。现在，日本国内出厂的舷外挂机，80% 以上是环保型的。世界各国的动力机生产厂商都已投入巨资研制低排放污染物的机型，即“低碳化”，以期满足不断提升的环境保护的要求。

关于游艇大型化的趋势在进入 21 世纪后更为明显，各大游艇巨头都推出了长度为 24 m以上的游艇，国际上普遍把 24 m 以上的游艇列为大型游艇，这种游艇的造价高，装饰奢侈，属于豪华游艇。例如，2013 年 4 月，全球最大的私人游艇“阿扎姆号（Azzam）”游艇在德国下水，这艘游艇由雷申（Lurssen）游艇公司为阿拉伯联合酋长国的总统沙特亲王阿尔瓦利德・本・塔拉尔・阿苏德建造，整个游艇建造耗时 4 年左右，造价高达 4 亿英镑。这艘游艇（图 1-9）拥有超过 50 套客房，还配有健身房、按摩浴缸、升降机、直升机停机坪、附属艇、游泳平台、空调、美容室等各种豪华设施。

图 1－9　“阿扎姆号”游艇

进入 21 世纪，对照北美、欧洲游艇市场的强劲势头，亚太地区国家游艇市场份额不断减少，形成以北美洲和欧洲为主的两大游艇市场。美国仍然是世界上最大的游艇消费国和游艇市场。1997 年以来，美国游艇业销售收入一直保持每年平均 8% 的增长幅度，2002 年美国游艇的销售额突破了 300 亿美元，大约占世界游艇总份额的 55%，保持着世界游艇市场的霸主地位。这个时期，美国游艇数量基本上维持在 1 700 多万艘的水平，参与人数大约占总人口的 1/3。2007 年，美国游艇销售额（包括游艇、配件销售和维护服务等相关消费）高达 375 亿美元。

现在，西方国家几乎把所有的最先进的科技产品都装备到游艇上。游艇装备甚至超过了汽车，成为当今世界仅次于私人飞机的奢侈游乐装备。

二、我国游艇发展史

我国的游艇发展史说来源远流长，但风格与国外截然不同。流传在民间的画舫和龙舟就是融入中国古老文化的游艇。

画舫（图 1－10）出现在皇宫花园和有钱人家的庭院中已经有几百年的历史，北京的颐和园、北海、什刹海、恭王府，还有南京的总统府（煦园）至今仍可见到昔日画舫的遗迹。画舫的造型宛如一座水上行宫，宫殿有飞檐、琉璃瓦、雕梁画栋、亭台楼阁，浓缩了中国古建筑的精华。它既供人们乘坐，浮动于水面浏览园中景色，同时它又构成园中一景，与周围的建筑、园景交相辉映，成为一道流动的风景线。

图 1－10　南京总统府（煦园）画舫

龙舟(图1－11),是端午节竞渡用的龙形船,船上画着龙的形状或船整体做成龙的形状,它和中国几千年的民俗文化不可分割,是我国民间游船文化的重要组成部分。龙舟一般狭长,前有龙头,后有龙尾,人坐成一列,两手操桨,动作整齐划一时行走如箭。赛龙舟,集民俗、娱乐、竞技、于一体,深受百姓的喜爱,不仅是中国民间传统水上体育娱乐项目,更体现出我国传统的历史文化继承性和人们的集体主义精神。

图1－11　典型龙舟

我国现代游艇工业起步于20世纪50年代,其间经历了几十年缓慢的发展过程,直到21世纪初才形成游艇工业初步发展的局面。这里以休闲(或称家用型)游艇的开发、建造为基准,将我国游艇工业发展历程分为以下三个阶段。

1. 萌芽阶段(20世纪50～70年代)

20世纪50年代,我国从英国引进了玻璃纤维材料生产技术,1958年首条聚酯玻璃钢艇由上海耀华玻璃厂试制成功。20世纪60年代,台湾、香港和澳门地区开始大规模地引入游艇的生产与消费,并且得到了良好的发展。台湾地区率先形成了具有国际水准的生产能力,2003年台湾地区游艇产值达20亿美元。香港和澳门则引入了世界各国各种各样最先进的游艇,现在两地在册的游艇加起来超过了15 000艘。

内地(大陆)于20世纪70年代中期开始制造FRP(fiber reimforced plastics)游艇。由于消费水平较低,其主要作为小型游乐艇,如供公园、人工湖及海边用的划桨艇、机动小艇和游览艇。后为适应旅游景区的需要,逐渐建造客位较多的游艇,大多是用作旅游观光和交通的机动游览艇(图1－12),艇体材质仍以钢质为主。

图1－12　钢质机动游览艇

在1971～1975年期间，以芜湖造船厂为主，上海交通大学、中国船舶及海洋工程设计研究院、宜昌测试技术研究所、船舶工艺研究所等单位参加，共同研制了39 m长玻璃钢试验艇。该艇经各项试验和多年使用证明，艇体结构设计和建造工艺是成功的。该艇是我国在改革开放之前自主建造的最大的一艘玻璃钢艇，在当时它是世界上仅次于“威尔顿号”扫雷舰的大型玻璃钢船。

2. 起步阶段(20世纪80～90年代初期)

进入20世纪80年代，改革开放的深入和国内旅游业的蓬勃发展，促进了游艇工业的发展。江苏、浙江、广东、福建、山东等沿海省份陆续涌现出一批专业生产游艇的厂商，这些企业通过引进国外先进技术、来料加工、与外商合资和技术合作等途径，开始生产各种不同规格、不同型号的游艇，其中包括豪华型游艇。

20世纪80年代初，一方面我国玻璃钢材料工业日趋成熟，另一方面，发达国家的环境保护意识和人工成本的增长，导致美国、日本等地的游艇厂商开始与我国内地(大陆)的FRP船厂合作生产游艇。通过来料加工引进专家和先进技术、与外商合资以及外商独资办企业等形式，促进了内地(大陆)FRP游艇的发展。在这期间先是根据欧美等客商的要求，采用国外原材料和设备生产了帆艇、钓鱼游览艇及家庭用游艇，取得了一定成绩，后来又逐渐发展到与国外合作，甚至自行设计建造较大的游艇乃至高档豪华游艇。

这一阶段，我国内地(大陆)游艇产品质量总体上档次较低，销售对象主要是国内公务管理部门、旅游部门、渔业部门和客运部门等，销售量只占很小比例。这一期间，国内游艇消费受政策的影响只是处在起步阶段，游艇俱乐部还是个新事物，广东东莞在20世纪90年代初开始出现游艇俱乐部，不过形成很简陋，也没有几艘游艇停靠，所以当时大陆生产的游艇基本上都是供出口。

3. 加速发展阶段(20世纪90年代后期至今)

近二十年来，我国经济持续高速增长，居民收入成倍增加、消费水平大幅度提高，旅游休闲市场逐步升温。与此同时，世界游艇工业同造船业一样出现由西向东转移的趋势。世界游艇及游艇配套设备、材料厂商看好中国游艇市场发展潜力及蕴藏的巨大商机，纷纷来华投资建立独资、中外合资、中外合作、港澳台资游艇生产企业。大量外商独资企业和中外合资企业的建立，使国内企业大量引进国外技术和智力，甚至国内有实力的大型企业收购国际著名品牌而高调进入游艇产业，极大地提升了我国游艇工业的生产能力和设计开发水平。这个时期的产品质量明显提高，游艇品种多样化、大型化、高档化，豪华游艇的出口比例增加。例如2018年8月，由烟台中集来福士旗下品牌普莱德游艇设计建造的目前亚洲最大的超级游艇“幻想号”下水。“幻想号”全长88.5 m，宽15.4 m，拥有6层甲板，空间达到3 642总吨，铝钢船体结构，是一座集商务、运动、休闲多功能于一体的理想“海上家园”(图1－13)。

与此同时，我国游艇消费市场也逐步升温，私人豪华游艇拥有者数量增加，游艇俱乐部纷纷成立，上海、大连、广州等地连年举办国际游艇展览会，游艇码头建设项目也大量上马。

我国内地(大陆)生产游艇有规模的企业2003年就突破了300家，并且仍在不断扩大发展中。从北方的大连，东部的上海，到南方的深圳、珠海、三亚，沿海十几个海滨城市几年之间就冒出了60多家游艇俱乐部。

2008年下半年开始的全球金融风暴给世界经济带来了不可估量的影响，也给全球游艇业带来了严重影响。消费的下降使得全球领先的美国及世界巨头游艇企业受到沉重打击，

图 1-13 超级游艇“幻想号”

甚至不少企业破产倒闭,关门停产。

中国是发展中国家,也是这次世界性金融危机中唯一继续保持高速增长的国家。随着国力的增长和人民生活水平的提高,继汽车进入家庭消费之后,游艇消费的概念也开始萌生。追求美好生活总是驱动人们不断奋进最强劲的动力,这对经过近 30 年的稳步发展、技术的积累、队伍的形成、市场的起步和发展的中国来说,带来了游艇产业崛起的良好机遇。特别是游艇这种高技术、高资金密集、高劳动密集和强烈个性化要求合一的产品对中国来说特别适宜,中国游艇业逐渐从纯出口型转向国内市场,并通过网罗国际游艇人才和技术,凭借其船艇制造业的优势逐渐跨入世界游艇产销的大国。

任务二 游艇的经济与文化

一、游艇经济

1. 游艇经济概述

游艇经济包含游艇的设计与建造、使用、维修和保养以及旅游服务业带来的经济效益。它既是滨海旅游经济的一个重要组成部分,又是海洋船舶经济的一个重要组成部分。

虽然游艇经济从第二次世界大战后才兴起,比起具有数百年历史的海运经济来说要年轻得多。但由于游艇是一种高附加值、高利润的产品,因此游艇工业和游艇市场发展得特别快。至 20 世纪 80 年代中期,世界各国游艇年产量约为 90 万艘,其销售额已接近海运商船的销售总额。尤其是 1988 年,世界游艇工业产品(包括游艇及其设备)的零售额竟创造了 250 亿美元的历史纪录,此值可能已超过当年世界海运商船(不计零售设备)的总销售额。尽管 20 世纪 80 年代末、90 年代初受经济不景气和海湾战争等因素的影响,世界游艇市场下滑到年产值约 200 亿美元,而此时海运商船市场的产值则回升到 250 亿 ~ 300 亿美元。即便如此,人们还是有理由认为游艇市场的规模可接近于海运商船市场的规模,亦即游艇工业几乎占整个船舶工业(民船、军船及游艇加配套设备)的三分之一。

2. 世界游艇市场发展概况

游艇业的发展已被看作是一个国家和地区经济发达程度的一种标志。

20 世纪 50 年代初期,游艇的年销售量约为 3 100 艘,销售金额约为 5 270 万美元,其中 71% 为木质结构的小型机动艇和帆艇,少量为铝质结构的机动艇。50 年代机动艇的主要动力是舷外挂机,并以小型艇为主。

20 世纪 60 年代初期,由于玻璃纤维增强塑料(俗称玻璃钢)在技术上的发展和生产成本的下降,玻璃钢游艇开始进入市场,并很快发展起来。当时,世界游艇市场的年销售金额达到 15 亿美元,其中玻璃钢游艇占 69%。西方游艇产业已发展成为更加完善的制造、销售、修理、服务、金融、保险等综合配套的工业体系。在这一时期游艇展览会成交活跃,游艇俱乐部、游艇码头应运而生。

1970 年美国和西欧的游艇销售金额已达 38 亿美元,其中美国市场占 73.6%。20 世纪 70 年代末期,美国游艇需求急剧上升,市场销售金额达到 75 亿美元,超过 1975 年的一倍以上。亚太地区游艇制造业进入 70 年代以后迅速发展起来,日本、新加坡、韩国、中国香港和台湾等国家和地区的游艇进入国际市场。我国台湾在 70 年代异军突起,出口了 2 万多条游艇。70 年代亚太地区游艇制造业的迅速发展已和游艇第一大生产消费国美国形成了竞争态势,并成为西欧、北欧的竞争对手。

进入 20 世纪 80 年代,随着西方各国经济的恢复和发展、购买力的提高,游艇市场对各类游艇的需求量越来越大。虽然游艇市场受到两次能源危机的冲击,曾出现过市场销售额下降,竞争激烈的情况,但是游艇市场总的趋势是上升的,而且上升幅度较大。1981 年美国游艇总销售金额达到 87 亿美元,到 1988 年总销售金额已高达 179 亿美元,创下历史最高纪录。与此同时,世界主要游艇生产消费国都处于最繁荣的时期。20 世纪 80 年代末,世界游艇市场由于种种原因开始转向疲软。西班牙、意大利、挪威、丹麦、美国等游艇市场的增长速度都在放慢,有的出现了明显下降的趋势,其中以美国的下降速度最为明显。一些以游艇和零配件为主的生产销售商受到的打击最大,纷纷关停并转移;许多游艇制造商纷纷寻找劳动力便宜的市场转移生产基地,以提高产品的竞争能力;意大利政府还采用了减少游艇附加价值税的办法来鼓励游艇市场回弹。

进入 20 世纪 90 年代,当一些国家游艇市场仍在低迷之际,日本、英国、荷兰、德国、澳大利亚、瑞典等国家的市场仍显平稳。特别是日本,1990 年日本仅从美国进口的游艇总额就达 1.63 亿美元,比 1989 年的 8 854.9 万美元,提高了 84%。目前,世界游艇市场主要集中在美国、西欧、加拿大、澳大利亚和日本等发达国家以及中东石油输出国等经济富有国家,其中最大的市场是美国,如图 1-14 所示。

图 1-14 洛杉矶玛丽安德尔湾

随着世界经济稳定快速发展,势必拉动游艇消费需求,未来几年国际游艇市场仍将保持旺盛发展态势。

3. 我国游艇经济发展概况

(1)游艇消费将成为下一个"制高点"。

改革开放四十余年,中国国民经济的高速增长令世界瞩目,经济的增长和消费的互动发展推进了社会财富的迅速增长。可以预测,继住房、汽车之后,游艇将成为我国下一个消费的"制高点"。游艇不仅仅是身份和财富的象征,更是一项高雅娱乐和运动的载体。随着游艇知识的普及及国际性帆船、赛艇、海钓赛的举办,游艇休闲越来越成为有识之士的时尚之选,这是中国游艇经济到来的有力信号。

游艇业是一个集技术、资金、劳动力并融合文化、艺术于一体的新兴产业,游艇所用的材料、设备、配件等质地要求高,内部装饰制作精细复杂,手工工作量大,技术精湛,造价十分昂贵,每艘游艇售价少则几十万元,高则数千万元,具有较高的产业附加值和利润。近几年来,我国游艇出口大幅度增长,船艇工业呈现逐年增长和迅猛发展的态势。

(2)中国是全球最庞大且最具潜力的游艇市场。

根据世界游艇产业的发展规律,当人均 GDP 达到 3 000 美元时,游艇经济就开始萌芽,人均 GDP 超过 4 000 美元时是游艇业发展最快的时期。图 1-15 为我国近年人均 GDP 发展情况,我国 2007 年的人均国内生产总值就超过了 3 000 美元,近年来更是稳步增长,我国具备了游艇休闲娱乐快速发展的基本经济条件。

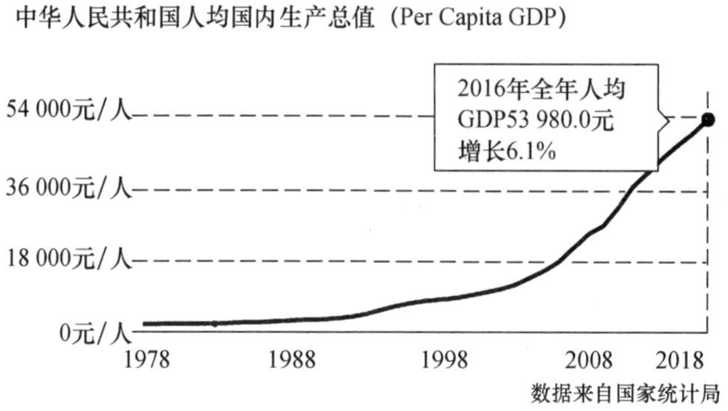

图 1-15　我国近年人均国内生产总值

基本生活条件的改善提出了高品质生活的要求,当小康的人们不再满足于房子和汽车时,更具有休闲色彩的游艇便成了大家竞相追逐的焦点,甚至从意大利、法国、英国、美国等游艇制造发达国家订购高档的游艇已经在一些企业大亨中渐渐流行起来。随着已经运营中的游艇码头和二十多个游艇码头建造计划,加之人们收入的提高和改善生活品质的需求,中国不久就将成为重要的游艇消费市场。

国际市场分析家指出,中国目前是全球最庞大且最具潜力的游艇市场。自改革开放以来,中国经济持续发展,国民生活水平显著提高,加上政府推行五天工作制和全民健身计划,中国公民用在旅游、娱乐、运动上的花费和时间不断增加,为游艇产业的迅速发展提供了动力。

(3)游艇经济被称为"漂浮在黄金水道上的商机"。

我国拥有 1.8×10^4 km 的海岸线和 6 500 多个岛屿,还拥有长江、黄河、珠江、黑龙江等众多水系和 2.48 万个湖泊,是一个海岸线漫长、水网密集的国家,水上旅游和水系景观资源丰富,开发水上旅游业具有十分有利的条件。

丰富的水域资源赋予游艇娱乐业良好的自然条件。在漫长的海岸线和众多的岛屿中,有不少原本荒芜的海滩和内陆水域岸线、海岛和港湾的边角，还有被废弃的海岛和渔村，这些地方经过设计开发和整修改造，都可以成为水上休闲度假区（图1-16）。近两年，上海、浙江、厦门等地推出亲水楼盘，把游艇作为高档楼盘开发的配套设施，受到消费者的欢迎。我国有许多这样的山水资源蕴藏着开发的潜力。

游艇产业不仅包括制造业，还包括游艇娱乐、游艇维护保养、金融服务等，其发展可以带动就业，拉动内需。游艇经济在国际上已成为一个庞大、热门的产业链，被称为“漂浮在黄金水道上的商机”。根据海外的研究报告显示，游艇产业具有高附加值。它可拉动包括游艇研究开发、设计制造、销售、使用、维护保养、修理、管理、旅游、餐饮、酒店、房地产等产业。在游艇上1美元的投资，可引发6.5～10美元的乘数效应。因此，地方经济发展需要适合发展的新的经济增长点，而游艇产业链的丰富内涵被许多地方政府所看好，它有利于改善环境和气候，符合中央提倡的科学发展观，所以游艇产业已成为许多地方重点支持的产业。全国共有80多个中心城市进行了景观水系资源开发规划和项目建设，给游艇经济带来了巨大商机。

图1-16　含章湖水上休闲度假区

二、游艇文化

游艇文化带给我们的是一种全新的生活理念，将人们在陆地的生活延续到了海上。你可以驾艇疾驰、乘风破浪，也可以随波漂浮看海天一色，还可以将自己的领地与影响力扩展到海洋上，唤起血液里对海洋的怀念与渴望。而游艇内部富丽堂皇的客厅、宴会厅、餐厅、宾主卧房、娱乐室，配备的各色影音娱乐、卫星通信等高科技设施，都使哪怕最小的私人游艇成为名副其实的“海上行宫”。搭载上新式的浮潜设备、滑水橇、钓鱼设备等水上运动装备，激动人心的旅程令人抱有期待。

游艇的兴起已是事实，在游艇兴起的同时，对于游艇生活所代表的文化内涵的探讨与研究，也就变得必不可少。

1.时尚及品牌意识

游艇是一种文化，也是一种时尚。就像人们选购服饰一样，追求时尚和新的理念永无止境。如同每个服装设计师都会树立自己的风格一样，每个游艇设计师（或者他领导的一个团队）都有自己的设计理念和标新立异的创新风格，如果没有独特的创新思维，就不可能设计出有品位的游艇。

在游艇设计上，往往一种窗的造型、一种飞桥的造型、一种内部的装饰都可以成为品牌的象征。例如1994年意大利Azimut公司推出的78和54两款艇采用了滴水式的门窗体，这种门窗体代言了许多年Azimut艇的形象，引导了当时设计的潮流。意大利Wally Power公司在2003年推出的一款新艇设计（图1－17）展现了完全不同寻常的艇体外观：竖直的船首，两舷布置涡轮机的大型进出风口；桥楼室完全用玻璃制作成棱镜状，倾斜而富有流线型，而船的中轴穿透水晶透明的船身，给底下的空间带来完美的光线。这种独特的造型成为Wally Power品牌的形象。

图1－17　Wally Power 118艇的造型

游艇是奢侈品，所以要讲究品牌意识，不靠低价竞争。好品质的艇当船东再卖到旧船市场时，仍保有一定的价值，也就是游艇业所说的resale value（再卖价值）非常重要。

游艇也和汽车一样要定期维修保养，中型艇每一两年要吊到岸上全部整修再放下水去。所以售后服务很受客户重视，品牌的价值也体现在维修服务上。

2. 海洋文化的延伸

懂得欣赏的人，知道每一艘游艇都是一件艺术品，能分辨出意大利游艇充满拉丁味的浪漫华美，澳大利亚游艇充满线条感的现代气息，美国游艇的个性和实用……

游艇在许多人的心目中，曾经成了顶级奢华的代名词，曾经受到王室、名人和顶级富豪的宠爱。一艘豪华游艇内部富丽堂皇，客厅、卧房、厨房、酒吧、卡拉OK音响等设备一应俱全，各种高科技装备、通信及卫星导航系统也是应有尽有，极尽你的想象，也构建出财富、身份的分水岭。

成功人士大多工作繁忙，与家人共聚天伦的机会也就相对减少。如果能与妻儿一起驾船出海游玩，在完全不被外界打扰的环境里，共同感受大自然所带来的心旷神怡，再加上一些垂钓、潜水、烧烤等休闲活动，定能增添许多美好的回忆。

携带爱船加入游艇俱乐部，就等于进入了一个高档社交圈。在休闲娱乐的同时，融进了对玩伴社会身份的选择和认同，扩大了社交的范围。

游艇还可承载商务交往的作用。商务型游艇设施齐备，装饰豪华，邀请客户到自己的游艇上聊天、会晤，甚至出航，都是很体面的交际活动。有的客户还用企业的名称为爱船命名，形成无形的广告宣传，给人留下非同一般的深刻印象。

3. 我国的游艇文化

随着中国的发展，在21世纪走向海洋将成为必然，在此趋势下，国民的海洋意识和海洋文化亟须提高，游艇运动作为大众型的海洋(水上)运动，对此将大有裨益。

在游艇设计中融入中国文化的元素，这不但将成为沟通中国传统文化与以游艇代表的海洋文化的桥梁，而且也将为中国游艇业的发展带来巨大的促进作用。拥有我国自己风格的游艇，无论是为创建中国的“游艇文化”还是对于中国游艇企业开辟国外市场都将具有深远的意义，所以将中国文化元素融入游艇设计将是具有现实和长远两方面意义的重大创举。

而一些国际设计师已然开始中国元素的游艇探索，例如 2017 年，Pride Mega Yachts 建造的游艇 Red Star(图 1－18)，无论艇体还是内饰(图 1－19)都充满了中国气息，是中国元素融入超级游艇的成功探索。

图 1－18　Red Star 艇

图 1－19　Red Star 艇内饰

中国的“游艇文化”建立的过程将会成为中国“海洋文化”复兴的重要组成部分。对于今后游艇文化的普及，游艇俱乐部将发挥极大作用，因为游艇的价格之昂贵远非一般人所能购买的，但是俱乐部形式的租赁则将把游艇运动的经济门槛降低许多。大力发展游艇俱乐部，以游艇俱乐部引导消费者逐渐建立游艇运动的习惯，并最终形成“游艇文化”是中国游艇业发展的主要战略方向。

任务三 游艇的分类

游艇种类繁多,分类方式也有很多。游艇分类见表 1 – 1。

表 1 – 1 游艇分类

分类方式	游艇种类
艇体材料	木质艇、钢质艇、铝质艇、玻璃钢艇(FRP 艇)、先进复合材料(ACM)艇
艇体数量和构造	单体艇、双体艇、多体艇
航行原理	排水量艇、滑行艇、水翼艇、气垫船、冲翼艇(地效翼船)、潜水艇
动力	动力艇、风帆艇、划艇
装机方式	舷外挂机艇、舷内外机艇、舷内机艇
用途	运动型游艇、家庭游艇、商务游艇、钓鱼艇、赛艇
速度	低速艇、中速艇、高速艇、超高速艇
造价及豪华档次	普通艇、中档艇、豪华型艇、超豪华型艇
长度和大小	小型艇、中型艇、大型艇、超级游艇

下面,我们将从几种常见的分类方式出发,一起来认识一下各式各样的游艇吧。

一、按艇体尺度分类

按艇体长度和大小的不同,可分为小型艇、中型艇、大型艇等。

市场上用来标识游艇大小的长度通常是指游艇的总长(L_{OA})或外形(最大)长度,从游艇的首柱最前缘量起到尾封板或尾柱后缘的距离,但不包括任何其他突出物。

国际上常用英尺(ft)为单位,销售商提供的游艇型号往往是以“品牌 + 英制艇长”组成的代码,例如 Cortenzo 86 型游艇,说明其品牌为 Cortenzo(中国红双喜游艇公司的品牌),标称艇长为 86 ft① 的游艇。

按艇体尺度划分游艇大小,目前还没有统一的标准。意大利是一个游艇产业相当发达的国家,他们对游艇进行了法定分类:长度在 10 m 及以下的动力艇或者帆船称为小型游艇;长度在 10 ~ 24 m 之间的动力艇或者帆船称为中型游艇;长度在 24 m 以上则称为大型游艇。其中大型游艇业又分为三类, 24 ~60 m 称为超级游艇 Super – Yacht;60 ~100 m 称为兆级游艇 Mega – Yacht;100 m 以上称为顶级游艇 Giga – Yacht。

按艇体尺度分类,还有些约定俗成的说法,如有的把 35 ft 以下算作小型游艇;35 ~ 75 ft 算作中型游艇;75 ft 以上算作大型游艇。而尺度不同,往往适合的场合也不同。

1. 小型游艇

20 ~40 ft 以下的小型游艇多为运动型游艇。

① 1 ft = 0.3 048 m。

这种游艇基本相当于我们平时所说的快艇，以价格低、入门快的特性一直在各大游艇业发达国家占最大份额。一般配有大功率发动机，追求速度的极致，配置则相对简洁。

2. 中型游艇

40 ~ 75 ft 的中型游艇多为休闲型游艇。

这种游艇一般以家庭度假游艇和海钓游艇常见，家庭度假游艇可供 3 ~ 6 人出海度假，至少设 1 个舱间，通常配 2 ~ 3 个睡房，此外还有厨房、客房、游戏房等诸多家庭便利设施，带足补给可在海上停留一周，设计上也注重营造温馨的家庭氛围。

海钓游艇与家用艇规模类似，位于上甲板的驾驶室更迎合海钓者需求，艇内通常设储鱼池、钓竿支架、饵料箱、滑轮等全套海钓装置，型号大的还装有分线架和鱼群追踪器等，并在客厅配有厨房，方便海钓者在食材最新鲜的时刻烹饪享用。

3. 大型游艇

75 ft 以上的大型游艇多为商务型游艇。

这种游艇一般装潢高档，多用于商务会议、企业聚会和公关推广等商务活动，通常配 3 ~ 5间睡房，可供 6 ~ 10 人休息，通信、会议和办公设备完善，艇后的甲板休息区、会客和用餐区更大，使商业交流在轻松的气氛中顺畅进行。

而超级游艇（图 1 – 20）作为顶级豪华游艇，设施品质与设计格调无与伦比，餐厅、酒吧、水疗、影院、健身房、甲板高尔夫、停机坪，甚至配有私人医生的简易诊所，大部分陆地休闲活动都可以在这里实现。

图 1 – 20　超级游艇

二、按艇体数量和构造分类

游艇按艇体数量可区分为单体、双体和多体艇。每类艇体又可按构造分为若干品种。

1. 单体艇

单体艇是最为常见的船型，它只有一个艇体，由于其设计成熟、整体构造强和性价比高等优势一直在游艇界占据主导地位。

2. 双体艇

对于中低速游艇来说，双体艇的减阻效果明显，所以近年来得到了较多应用。图 1 – 21 中的 Venturer 44 双体游艇就是一个应用例子。

图 1－21　Venturer 44 双体游艇

双体艇,顾名思义有两个艇体组成,好像一个艇体被切成两个半片,称为“片体”。上面用连接桥连接起来就成了一艘完整的艇。双体艇带来的另两个显著优点是甲板面积增加和横稳性提高。

双体艇的种类也很多。两个片体形状有对称的和非对称的,而且以非对称的居多。一些双体艇连接桥的底面接触水面,就演变成双体槽道艇,多出现在高速艇上。槽道艇在低速时,连接桥底部浸沉在水中,如同排水船一样航行。当艇逐渐加速时,槽道底部的滑行面开始起作用,帮助艇提前起飞(滑)。速度提高后,槽道的底部逐渐离开水面,减少了水的摩擦阻力。有的槽道艇即便高速时,离开水表面的距离也很小,依靠前面灌入的空气产生空气润滑作用,并以此来降低艇的阻力。图 1－22 为一艘双体槽道艇的艇体形状。图中标示出了高速航行时的水线位置,可见即便是在高速时,槽道的底部也贴近水面,从前方灌入的空气在这个很小的间隙中形成气垫,对于在波浪中减小拍击和缓冲升沉运动起到了很好的效果。

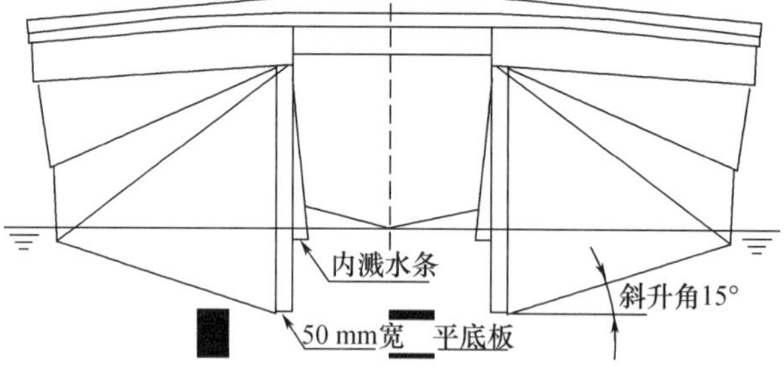

图 1－22　双体槽道艇的艇体形状

双体槽道艇适合做高速艇,它与单体高速艇比较,有如下的优点:较好的耐波性、良好的操纵性、突出的稳性和超载性能。

双体艇的两个艇体也有做成长短不对称形式的,例如我国建造的“亚洲女士(Asean Lady)号”超级游艇就采用了长短不对称的双体船形式(图 1－23)。从图中可以看到,它的主船体较长,承担着全船载荷的主要部分,而副船体较短,只起了一个支点和稳定器的作用。

图 1－23　“亚洲女士号”不对称双体游艇

3. 多体艇

多体艇中常见的为三体艇，但使用于实际游艇的例子还不多，三体船的主体（中间船体）是一个狭长的穿浪型艇体，船体后段两侧各有一个稍短一些的狭长浮舟。在高速航行时，狭长的中间船体能大幅度降低水的阻力，顺利将水面切开。在面对涌浪或大浪时，尖削的艏部能顺利破浪前进，并将船体的纵向摇动降至最低。两个边侧浮舟扮演着横向稳定器的角色。

图 1－24 为一艘概念性实验艇“Earthrace 号”，诞生于 2005 年 2 月，是一艘环保概念的实验艇，由 Craig Loomes Design Group 设计、奥克兰的 CalibreBoats 公司建造。它总长 24 m，船宽 8 m，可加载 12 000 L 燃料，净重 14 t，总载重 26 t，采用高科技碳纤维复合材料做艇体，“Earthrace 号”还刷新了当时动力船艇环球航海的纪录。

图 1－24　“Earthrace”号环保概念实验艇

三、国际常用

按照游艇构造特征的不同，结合它们的使用功能，国际上有一系列的关于游艇的常用称谓，用于游艇的甄别、选择和交流，见表 1－2。

表 1－2　游艇常用称谓

休闲用 cruising	钓鱼用 fishing	水上运动用 water sports
敞首艇 bowrider	巴斯艇(低音艇) bass boat	个人水上摩托艇(PWC) personal watercraft
甲板艇 deck boat	扁平艇 flats boat	敞首运动艇 bowrider/sportboat
浮桥艇 pontoon boat	中央控制钓鱼艇 center console fisher	水撬艇 ski boat
高性能艇 high－performance boat	卡迪艇/海钓艇 cuddy cabin/walkaround	滑板艇 wakeboard boat
快速巡航艇 express cruiser	开放式快艇 open express	喷射艇 jet boat
拖网渔船 trawler	活动软篷海钓艇 convertible/sport fisherman	气胀艇 inflatable
摩托艇 motor yacht	乔恩艇 jon boat	刚性气胀艇 rigid inflatable boat

1. 敞首艇(bowrider)

“敞首艇”是一种摩托小艇，可乘坐 4～8 人，适合竞速、钓鱼和拖带滑水板等娱乐活动。这种艇的首部甲板下面不设住舱，驾驶台前方甲板做成敞开的凹槽形，可安排额外的座位，让你的朋友坐在前面一起兜风。当艇航行时，首部乘坐的人员犹如骑行在浪尖，可以尽情享受乘风破浪的感觉，此类艇因其首部的布局而得名，如图 1－25 所示。

图 1－25　敞首艇

敞首艇的典型尺度为 5 m(17 ft)至 9 m(30 ft)。采用尾机或舷外挂机驱动。这种艇在风浪中，首部甲板容易上浪，引起海水灌入舱内，所以只适合在内湖或平静水面航行，不适合在有风浪的海区中航行。

2. 甲板艇(deck boat)

甲板艇宽敞而充裕的甲板面积可以容纳乘客和各种设施,图 1-26 是这种艇的常见形式。甲板艇是敞开式的,没有适合过夜的船舱,因此只适合白天晴朗的天气出游。

图 1-26 甲板艇

3. 浮桥艇(pontoon boat)

浮桥艇是一种支承在浮动结构上的艇,支承艇体的浮动结构有浮筒、浮箱、圆柱形的金属管或气胀式 U 形橡胶管,类似于浮筏或双体船(图 1-27)。甲板上面的布局类似上述的甲板艇,同样不适合过夜。

图 1-27 浮桥艇

4. 高性能艇(high-performance boat)

高性能艇通常指采用特殊结构而达到高速度的艇。图 1-28 是一艘竞速用的高性能滑行艇,它的艇底有两个断阶,与舷边的凹槽连通,通过两舷边的凹槽吸入空气,使两个断阶处充满空气而产生空气润滑作用。这种特殊的结构可以降低阻力,使艇的运行更加平稳,从而达到更高的速度,因此称其为高性能艇。

高性能艇的品种十分繁杂,结构也十分特异。除了上述的高性能滑行艇例子外,常见的高性能艇还有水翼艇、冲翼艇、气垫船、穿浪双体船、小水线面船以及各种杂交艇型。

图 1-29 为万国气垫船(universal hovercraft)公司新推出的一种杂交型高性能游艇,不

图 1－28 高性能艇

过这些特异的高性能游艇都需要经过专业培训的驾驶员和由专业机构来保养，不适合家庭使用。

图 1－29 杂交型高性能艇

5. 快速巡航艇（express cruiser）

快速巡航艇（图 1－30）的尺度比较大，通常在 42～60 ft 之间，主要适合于 3～6 人出海度周末，或是沿海跨城市巡游。这种休闲用艇主要提供了客舱和过夜的功能，装饰比较豪华，一般设置 1～3 个客舱，有洗浴间和厨房。

图 1－30 快速巡航艇

6. 拖网渔船(trawler)

一种可供休闲、捕鱼两用的游艇,具有拖网渔船作业的设施(图 1 - 31)。

从游艇的发展史来看,早期的现代游艇就是从渔船改装而来的,捕鱼本身就是一种休闲娱乐方式,所以很多的游艇都具有捕鱼或钓鱼的功能。用钓竿钓鱼的艇一般尺度较小,不具备住宿过夜的设施,每次出海必须当天往返,因此不可能跑得很远,钓鱼的海域受到限制。而拖网渔船的尺度要大得多,具有住宿过夜的设施,可以到深海去扩大捕鱼的海域,将网渔、钓鱼、巡游、住宿的功能融为一体。另外,这种船上配备现代化的鱼探仪器,能够跟踪鱼群,捕鱼效率高,若配备活水鱼舱,则可以把新鲜的活鱼运回来。这类船的尺度一般比较大,采用钢质艇体居多。速度也不要求很快,这样可以节省功率,经济性好,适合居家旅游、海上度假。

图 1 - 31 拖网渔船

7. 摩托艇(motor yacht)

摩托艇是机动艇的总称。这里指有封闭式上层建筑的艇,一般具有一到两层甲板,装饰比较豪华,具备房艇和商务艇的功能(图 1 - 32),可供居家旅游、潜水探险和进行商务活动。

图 1 - 32 摩托艇

8. 巴斯艇(bass boat)(又译:低音艇)

一种颇具特色的捕鱼小艇(图 1 - 33)。巴斯(bass)来源于古法语,具有“卖鱼艇”的意思,通常用舷外挂机驱动,艇体扁平,速度很快。

图 1 – 33 巴斯艇

9. 扁平艇(flats boat)

图 1 – 34 显示的是一艘扁平钓鱼艇的形状。它的艇体就像一块扁平的板,吃水很浅,采用舷外挂机推进,只适合在内河、水库、湖泊等平静水面航行。

图 1 – 34 扁平艇

10. 中央控制钓鱼艇(center console fisher)

这是一种敞开甲板的钓鱼艇,座舱的中央为一个控制台(驾驶台)。控制台的棚顶上布满钓鱼竿的插座,见图 1 – 35。

图 1 – 35 中央控制钓鱼艇

这种艇深受钓鱼爱好者喜欢，艇体小，设施简单，用舷外挂机推进，速度快。因为这种艇不具备过夜功能，只能选择白天晴朗的天气出海，速度快才能跑到远处去赶渔汛，钓到更多的鱼。

11. 卡迪艇/海钓艇(cuddy cabin/walkaround)

卡迪(cuddy)的本意就是指小的住舱或厨房一类的小舱室。卡迪艇是指具有小舱室的艇(图1－36)。它可能是设在座舱前面首甲板下的一个低矮的卧室，由于高度受到限制，人不可能完全站立起来行走，故称为“卡迪”舱。而 walkaround 是一种近海钓鱼艇，两者结合起来，就是指有小卧舱的海钓艇。通常，它具有封闭的甲板和敞篷座舱，稍大一点的艇具有可折叠的舱棚或移动硬顶棚。这种艇大多采用舷内外机推进，适合水上自驾游、玩水、钓鱼之类的活动。

图1－36　卡迪艇

12. 开放式快艇(open express)

开放式快艇一般是指由自己驾驶的、单层甲板结构的快艇(图1－37)。与其他设有驾驶桥楼的同类产品相比，它们速度更快、机动性更敏捷，在丝毫不牺牲舒适和豪华的同时依然提供随心所欲的操控和风驰电掣般飞翔的刺激感受。

图1－37　开放式快艇

这种游艇一般长28～42 ft，高速和强大的动力是它的特点，适合追求速度感的人群。这类游艇的制造和配置较为简单，通常只配备一个睡房，可供2～3人夜宿。

13. 活动软篷海钓艇(convertible/sport fisherman)

活动软篷海钓艇是一种适合海钓的游艇，一般长35～57 ft，主要是为那些爱好深海钓鱼的人士所制造。这种游艇相对豪华一些，一般配备2～3个睡房，可供4～6人夜宿。游艇上还配备独立的卫生沐浴设备，型号大的游艇在客厅部分配有厨房。如果带足补给，此种游艇可在海上游弋一周。

这种艇的结构特征是在顶棚上有可拆装的软篷(图1－38),高高耸起,不仅增加了活动空间,而且视野开阔。艇尾及舷边甲板上、顶棚四周布满钓鱼竿座,可以遍插钓鱼竿,是一款既适合钓鱼,又适合居家旅游的多用途艇。

图1－38　活动软篷海钓艇

14. 乔恩艇(jon boat)

乔恩艇是一种用铝合金或木头建造的平底小艇(图1－39),有一至三排座椅,特别适用于捕猎、捕鱼。因为它们的底很平,所以不适合在风浪中航行,使用航区受到限制。这种艇有典型的方尾,适合安装舷外挂机。它的设施简单,价格不贵,维护比较简单,可以方便地在陆上运输。长度在2.5~6.1 m,宽度在0.8~1.4 m。

图1－39　乔恩艇

15. 个人水上摩托艇(personal watercraft)

个人水上摩托艇(国外简称PWC,图1－40)是运动型艇家族中的一个小成员。它体型小,只有简易的座椅,座椅底下只能容纳一部小型汽油发动机,采用喷水推进。座位上可承载1~3人,这种艇一般只适合个人乘驾。它启动迅速,在几秒钟内可以达到全速。高速时完全在水面上漂行(滑行),速度非常快,可以达到全滑行状态。但由于它的安全性较差,所以不能单独出海,大多作为大型游艇携带的附属艇,供娱乐之用。

图 1－40　个人水上摩托艇

16. 水橇艇(ski boat)

水橇艇(图 1－41)是专为拖带一个或多个水橇(滑水板)运动员而设计的高速艇,是一种敞篷小艇,不具备过夜功能,要求装备高功率的主机以达到高航速。

图 1－41　水橇艇

17. 滑板艇(wakeboard boat)

滑板艇是一种轻便的动力冲浪艇,它的构造相对简单,内部只有一台主机。底部平坦,犹如一块冲浪板(图 1－42)。航行时,艇尾会形成宽而平顺的喷溅航迹。它本身就像一块滑水平板,在水面掠过,速度非常高。这种艇为喜欢玩滑水板和冲浪板的人而设计,驾驭非常复杂,只适合经验丰富的水上运动爱好者。

图 1－42　滑板艇

18. 喷射艇(jet boat)

喷射艇泛指采用喷水推进的游艇,但这里多指如图 1 – 43 所示的高速小型摩托艇。这种艇加速性能特别好,能在 2 s 内从 0 加速到 30 mile/h[①] 的速度,最大速度根据装备功率的不同可达到 45 ~ 50 mile/h。

个人水上摩托艇(PWC)也属于喷水推进艇,但相对来说比喷射艇的档次低,PWC 只适合个人娱乐用,而喷射艇更适合专业的运动员,动力配置的要求高,同样是个人使用的艇,喷射艇的造价几乎为 PWC 的两倍。

图 1 – 43　喷射艇

19. 气胀式橡皮舟(inflatable)

根据世界吉尼斯大全中的记载,充气艇的历史可以追溯到公元前 880 年,亚述人二世国王下令部队不断地给兽皮舟充气,使其膨胀,以便能够通过河流。这就是近代气胀舟的雏形。我国在宋、明两代,人们也使用密封的充了气的兽皮舟通过河流。

气胀式橡皮舟(图 1 – 44)是一种轻便小舟,平时不用时,把气放掉,可以拆散成若干部件并折叠起来,放在车厢中运走。使用时,把它运到海边,充气并安装各种部件,放入水中,就能出海航行了。

图 1 – 44　U 形的气胀橡皮舟

① 1 mile/h = 1.609 3 km/h。

这种艇的内部布置极其简单，绝大多数艇没有顶篷。甲板可以布置成平面型，也可以设计成座舱的形式，一般只能供 2 ~ 4 人驾艇出游。

20. 刚性充气艇（rigid inflatable boat，RIB）

它是充气橡皮舟家庭中的新成员，最早出现于 1967 年，它的充气橡皮圈比前述的橡皮舟更为坚硬和耐磨。目前，这种轻型高性能游艇多用于救险工作用船、军事用艇和大型豪华游艇的附属艇。

RIB 通常长度为 4 ~ 7 m，但现在也有一些厂家生产 20 m 左右娱乐型豪华艇。小型艇使用舷外发动机驱动，较大型的使用舷内外机甚至舷内机，推进器通常使用喷水推进器或者 Z 型推进器。由于艇体质量轻，所以吃水很浅，操控性能好，速度快。7 m 以下的 RIB 可以很轻松地用游艇拖车来回运输。图 1 – 45 是一艘休闲用的刚性充气小艇。

图 1 – 45　一种休闲用的刚性充气艇

目前 RIB 的速度可以高达 40 ~ 70 kn①。例如一艘标准的 10 m 长带两排座席的 RIB 赛艇，当配备 147 kW 发动机时，最高速度能达到 75 kn（图 1 – 46）。

图 1 – 46　刚性充气赛艇

这种游艇的船体由两部分构成，基部可以使用钢、木头、铝合金等材料制造，但更常见的还是玻璃钢。这种游艇与其他游艇的最大不同之处是船舷上缘围的那一圈橡皮充气圈，

① 1 kn = 1.852 km/h。

因而艇体质量较小,有利于速度的提高。

位于船舷上缘的那圈橡皮充气圈是RIB得名的部件,也是使其具备众多杰出特性的根源所在。为了防止一处破损造成整个橡皮圈漏气的情况,现代RIB的橡皮圈内部是由几个独立的储气段组成。因而U形管状的橡皮圈上有数个充气/排气阀门。在较长时间不使用游艇的时候(例如过冬)可以将里面的空气排出,甚至可以将整个橡皮圈拆下保存。目前用来制造橡皮圈的材料有聚氯乙烯、聚亚胺酯和海帕伦等。

【拓展提高】

动动手,查一查世界知名的豪华游艇,找一艘你感兴趣的,给你的伙伴们介绍一下吧!

【课后自测】

1. 现代游艇在外国和我国的发展都经历了哪几个阶段,这些阶段都有什么特征?
2. 怎样发展我国自己的游艇文化,谈谈你的看法吧。
3. 谈一谈你对未来游艇发展方向的预测吧。
4. 常见的艇种你喜欢哪些?总结一下它们吸引你的特点,介绍给你的伙伴们吧!

项目二　游艇材料与制造工艺

【能力要求】

游艇的结构用材主要有木材、钢、铝合金及玻璃钢，本项目包含游艇艇体制造材料和制造工艺的相关知识和实训环节，让学生掌握如何选用游艇材料和初步制造工艺。

【工作任务】

掌握游艇材料与制造工艺的相关知识并能够设计制作简易充气舟复合艇。

【任务目标】

1. 熟悉游艇材料的构成和木质艇及其建造工艺。

2. 掌握铝合金艇体及其制造工艺。

3. 掌握复合材料/玻璃钢游艇的材料特性和制造工艺。

【任务链接】

任务一　游艇材料

任务二　木质艇及其建造工艺

任务三　铝合金艇体及其制造工艺

任务四　玻璃钢游艇的制造工艺

任务五　充气舟复合艇体材料

任务一　游 艇 材 料

游艇的结构用材主要有木材、钢、铝合金及玻璃钢。认识并了解艇体材料是设计和制造游艇的基础。

常用艇体材料的机械性能比较见表 2－1。表中数据因材料牌号的不同而有所出入，只能做一般性比较参考。

表 2－1　常用艇体材料的机械性能

材料	密度 /(t/m^3)	抗拉强度 /MPa	抗压强度 /MPa	屈服应力 /MPa	弹性模量 /GPa	比强度	比刚度
钢	7.8	413.7	413.7	206.8	206.8	53.04	26.51
NP5 可焊铝合金	2.7	214	—	110	68.7	79.26	25.44
0586 铝合金(含焊缝)	2.66	262	179.3	124	71	98.5	26.69
松木	0.55	92.2	—	—	11.8	167.6	21.45
硬枫木	0.54	—	51.03	—	11.7	—	21.67
硬桃花芯木	0.54	—	44.82	—	8.96	—	16.59
硬桃花芯木胶合板	0.59	45.5	27.6	—	6.21	77.12	10.53

表 2－1(续)

材料	密度 /(t/m^3)	抗拉强度 /MPa	抗压强度 /MPa	屈服应力 /MPa	弹性模量 /GPa	比强度	比刚度
毡＋布玻璃钢积层板	1.54	196.2	151.7	159	9.81	127.4	6.37
粗纱布玻璃钢积层板	1.65	206.8	179.3	－	13.8	125.3	8.36
碳纤维＋玻纤维积层板	1.45	298.2	－	－	16.48	205.6	11.37

【小提示】比强度和比刚度的区别：

比强度是指抗拉强度与材料密度之比，这个比值越高，说明达到同样的强度所用的材料质量就越轻。这对于高速艇来说十分有利，艇体质量减轻意味着节省动力或提高速度，也有利于减少排放。

比刚度是弹性模量与材料密度之比。弹性模量是描述物质弹性极限的一个物理量，物体受力后，在弹性变形范围内产生的变形在外力消失后会立即恢复，物体抵抗弹性变形的能力称为“刚度”。物体承受同样的外力，刚度越大，变形就越小。所以比刚度也是越高越好。但往往比强度高的材料，比刚度却并不理想，致使这些材料的应用范围受到限制。

【拓展提高】什么是金属材料的力学性能，其衡量指标有哪些？说明其含义。

【课后自测】

1. 什么是比强度，比强度越大越说明什么问题？

任务二　木质艇及其建造工艺

一、木材

木材有较高的强度质量比，并可加工成光滑表面。天然木材具有优良的性能，尤其是中高档木材，花纹美丽自然，装饰效果显著，在家具与室内装饰用材中是其他材料无法取代的。木头适合用来制造游艇甲板、餐桌、床架和独木舟。从独桅小赛艇到豪华游艇，铺设木甲板及用木材制造家具和装饰房舱不仅漂亮，而且充满亲和力，是人们的首选。

木材的品种很多，根据木材的特性合理地加以使用可以做到“物尽其用”。

桑木的硬度大，在木质游艇上是很好的框架结构材和艏艉柱材。栎木又称橡木，在游艇上用来做龙骨和框架。榆木适合用来做木质游艇主框架的各种部件，特别是横梁。松木非常适合做板材，是常见的木质快艇结构用材。红铁木适合做游艇的龙骨。桃花芯木，花纹极其好看，适合做纵桁、纵向扶强材和舷墙顶木。亚洲产的柚木和绿柄桑木适合做游艇甲板。梣木又称曲柳、白蜡木，常用来做夹板、桨、橹、肋材、缆柱等。

木材主要缺点是强度各向不同，接头的结构效率低。由于壳板（船体、甲板、舱壁）和骨材采用胶合层压技术，这两个问题已得到很大程度的解决。图 2－1 为一艘近年建造的木质游艇内部结构，所有的肋骨框架都是用层压板条胶合而成的。这种结构的强度比单层板材的强度高得多，容易成型，且消除了木材接头处结构效率低下和强度各向异性的缺陷，使得木质艇体的抗风浪能力大为提高。

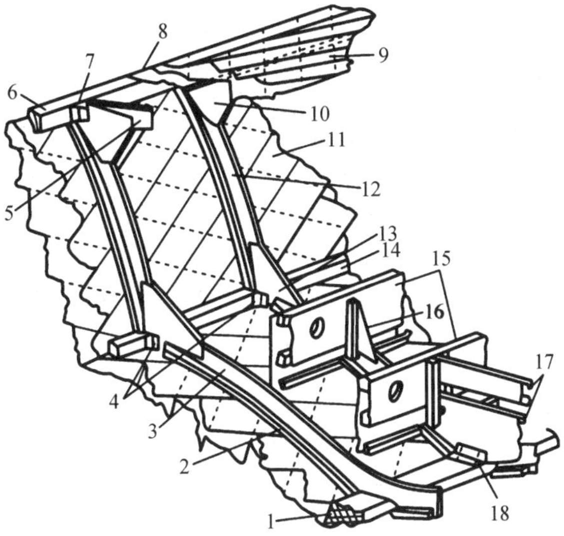

图 2-1　木质游艇内部结构

1—龙骨垫木;2—肋骨框架;3—底肋板;4—舭部联结角铁;5—甲板横梁;6—舷顶方木;
7—联结角铁;8—舷顶木牵板;9—双层甲板铺板,中间填有含亚麻子油的细布;10—横梁肘板;
11—双层外壳铺板,中间填有含亚麻子油的细布;12—舷侧肋骨;13—舭肘板;14—舭方木;
15—底纵桁;16—肘板;17—组合肋板;18—联结角铁

木船最大的魅力在于漂亮的外观和接近自然的亲和力,看起来是那么的和谐、美丽、精炼、魅力四射。要不是木材资源日趋枯竭,难以为继,木质艇体定然会充斥市场。

二、木质游艇建造工艺

用木材制造小艇已经有几千年的历史。从独木舟到郑和下西洋的巨型帆船,无一不是用木材建造的。第二次世界大战期间,高速的鱼雷快艇也是全部用木材建造的。战后很长一段时期,木质艇体仍然占据主流地位,但建造技术有了巨大的进步,首先是木料经过了处理和烘干,并且采用如金属艇体那样的框架结构形式,外壳板采用薄板双层斜铺,中间填含亚麻子油的细布,既防水又耐冲击。

木质游艇的建造质量与能工巧匠是分不开的。其建造工序要经过选材、切割、干燥、构件成型、装配、涂装等一系列过程,大部分都是手工制作,图 2-2 是早期游艇建造的典型写照。

一些手工工具已被电动器械所取代,但无论是修理还是维护,备一套纯手工操作工具依然可以随时解决许多问题。图 2-3 是建造木质游艇常用的木工工具。

图 2-2　早期游艇制作场景

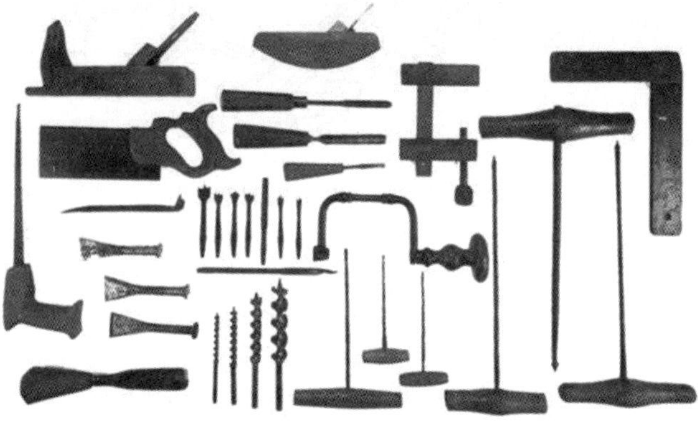

图 2-3　木工工具

意大利的 Apreamare 船厂是一家拥有传统工艺的木质造船厂,它的历史可以追溯到 1849 年。虽然现在它已经有了先进的厂房和制造设备,但依然热衷于建造木质游艇。木质游艇的建造方法可以用图 2-4 来说明。先把肋骨框架按型线图的形状制作出来,然后用纵向牵条把肋骨框架连接起来,形成整体框架,外面再铺设外板。

图 2-4　木质游艇建造

由于胶粘技术的发展，木材与木材的连接、木材与金属或其他材料的连接已经很少采用钉子或螺栓，而是采用黏结剂（如环氧树脂）并用夹具固定，在常温下固化，制作的产品成型美观、表面光洁、坚固耐用。

【拓展提高】木质游艇建造有何优缺点？

【课后自测】

1. 游艇的锚泊设备包括什么？
2. 游艇上可以选用哪些木材作为其组成结构？
3. 简要叙述木质游艇的建造工艺。

任务三　铝合金艇体及其制造工艺

一、钢材和铝合金

对于大型游艇来说，钢材仍然是普遍使用的材料。因为价格低，几乎所有游艇都易于使用钢材建造和维修，而且耐碰撞。但钢材过沉的质量对高速艇来讲付出的代价太大，甚至船长超过 36 m 也是这样。尽管如此，为了降低建造和使用成本，一些狭长的高速单体船上，钢仍然是船体的首选材料。

铝合金是高速艇极佳的结构用材。这些性能包括接头（焊接）、高的强度/质量比、维护要求低。近年来，铝合金游艇建造的数量有了上升的趋势，在中、小型高性能船艇中更是得到了广泛应用。铝合金除了制造船体以外，作为上层建筑的材料也得到广泛应用。尤其是一些钢质船体的大型游艇，为了减小质量，往往采用铝合金做上层建筑。铝合金在制造、使用、维护、维修、寿命期满可回收再生利用等方面具有玻璃钢所无法比拟的环保优势。

常用铝合金牌号的化学成分和机械性能见表 2－2 和表 2－3。

表 2－2　常用铝合金牌号的化学成分

牌号	Si	Fe	Cu	Mn	Mg	Cr	Zn	Ti	Al	其他元素	
5A01	Si + Fe ≤0.4		≤0.1	0.3～0.7	6.0～7.0	0.1～0.2	≤0.2	≤0.15	余量	每种	总量
5454	≤0.25	≤0.40	≤0.1	0.5～1.0	2.4～3.0	0.05～0.20	≤0.25	≤0.2	余量	≤0.05	≤0.15
5083	≤0.40	≤0.40	≤0.1	0.4～1.0	4.0～4.9	0.05～0.25	≤0.25	≤0.15	余量	≤0.05	≤0.15
5383	≤0.25	≤0.25	≤0.2	0.7～1.0	4.0～5.2	≤0.25	≤0.4	≤0.15	余量	≤0.05	≤0.15
5059	≤0.45	≤0.5	≤0.25	0.6～1.2	5.0～6.0	≤0.25	0.40～0.90	≤0.2	余量	≤0.05	≤0.15
5086	≤0.4	≤0.5	≤0.1	0.2～0.7	3.5～4.5	0.05～0.25	≤0.25	≤0.15	余量	≤0.05	≤0.15
5456	≤0.25	≤0.4	≤0.1	0.5～1.0	4.7～5.5	0.05～0.20	≤0.25	≤0.2	余量	≤0.05	≤0.15
5754	≤0.4	≤0.4	≤0.1	≤0.5	2.6～3.6	≤0.3	≤0.2	≤0.15	余量	≤0.05	≤0.15
6005A	0.5～0.9	≤0.35	≤0.3	≤0.5	0.4～0.7	≤0.3	≤0.2	≤0.1	余量	≤0.05	≤0.15
6061	0.4～0.8	≤0.7	0.15～0.4	≤0.15	0.8～1.2	0.04～0.35	≤0.25	≤0.15	余量	≤0.05	≤0.15
6082	0.7～1.3	≤0.5	≤0.1	0.4～1.0	0.6～1.2	≤0.25	≤0.2	≤0.1	余量	≤0.05	≤0.15

表 2－3　常用铝合金牌号的机械性能

牌号	状态	规定非比例拉伸强度/(N/mm²)	抗拉强度/(N/mm²)	最低伸长率/%		
				厚度 t/mm	50 mm	5 d
5A01	0/H112	≥165	≥325	≤50	10	
	H32	≥245	≥365	≤50	8	
5454	0/H111	≥85	≥215	≤12.5	17	
				>12.5		16
	H112	≥125	≥220	≤12.5	8	
		≥80	≥215	>12.5		11
	H32	≥180	250～305	≤12.5	10	
				>12.5		9
5083	0/H111	≥125	275～350	≤12.5	16	
				>12.5		15
	H112	≥125	≥275	≤12.5	12	
				>12.5		10
	H116	≥125	≥305	≤12.5	12	
				>12.5		10
	H321	215～295	305～380	≤12.5	10	
				>12.5		9
	H34	≥270	≥340	3≤t≤50	5	
5383	0/H111	≥145	≥290	3≤t≤50		17
	H116 或 H321	≥220	≥305	3≤t≤50		10
5059	0/H111	≥160	≥330	3≤t≤50		24
	H116 或 H321	≥270	≥370	3≤t≤50		10

二、铝合金艇体建造工艺

铝合金艇体的结构与钢质艇体结构十分相似，也是先在平台上制作肋骨框架和横舱壁，然后用纵向的龙骨、底纵桁、边纵桁和甲板纵桁连接成艇体框架，如图 2－5 所示。

铝合金艇体建造的难点是焊接工艺比较复杂，焊接引起的变形和收缩比较大，因此一定要采用先进的焊接技术，制定合理的工艺方案和控制变形的措施，才能使制成的艇体外表平整，线型光顺。

图 2-5　铝合金艇体

三、铝及铝合金的焊接特点

(1)铝在空气中和焊接时极易氧化,生成的氧化铝(Al_2O_3)熔点高、非常稳定,不易去除,阻碍母材的熔化和熔合。氧化膜的密度大,不易浮出表面,易生成夹渣、未熔合、未焊透等缺陷。铝材的表面氧化膜会吸附大量的水分,易使焊缝产生气孔。焊接前应采用化学或机械方法进行严格表面清理,清除其表面氧化膜。在焊接过程加强保护,防止其氧化。

(2)铝及铝合金的热导率和比热容均约为碳素钢和低合金钢的两倍多,铝的热导率则是奥氏体不锈钢的十几倍。在焊接过程中,大量的热量能被迅速传导到基体金属内部,因而焊接铝及铝合金时,能量除消耗于熔化金属熔池外,还要有更多的热量无谓消耗于金属其他部位,这种无用能量的消耗要比钢的焊接更为显著,为了获得高质量的焊接接头,应当尽量采用能量集中、功率大的能源,有时也可采用预热等工艺措施。

(3)铝及铝合金的线膨胀系数约为碳素钢和低合金钢的两倍。铝凝固时的体积收缩率较大,焊件的变形和应力较大,因此须采取预防焊接变形的措施。铝焊接熔池凝固时容易产生缩孔、缩松、热裂纹及较高的内应力。生产中可采用调整焊丝成分与焊接工艺的措施防止热裂纹的产生。

(4)铝对光、热的反射能力较强,固、液转态时,没有明显的色泽变化,焊接操作时判断难。高温铝强度很低,支撑熔池困难,容易焊穿。

(5)铝及铝合金在液态能溶解大量的氢,固态几乎不溶解氢。在焊接熔池凝固和快速冷却的过程中,氢来不及溢出,极易形成氢气孔。弧柱气氛中的水分、焊接材料及母材表面氧化膜吸附的水分,都是焊缝中氢气的重要来源。因此,对氢的来源要严格控制,以防止气孔的形成。

(6)合金元素易蒸发、烧损,使焊缝性能下降。

(7)母材基体金属如为变形强化或固溶时效强化时,焊接热会使热影响区的强度下降。

(8)铝为面心立方晶格,没有同素异构体,加热与冷却过程中没有相变,焊缝晶粒易粗大,不能通过相变来细化晶粒。

四、铝合金焊接技术的演变

虽然全铝合金焊接技术在船体结构中得到了广泛的应用，但是由于铝合金材料的弹性模量较低，刚度较差，在焊接过程中由于高温熔化，冷却后产生的变形很大，尤其是薄板焊接后的变形更为严重。这种薄板焊接产生的较大变形很难校平，不但在外观上带来外形很差的影响，而且采用传统的 MIG 焊（金属极惰性气体保护焊）与 TIG 焊（钨极惰性气体保护焊）的焊接方法，其焊接接头处的强度远远低于母材的强度，通常仅为母材的 50% ~60%。这就降低了艇体结构强度，并间接地带来增大结构尺寸、增加结构质量的问题。另外，传统的焊接方法所需要的大量焊缝充填料（即焊丝）价格昂贵，浪费较大，焊接效率较低，易产生焊接气孔、裂纹等缺陷，焊缝合格率较低，且对焊工的要求也较高，种种因素都直接影响到铝合金艇体的建造质量及艇体强度。为解决上述存在的问题，寻找新的铝合金焊接工艺成为当前铝合金船艇建造所急需解决的课题。搅拌摩擦焊的发明为铝合金焊接工艺提供了一种新技术，使铝合金船艇的建造进入一个新的阶段。在搅拌摩擦焊接发展的同时，爆炸焊接技术和爆炸成型技术也得到了发展。

1. 惰性气体保护焊

惰性气体保护焊（TIG 或 MIG）方法是应用最广泛的铝及铝合金焊接方法。铝及铝合金薄板可采用钨极交流氩弧焊或钨极脉冲氩弧焊。铝及铝合金厚板可采用钨极氦弧焊、氩氦混合钨极气体保护焊、熔化极气体保护焊、脉冲熔化极气体保护焊。熔化极气体保护焊、脉冲熔化极气体保护焊应用越来越广泛（氩气或氩/氦混合气）。

惰性气体保护焊是利用外加气体作为保护介质的一种电弧焊方法，其优点是电弧和熔池可见性好，操作方便，没有熔渣或很少熔渣，无需焊后清渣。但在室外作业时须采取专门的防风措施。

根据焊接过程中电极是否熔化，气体保护焊可分为不熔化极（钨极）气体保护焊和熔化极气体保护焊。

钨极惰性气体保护焊英文简称 TIG（tungsten inert gas welding）焊，见图 2 -6。它是在惰性气体的保护下，利用钨电极与工件间产生的电弧热熔化母材和填充焊丝（如果使用填充焊丝）的一种焊接方法。焊接时保护气体从焊枪的喷嘴中连续喷出，在电弧周围形成气体保护层隔绝空气，以防止其对钨极、熔池及邻近热影响区的有害影响，从而可获得优质的焊缝。保护气体可采用氩气、氦气或氩氦混合气体。用氩气作为保护气体的称钨极氩弧焊，用氦气的称钨极氦弧焊，由于氦气价格昂贵，在工业上钨极氩弧焊的应用要比氦弧焊广泛得多。

钨极氩弧焊按操作方式分为手工焊、半自动焊和自动焊 3 类。手工钨极氩弧焊时，焊枪的运动和添加填充焊丝完全靠手工操作；半自动钨极氩弧焊时，焊枪运动靠手工操作，但填充焊丝则由送丝机构自动送进；自动钨极氩弧焊时，如工件固定电弧运动，则焊枪安装在焊接小车上，小车的行走和填充焊丝可以用冷丝或热丝的方式添加，其中热丝是指提高熔敷速度。某些场合，例如薄板焊接或打底焊道，有时不必添加填充焊丝。由于氩弧焊的保护作用好，热量集中，焊缝质量好，成形美观，热影响区小和焊件的变形小，因此对质量要求高的铝及铝合金构件常用氩弧焊焊接。

钨极氩弧焊一般适用于焊接薄板，具有电弧稳定、成形美观、焊件变形小、操作灵活等优点，在焊接尺寸精密的小零件时更为合适。钨极氩弧焊的电源应采用交流电源，这样既

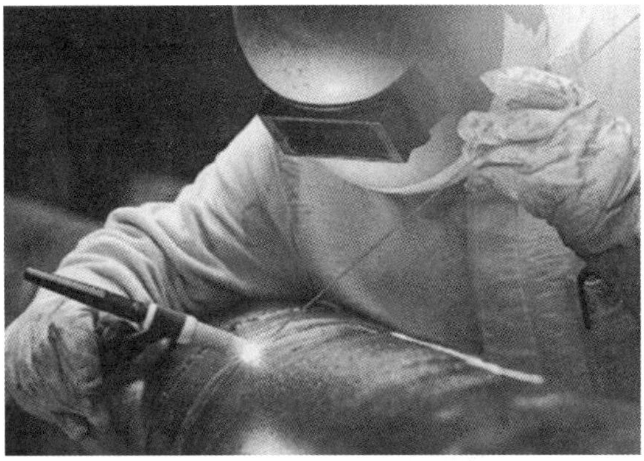

图 2-6　钨极惰性气体保护焊

对熔池表面铝的氧化膜有阴极破碎作用,也可采用较高的电流密度。

熔化极气体保护电弧焊英文简称 MIG(metal inert gas welding)焊,见图 2-7。这种焊接方法是利用连续送进的焊丝与工件之间燃烧的电弧做热源,由焊炬嘴喷出的气体来保护电弧进行焊接的。熔化极气体保护电弧焊的主要优点是可以方便地进行各种位置的焊接,同时焊接速度较快,熔敷率较高。

图 2-7　熔化极气体保护焊

熔化极氩弧焊适用于焊接厚度大于 8 mm 的铝或铝合金板材,可选用大的电流密度和高的焊接速度,因此生产率比钨极氩弧焊提高 3~5 倍,焊件越厚,生产率提高越显著。熔化极氩弧焊应采用直流电源反接,对熔池表面的氧化膜有阴极破碎作用。

铝及铝合金在高温时强度很低,液态铝的流动性能好,在焊接时焊缝金属容易产生下塌现象。为了保证焊透而又不致塌陷,焊接时常采用垫板来托住熔池及附近金属。垫板可采用石墨板、不锈钢板、碳素钢板、铜板或铜棒等,垫板表面开一个圆弧形槽,以保证焊缝反面成型。也可以不加垫板单面焊双面成型,但要求焊接操作熟练或采取对电弧施焊能量严格自动反馈控制等先进工艺措施。

2. 搅拌摩擦焊

搅拌摩擦焊(friction stir welding,FSW)是 1991 年由英国焊接研究所发明的专利,它是一种新型纯机械化固相连接技术。

搅拌摩擦焊的简单原理是利用一个柱形带特殊轴肩的搅拌头，以一定的转速插入被焊构件的焊接处，并以一定的速度向前移动。搅拌头和被焊材料之间的摩擦产生摩擦热，使搅拌头临近区域的材料受热变软从而得到热塑化。当搅拌头受到驱动沿着待焊界面向前缓慢移动时，热塑化的材料由搅拌头的前部向后部移动，并且在搅拌头轴肩的锻造压力作用下，实现工件之间的固相连接。

在搅拌焊接过程中，被焊工件需牢牢地固定，且在焊缝背面加衬垫，以防止工件受搅拌头作用而分开以及塑性金属的流失（图 2－8 和图 2－9）。

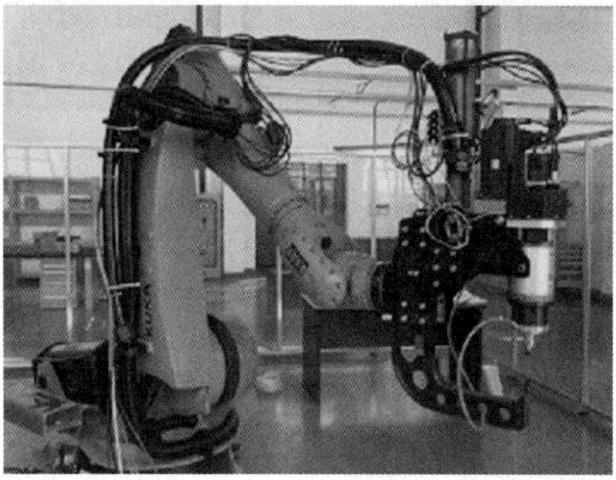

图 2－8　搅拌摩擦焊

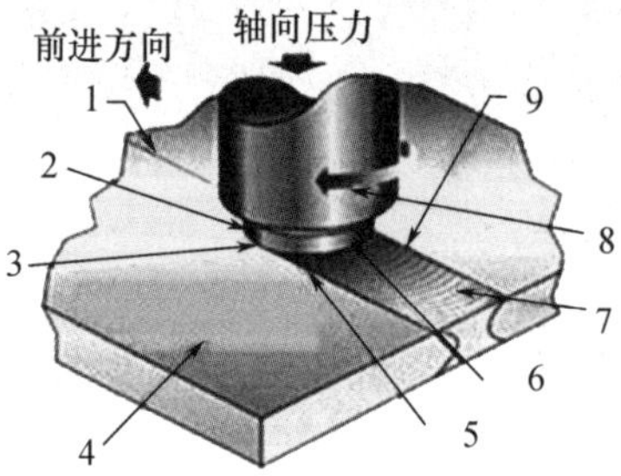

图 2－9　搅拌摩擦焊原理图

1—接缝；2—搅拌头前沿；3—前进侧；4—母材；5—搅拌针；
6—搅拌头后沿；7—焊缝；8—搅拌头旋转方向；9—后退侧

搅拌摩擦焊的优点：

（1）焊接过程中不需要填充焊丝、惰性保护气体、昂贵的专用供电设备及焊接设备，运行成本低。

（2）在焊接过程中无弧光、无辐射、无烟尘、无有害气体，是一种绿色环保的焊接方法。

（3）能焊接所有牌号的铝合金，包括传统熔化焊不能焊接的 2000 系列、7000 系列铝合金及铝锂合金等。对于不能焊接的 LY 系列硬铝合金，可用搅拌摩擦焊接替代铆接连接。

搅拌摩擦焊的缺点：

（1）焊缝不形成增强焊波，难以用于填角焊等焊接，其接头形状有限制。

（2）焊接形式受限，目前只适用于直线焊接，无法实现曲线焊接。

(3)焊缝的始端和终端有残孔。

搅拌摩擦焊的最初商业应用是渔船中的鱼肉低温冷藏舱空心铝板的制造。现在,搅拌摩擦焊接板已经被用在全世界的高速渡船、气垫船和大型游艇上。美国华盛顿 Freeland 的尼科尔斯兄弟造船公司将搅拌摩擦焊铝板用在了航速达 55 kn 的 X - Craft 级别的军用艇上,该艇被命名为 Sea Fighter。

3. 爆炸焊接

爆炸焊接是用炸药作为能源进行金属间焊接的一门新兴的、很有实用价值的高新技术。它的最大特点是在一瞬间能够将相同的、特别是不同的和任意的金属组合简单、迅速和强固地焊接在一起。它的最大用途是制造大面积的各种组合、各种形状、各种尺寸和各种用途的双金属及多金属复合材料。

以爆炸复合板为例,爆炸焊接的过程能够这样来描述:如图 2 - 10 所示,置于地面之上的两块金属板(例如铝板和钢板)以一定的间隙距离支撑起来,当均匀布放在覆板上面的炸药被雷管引爆之后,爆轰波和爆炸产生的能量便在其上传播,使覆板向下运动并加速,随后高速向基板倾斜撞击。借助该撞击过程将覆板高速运动的动能在撞击面上转变成金属之间的焊接能,使它们强固地焊接在一起。

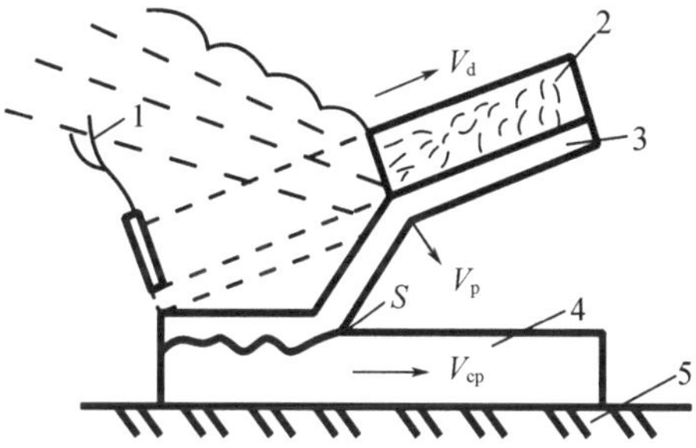

图 2 - 10　爆炸焊接过程

1—雷管;2—炸药;3—覆板;4—基板;5—基础(地面);V_d—爆轰速度;
V_p—覆板下落速度;V_{cp}　碰撞点 S 的移动速度、即焊接速度

由于覆板和基板在高压、高速、高温和瞬时下倾斜撞击,在它们的接触面上将发生许多的物理和化学过程(即冶金过程),例如界面两侧一薄层金属的塑性变形、熔化和原子间的扩散等。不同的金属材料就是在这些冶金过程中实现冶金结合的。

在游艇上用得最多的爆炸焊接复合材料是铝和钢的复合材料。因为大型游艇往往用钢材制作船体,而用铝合金做上层建筑。过去铝合金上层建筑是用铆钉铆接到钢质甲板上去的,不仅工艺复杂,而且铝和钢贴合在一起会产生电化学腐蚀,降低使用寿命。现在有了通过爆炸焊接形成的铝钢复合板条,就可以把这种板条钢质的一边焊接到钢甲板上,则上边是铝合金材料,就可以采用传统的铝合金熔化焊接技术与铝合金上层建筑焊接起来,大大增强了钢和铝的连接强度。这种钢和铝的复合板条可以向供应商定制,提高游艇制造的效率。

【拓展提高】游艇制造过程中,为何传统铆接工艺被抛弃了?

【课后自测】

1. 钢材和铝合金材质的艇体有何不同?

2. 铝及铝合金的焊接特点。
3. 简要叙述铝合金艇体的建造工艺。

任务四 玻璃钢/复合材料(FRP/CM)及其建造工艺

一、复合材料(FRP/CM)

复合材料就是用两种或两种以上不同性能、不同形态的组分材料通过复合手段组合而成的一种多相材料,它可以发挥各自材料的优点,克服单一材料的缺陷,扩大材料的应用范围。作为一种理想的新颖结构与功能材料,它具有传统造船材料无法比拟的优良综合性能。

纤维增强树脂基复合材料是目前技术比较成熟且应用最为广泛的一类复合材料,这种复合材料,也称纤维增强塑料(fiber reinforced plastics,FRP),是用短切的或连续的纤维及其织物增强热固性或热塑性树脂基体经复合而成的。FRP/CM 艇体的主要原材料为纤维增强材料、基体树脂和芯材。

复合材料作为造船材料具有如下优点:

1. 质轻

复合材料和常用材料的比强度和比模量是相对于密度的比值,该比值越大,则达到同样强度(或拉伸模量)时所需的材料质量就越小。与金属材料钢和铝相比,复合材料比强度高,具有优良的机械性能。

2. 抗疲劳性能好

复合材料疲劳破坏是从比较薄弱的纤维处开始,逐渐扩展到结合面上。而基体和增强纤维的界面能够有效地阻止疲劳裂纹的扩展,故抗疲劳性能好。一般金属材料的疲劳极限为抗拉强度的 40% ~50% ,而碳纤维增强塑料是 70% ~80% 。

3. 无磁性

复合材料无磁性,在很大的磁场中也不会被磁化,因此复合材料舰船不易被对方的磁探仪发现,可使装磁引信的水雷或鱼雷失效,可以避免磁性雷的攻击,这点在军事上特别重要。

4. 耐腐蚀

复合材料只要配方设计合理,在酸性、碱性及众多恶劣环境中具有良好的耐腐蚀性。用复合材料制造的船艇不用涂漆,在海水中航行几年也不会腐蚀,能减少涂油漆等维修费用,使用年限长。

5. 可设计性

复合材料可以选择不同聚合物和增强材料以及不同的配方、不同的成型工艺等达到不同的性能。以纤维增强塑料为例,通过对纤维的种类和含量、纤维的长短、纤维铺设的方向、基体的种类等精心设计,即使用相同的基体和纤维,也能设计出不同性能的材料。因此,可根据船艇不同部位的结构要求,进行材料、铺层和结构的优化设计。

6. 成型性好

复合材料可一次成型制成任意形状的产品,避免多次加工。复合材料是在做复合材料制品时,与其制品一起制造出来的,即在复合材料的成型过程中,同时形成了制品的结构。

正是由于这一特点，给复合材料带来很大的优势，可大大减少机械加工过程和装配过程，使船壳的整体性好，无渗漏，曲线光顺，提高了船艇的性能。

此外，复合材料还具有优良的介电性能、耐高温、减振等一系列优点，使一种材料具有多种性能。因此除制造船壳和上层建筑外，复合材料还用来制造螺旋桨、推进轴和桅杆。目前，在船艇推进器方面应用较多的是碳纤维增强的复合材料，具有质量小、使用寿命长、低噪声、降低变速箱和轴的磨损等优点。复合材料推进轴的优点是质量小、有弹性、适应性强、不导电、无腐蚀等。瑞典的 Applied Composite AB 公司于 1989 年开始研制复合材料推进轴，已有相当多的商船、军舰、游艇使用其生产的复合推进轴，最大传输功率达 12 MW，可承载的最大转矩达 220 kN · m。

二、FRP/CM 艇体的原材料

近 10 年来 FRP/CM 艇体原材料的发展异常迅速，各种新型、高性能的原材料层出不穷，可供选择的余地很大。根据增强体的种类，可分为玻璃纤维增强树脂基复合材料（俗称玻璃钢）、碳纤维增强树脂基复合材料、硼纤维增强树脂基复合材料、碳化硅纤维增强树脂基复合材料等类型。

1. 纤维增强材料。

纤维增强材料是提高基体材料受力性能的材料。

就增强材料而言，除了船舶中一直大量采用的各种玻璃纤维及其制品外，现已开发了多种先进的高性能纤维，如玄武岩纤维（CBF）、芳纶（kevlar）纤维、碳纤维和超高分子量聚乙烯（dyneema）纤维及其织物等，并已在各种高性能船舶和赛艇中获得了实际应用。几种常用纤维的性能，见表 2－4。

表 2－4　各种纤维的性能比较

纤维名称	碳纤维 tenax HTA	芳纶 HM	芳纶 LM	E 玻璃纤维 （无碱玻璃纤维）
密度/（g/cm^3）	1.78	1.45	1.44	2.58
分解温度/（℃）	3 700	>500	>500	825
抗拉强度/MPa	3 400	2 800	28 010	2 000
弹性模量/GPa	238	125	80	73
伸长率/%	1.4	2	3.3	2
耐热性/%（48 h，200 ℃）	100	90	90	95
回潮率/%	0	2.5	4.5	0.3

（1）玻璃纤维。

玻璃纤维是以玻璃为原料，在熔融状态下通过漏板孔以高速拉制而得，并制成各种形态（图 2－11）。它的单纤维拉伸强度高达 1 500～3 000 MPa，比一般合成纤维高约 10 倍，比高强度合金钢还高两倍，是理想的增强材料。玻璃纤维的弹性模量与铝相当，不足之处是耐磨性较差,经揉搓摩擦后易损伤、断裂,且耐磨性受湿度影响较大。玻璃纤维耐热性好,在 200 ℃下强度不受影响。

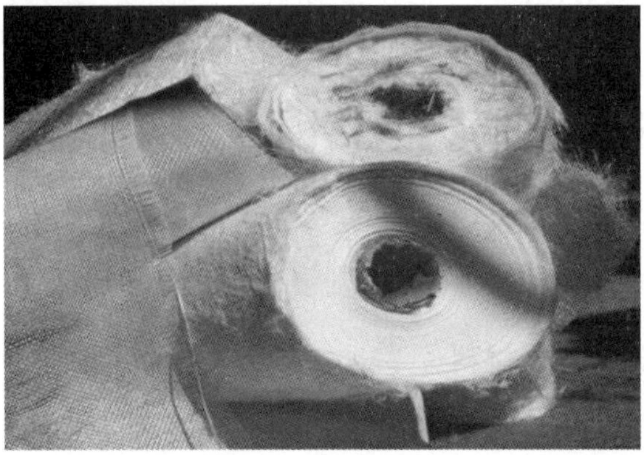

图 2 – 11　玻璃纤维

FRP/CM 艇体使用的玻璃纤维增强材料通常制成下列三种形态:短切玻璃纤维毡、玻璃纤维无捻粗布和表面毡。

①短切玻璃纤维毡是由不规则散布的短切玻璃纤维束,用一种可溶树脂黏结剂黏结而成的毡状物(图 2 – 12)。

图 2 – 12　短切玻璃纤维毡

②玻璃纤维无捻粗布为近乎平直的玻璃纤维束编织而成的粗型、平纹、方格织物(图 2 – 13)。船用玻璃纤维无捻粗纱布积层板中,玻璃纤维含量的范围通常在 40% ~55% 。但玻璃纤维含量的提高往往导致积层板中树脂干枯化,即树脂未浸透现象。

图 2 – 13　玻璃纤维无捻粗布

③表面毡因适用于玻璃钢艇体表层而得名。表面毡(图 2 – 14)具有表面平整、纤维分散均匀、手感柔顺、透气性好、树脂浸透速度快等特点。

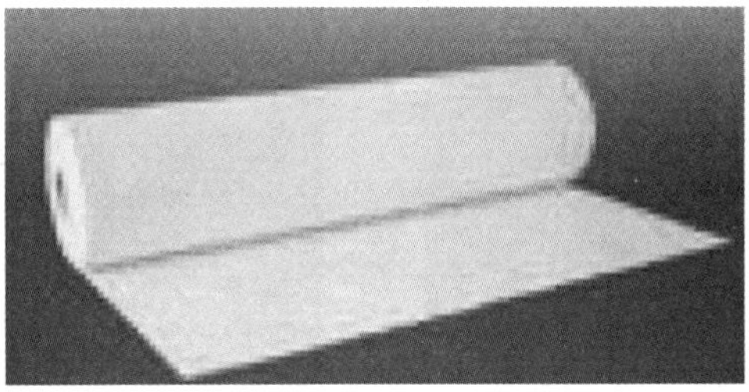

图 2－14　表面毡

(2)碳纤维。

碳纤维(图 2－15)外观呈黑色,是有机纤维经高温碳化而成的,具有高的强度和弹性模量,耐高温及耐化学腐蚀性好,其比强度和比模量在增强材料中位于前列。

碳纤维也能加工成布或无纺织物,还能与玻璃纤维纱以交替排列形式制成纤维制品。

由于碳纤维价格很高,主要用于航空、赛艇、运动器材等方面。在船艇领域仅用于运动赛艇、高档游艇和螺旋桨等产品。

图 2－15　碳纤维

(3)芳纶纤维。

芳纶纤维(图 2－16)即芳香酰胺纤维,美国开发后的商品名称叫凯芙拉(kevlar)。外观为金黄色,具有高强度、高弹性模量等优点,强度比一般有机纤维高 3 倍,弹性模量是尼龙的 10 倍,但抗压差。在化学性能上,除强酸、强碱介质外,其他均稳定。

芳纶纤维价格也很高,在船艇方面也只用于运动赛艇及高档游艇等产品。它具有减轻质量、提高冲击强度及纵向刚度的作用,故可与玻璃纤维、碳纤维组合使用。

(4)玄武岩纤维。

玄武岩纤维(图 2－17)是以天然火山岩为原料制成,具有高力学强度,低导热系数,良好的热振稳定性、防火性、耐酸碱性能及耐温性能,与树脂的浸润性好,使用寿命长,可达 100 年以上。用玄武岩纤维增强的复合材料的船体强度、热稳定性、电绝缘性等主要性能指标均优于传统的玻璃纤维材料。

该原料取自于天然矿石——玄武岩,生产过程中无有害物质析出,不向大气排放有害气体,不污染环境,因而它被誉为 21 世纪"石头变丝"的绿色环保新材料,成为世人瞩目的又一颗璀璨耀眼的"材料新星"。

这种纤维原材料丰富,但生产工艺难度大,开发成功晚,至今仅有中国、乌克兰、美国、

图 2-16　芳纶纤维

图 2-17　玄武岩纤维

德国能生产，产量不大，因而价格高出玻璃纤维数倍，但还大大低于碳纤维和芳纶纤维，是很有前途的增强材料。

在太阳鸟游艇公司、708 研究所、上海俄金玄武岩有限公司的通力合作下，第一批采用玄武岩纤维制作的船艇是 SB540 型高速动力艇，2008 年已在太阳鸟游艇公司试制成功，试验表明其主要性能优于传统的玻璃纤维船艇。

2. 基体树脂

基体树脂是玻璃钢的基体材料，其作用是将增强纤维浸渍并黏结成为一体。迄今船舶中最常用的基体树脂仍然是不饱和聚酯树脂，有邻苯型、间苯型和双酚型 3 种。国内一般的船艇从经济性考虑，较多地采用邻苯型聚酯树脂，对于高性能船舶则应采用价格稍贵，而抗冲击性能和防水性能较好的间苯型聚酯树脂。现已开发了几种船用高性能树脂，诸如防水和耐化学腐蚀性强、具有高温强度和刚度及更大韧性的乙烯基酯树脂，耐火性好，特别是在燃烧条件下烟密度小且具有良好力学性能的酚醛树脂等，以满足不同船舶的不同需求。

（1）不饱和聚酯树脂。

不饱和聚酯树脂由不饱和酸酐与二元醇经缩聚反应而制成，并溶解于稀释剂兼交联剂的苯乙烯等单体中，是淡黄色的透明液体。由于采用的原料品种及用量不同，可合成具有不同性能的品种，生产出诸如耐晒、耐水、耐热及韧性好、透明性好、耐化学性好等性能的品种。目前，国内用于造船的材料使用较多的是 189 号及 196 号树脂。189 号树脂耐水性好，工艺接续性好，适于制造艇体；196 号树脂韧性好，适于制造上层建筑。

不饱和聚酯树脂出厂产品为液态，要使它在一定时间内由液态转化为固态（俗称固化），一定要加入适量的引发剂和促进剂，这两种辅助材料均由树脂生产厂配套供应。常用的引发剂有过氧化环乙酮和过氧化甲乙酮，前者用量为 4%，后者为 2%。常用的促进剂为环烷酸钴，用量为 1% ~4%。引发剂均为过氧化物，属易燃易爆品，与促进剂直接接触达一定数量会引起爆炸，必须分开放置，注意安全。

（2）环氧树脂。

分子中含有两个及两个以上环氧基团树脂的统称为环氧树脂。玻璃钢基体材料常用的是双酚 A 型环氧树脂，该树脂是由二酚基丙烷（即双酚 A）与环氧氯丙烷缩聚而成。

环氧树脂黏结力很强，俗称万能胶。它固化时收缩率低，无副产物，且稳定性好，储存期较长，有良好的耐化学性能和优良的电绝缘性能，耐水性和耐热性均好。但其黏度大，必须稀释及增塑后才能使用。以环氧树脂为基体的玻璃钢,其力学性能高于聚酯树脂为基体的玻璃钢,因环氧树脂价格高于不饱和聚酯树脂约一倍,故较少用于船艇。

环氧树脂须加入固化剂方能固化。固化剂种类很多,常用的是胺类中的脂肪胺及改性胺。

(3)乙烯基酯树脂。

环氧丙烯酸酯类树脂,也可称为不饱和环氧树脂。它是由低分子量环氧树脂与不饱和一元酸(丙烯酸)通过开环加成反应而制得的。乙烯基酯树脂既保留了环氧树脂的基本链段,又有不饱和聚酯树脂的不饱和双键,汇集了这两种树脂的双重特性,使性能更加完善,这是它的最大特点。

乙烯基酯树脂开发较晚,国内从20世纪90年代才开始生产,现有普通、耐热、改性等几种型号。乙烯基酯树脂耐腐蚀及耐水性均很好,与各种增强纤维的浸润性和黏结性均好,因此制得的玻璃钢力学性能好,固化收缩率比不饱和聚酯树脂小,固化性能及工艺性能都很好,所用的引发剂与促进剂也与不饱和聚酯树脂相同,因价格接近环氧树脂,虽十分适合造船,但目前也仅用于高档船艇。

(4)辅助材料。

基体树脂使用时除适量加入引发剂、固化剂、促进剂外,还可以添加一些辅料来满足某种功能的需求,如着色、阻燃等。

①填料,作用是改善树脂收缩率、表面硬度、导电性能及增稠(防止流胶)等,并兼有降低成本的作用。常用有机及无机粉状材料,如碳酸钙、活性二氧化硅、氢氧化铝、滑石粉、石英粉、铸石粉及金属粉等,要求细度大于200目。

②颜料,作用是美化产品,常用于产品表层。颜料分有机与无机两类,通过研磨与载体材料形成颜料浆,称为色浆,加入胶衣树脂后成为带色胶衣树脂。

胶衣树脂(又称凝胶树脂)是指专为制作玻璃钢艇体表层的树脂配方,用胶衣树脂制作的船艇表面光洁明亮,色彩可按照客户要求定制,无需油漆。这种胶衣树脂各树脂生产厂均能提供。

③阻燃材料,为改善玻璃钢的燃烧性能,必须在能燃烧的合成树脂中加入阻燃成分。一种是在树脂聚缩反应时加入氯茵酸酐等材料合成具有阻燃性能的卤代不饱和聚酯树脂;另一种是在购进的合成树脂中添加具有阻燃性能的材料,如卤素材料、锑粉、氯化石蜡、氢氧化铝等。

3.泡沫芯材的主要种类、性能

需要特别提及的是,对FRP/CM夹层结构船舶而言,为适应夹层结构发展的需要,近年来已开发了许多轻质高性能结构芯材。船用芯材主要有3类:一是各种泡沫塑料,如PVC、PS、PU、SAN、PFI和PMI等,其中PS和PUR泡沫通常仅作为浮力材料,而不作为结构用材,目前PVC泡沫已几乎代替PUR泡沫作为结构芯材,只是在一些现场发泡的结构中除外;二是轻木(balsa)和普通的木胶合板;三是各种蜂窝材,包括铝蜂窝、FRP蜂窝、Nomex蜂窝和Nide-Core等。这几类轻质芯材目前都较易获得,它们为国内发展FRP/CM夹层结构船舶提供了优化选材的保证。

各种芯材的特性比较见表2-5。

表 2-5 各种芯材的特性

芯材	PVC 泡沫	PU 泡沫（聚氨酯）	合成泡沫	平纹镶块轻木	竖纹镶块轻木	铝质蜂窝	玻璃钢蜂窝	软泡沫 coramat
密度/(g/cm^3)	0.075	0.1	0.4	0.10	0.18	0.07	0.08	0.037 ~ 0.040 1
剪切模量/MPa	25	10	430	110	300	455/205	117/52	-
剪切强度/MPa	0.8	0.6	-	1.4	2.5	2.2/1.4	2.3/1.4	4.08
厚度方向杨氏模量/MPa	50	39	1 200	800	1 400	965	580	
厚度方向压缩强度/MPa	1.1	1.0	10	6	13	3.5	5.7	22.4

4. 原材料的选用

玻璃钢艇体的特点是可设计性，即通过原材料的选用和工艺设计来改变产品的物理和力学性能，这是玻璃钢产品的最大优点。下面介绍一些原材料选用方面的常识。

(1)耐水性。

船艇长期浸泡在水中，水通过损伤处或微细的管道渗入艇体是不可避免的，所以选择耐水性好的材料是很重要的。在选择基体材料时要选择耐水性好的树脂品种，如 189 号树脂。增强材料也要选用耐水性好的品种，如无碱玻璃纤维(E 玻璃纤维)。普通中碱玻璃纤维因耐水性差，不可用于船艇。但经高效能浸润剂处理过的中碱玻璃纤维，其强度及耐水性均与无碱玻璃纤维相当，已获船检局认可，用于船艇建造。

(2)力学性能。

玻璃纤维布拉伸强度好，特别是单向布，经向强度可成倍高于纬向，适用于经向强度为主的产品，目前还有 45°方向的布，可用于剪力分布大的部位。此外，无纺布的强度也高于织造布，这些均须根据艇体强度的要求和工艺设计来选用。

值得指出的是，近年来国外开发了一种先进的多轴向缝(经)编织物，它具有比传统编织的无捻粗纱布高得多的力学性能和浸润性能好等优点，获得国际 FRP/CM 船舶界的首肯，打破了几十年来沿用普通方格布一统天下的格局，它代表着低成本玻璃纤维织物向高科技发展的一个方向。

(3)防渗性能。

艇体抗渗性能除与操作质量有关外，也与材料选用有关。由于玻璃纤维毡无纤维连续性，空隙率大，制成的积层板含树脂多，防渗功能好，故在艇体结构铺层中多用短切纤维毡作为艇体的防渗层(即艇体与水接触的表面层)。

(4)效率的考虑。

生产企业十分重视工作效率，在手糊作业中选用厚的增强材料比薄的操作效率高，因此常选用单位面积质量较大的布或毡以及复合毡组合使用。

(5)经济性考虑。

产品成本是企业重视的又一个因素。对于普通船艇,基体材料均采用耐水性不饱和聚酯树脂,用增强型中碱布及无碱布为主要增强材料,用部分短切毡作为防渗透增强材料。但在制造豪华型游艇及高档次船艇时则采用高强度高模量的增强材料和性能更好的基体材料,如乙烯基酯树脂。当船艇有阻燃要求时,一般产品常采用添加型阻燃树脂,档次高的才使用反应型阻燃树脂。

(6)美观因素。

选材也必须考虑产品的外观形象,例如为了提高表面光洁度,在胶衣层后要使用表面毡;在不接触模具的内表面时不应使用粗纱布增强材料,而应使用薄的玻璃纤维布或较薄的短切纤维毡,使表面较细腻。

三、玻璃钢船艇建造工艺

FRP/CM 艇体的成型方法主要有接触成型法和模压成型法。迄今为止 FRP/CM 艇体制造中最常用的方法仍是在开式阴模中采用接触成型法,其铺敷方式有如下几种,即手糊成型、喷射成型、自动化或半自动化铺敷成型等。

1. 手糊成型

手糊成型也叫积层或层敷、铺糊法,为玻璃钢生产作业中最早的成型方法。具体做法是先在模具上擦脱模蜡或脱模剂,然后喷涂胶衣树脂,待胶凝到一定程度后,再调配树脂(在不饱和聚酯树脂中加入引发剂和促进剂),在胶衣层上涂刷一层调配好的树脂后,铺上一层事先按模具尺寸裁剪好的增强材料(玻璃纤维布或毡),用刷帚、刮板或辊辘等工具使增强材料浸透树脂,排除气泡(图 2－18)。一层完毕后再进行下一层,如此反复进行,直到完成规定厚度为止,待树脂固化到较充分的程度后脱模,经修理后即为成品。

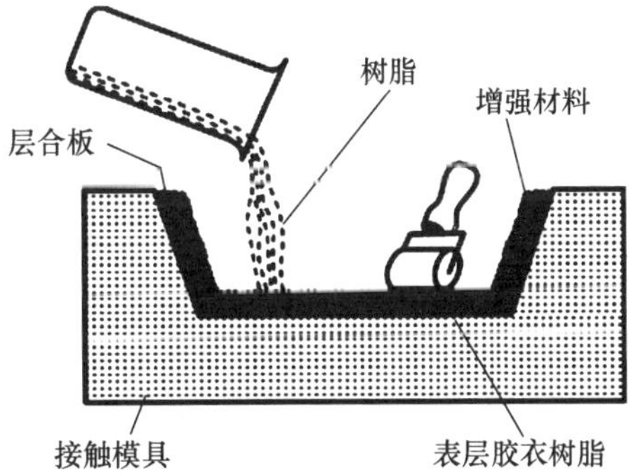

图 2－18　手糊成型

2. 模压成型

模压成型为机械加工方法,将专用于模压成型的模塑料(浸渍了树脂的玻璃纤维)按需用量称量后填进钢模中(图 2－19),合模,通过加温、加压,在数分钟内即可固化,脱模修整后即成为成品。由于受压机台面尺寸的限制,其只适用于生产较小的产品,如帆板、小型游艇之类,无法生产大尺度的船体。

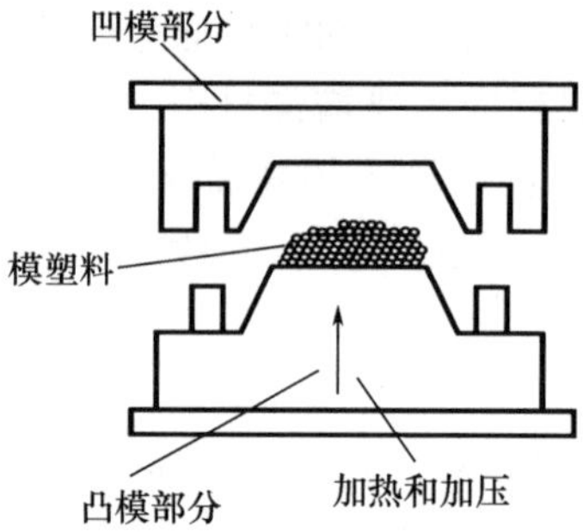

图 2－19　模压成型

3. 喷射成型

喷射成型使用双口喷枪，一个枪口喷射树脂，喷口内将含有引发剂的树脂与促进剂混合后喷出；另一枪口是将玻璃纤维通过切割器切成定长的短纤维，然后借助压缩空气喷出。两口呈一定角度，使喷出的树脂与短纤维在模具面上会合而成型。用此法形成的玻璃钢积层相当于使用玻璃纤维短切毡浸渍成型积层，只适用于强度要求不高的产品，不能取代玻璃布、毡结合的设计强度。图 2－20 为 33 mFRP 渔船的甲板采用喷射成型工艺时的情景。

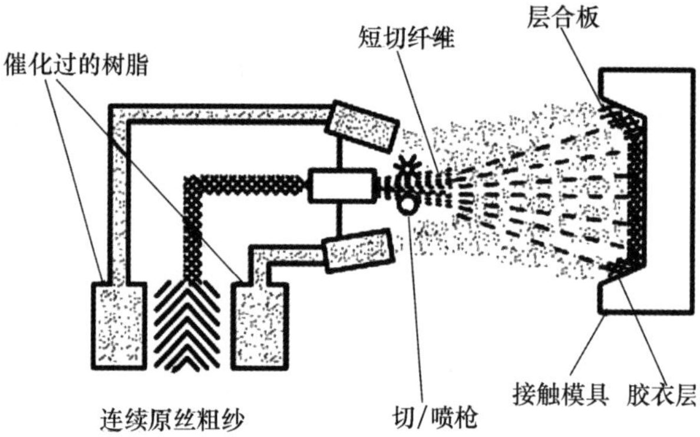

图 2－20　喷射成型

4. 浸渍成型

这是通过浸渍机（又称浸润机）将玻璃纤维增强材料浸渍树脂，再做铺贴作业的成型方法。图 2－21 为浸渍机工作原理图；图 2－22 为造艇现场的实用机器。具体过程为：先将玻璃布或毡等增强材料通过传动装置进入树脂槽内浸透树脂，再经辊子等装置使含胶量达到预定的要求数值，然后根据船艇产品各部位尺寸大小剪裁，粘贴于模具上，再通过辊压刮平工序，使粘贴紧密、无气泡。由于省去了人工浸渍程序，减轻了劳动强度，提高了工作效率，质量有保证，如再辅以辊压机等设备，则可实现机械化作业，取代手工操作。

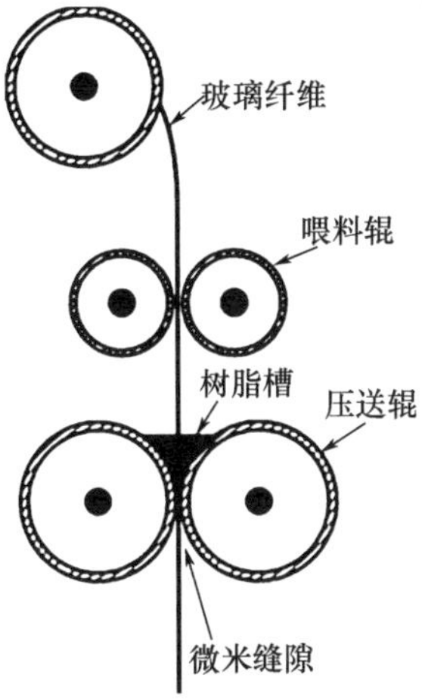

图 2－21　浸渍机工作原理图

图 2－22　悬挂在行车上的浸渍机

5. 注射成型

模具也需要对模，且要耐压并具有良好的密闭性。成型时先在下模上按制品设计厚度(层数)铺设好玻璃纤维布和毡，将上模合上并密封紧固，从设置的注射口通过压力注入调配好的树脂，浸透增强材料并排出模具中的空气，经自然固化或加温固化后脱模，即成为制品。注射成型由于需要两个模具，成本高，所以只适合体积小、生产批量大的产品，如高精度的船艇配件，很少用于制作船艇壳体。

在注射成型的基础上又派生出真空辅助成型法(图 2－23)。近年来在高档船艇制造中得到推广。

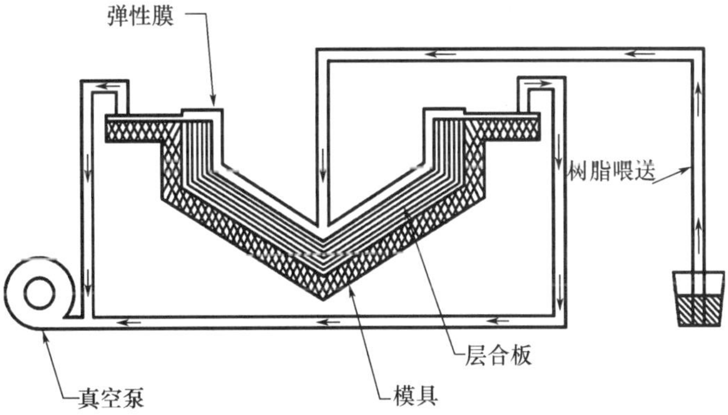

图 2－23　注射成型

6. 真空辅助成型

真空辅助成型又称“真空导入工艺”(vacuum infusion process，VIP)，它与注射成型的不同之处是只需要一个单面模具(就像通常的手糊和喷射模具)，上面覆以真空袋，建立一个闭合系统。所以它更适合船艇壳体的制作。

真空辅助成型工艺的基本原理和步骤：在模具型面上先铺放成品所需要的纤维增强材料(例如玻璃纤维、碳纤维、夹芯材料等)，然后放置真空袋，将型腔边缘严密密封后，再将型腔内抽真空,然后让树脂通过精心设计的树脂分配系统在真空作用下注入模腔内。真空辅助成型是在真空状态下排除纤维增强材料中的空气,利用树脂的流动和渗透,来实现对纤维及其织物的浸渍,并在室温下进行固化,最后形成具有一定树脂/纤维比例的 FRP/CM 结构。

(1)VIP 工艺流程。

VIP 工艺制造艇体的流程分步骤介绍如下(图 2－24):

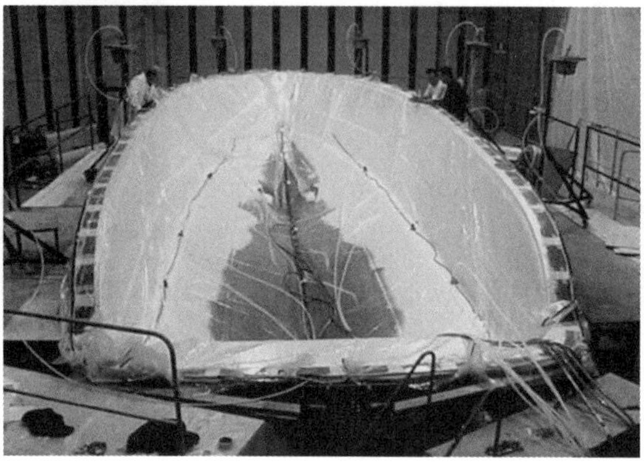

图 2－24　VIP 工艺制造艇体

第一步:准备模具

和其他积层工艺一样,对 VIP 来说高质量的模具也是必需的。表面要有较高的硬度和较高的光泽,并且模具边缘至少保留 15 cm,便于密封条和管路的铺设。将模具清理干净,然后打脱模蜡或抹脱模水。

第二步:施工胶衣面

根据制品的要求,可以用产品胶衣和打磨胶衣,选用类型有邻苯、间苯和乙烯基。用手刷和喷射的方法施工胶衣层。

第三步:增强材料铺设

依据制品强度要求选用增强材料,诸如玻璃纤维、碳纤维、夹芯材料,选择增强材料对积层工艺来说是很重要的一步。

第四步:真空袋材料铺设

先铺上脱模布,接着是导流布,最后是真空袋。在合上真空袋之前,要仔细考虑树脂和抽真空管路的走向,否则有的地方树脂会无法浸润到。铺设时要非常小心,以免一些尖锐物刺破真空袋。

第五步:抽真空

铺完这些材料后,检查各进树脂管,对整个体系抽真空,尽量把体系中空气抽空。

当树脂导入时,小心空气进入体系,气泡会在泄漏点向其他地方渗入,甚至有可能使整个制品报废。

第六步:配树脂

抽真空达到一定要求后,准备树脂。按凝胶时间配入相应的固化剂,切记不能忘记加固化剂,否则很难弥补。不过一般真空导入树脂含有固化指示剂,可以从颜色上来判断是否加了固化剂。

第七步:导入树脂

把进树脂管路插入配好的树脂桶中,根据进料顺序依次打开阀门,注意树脂桶的量,及时补充。

第八步:脱模

树脂凝胶固化到一定程度后,揭去真空袋材料。从模具上取出制品并进行后处理。

(2)真空辅助成型的特点。

①力学性能好。

在不增加成本的情况下,与手糊构件相比,成型构件的强度、刚度或硬度及其他物理性能可提高 1.25 倍以上。

②重复性好。

采用真空辅助成型制作的构件,不论是同一构件还是构件与构件间都具有高度的一致性。构件有相对恒定的树脂比,空隙率低(不超过 1%),更容易检测构件缺陷。高度固化的层合板可在日光下目测空隙或其他缺陷。

③质量轻。

真空辅助成型时树脂消耗量受到严格的控制,其比例几乎由真空值决定,纤维含量可高达 75% ~80%,无需额外的材料来连接芯材。因此,对强度或刚度要求相同的构件,采用真空辅助成型工艺制作可节省材料、减小质量。

④环保。

这是真空辅助成型工艺最突出的优点。开模成型时,苯乙烯的挥发量高达 35% ~40%。真空辅助成型工艺则几乎是闭模成型过程,挥发性有机物和有毒空气污染物均被局限于真空袋中。仅在真空泵中排气(可过滤)和打开树脂桶时才有微量的挥发物。

⑤成本低。

效率高和纤维含量高,树脂浪费率低于 5%,比开模成型工艺节约劳动力 50% 以上。在芯材加入的前后,无须等待树脂的预浸和固化,可一次成型大型复杂几何形状的夹层和加筋结构,尤其对于单板加筋结构,其材料和人工费的节省相当可观。

(3)真空辅助成型在舰艇中的应用。

真空辅助成型工艺自 1996 年在舰艇中获得成功应用后,经过几年应用技术的积累,现已在海军船舶中有了较大规模的发展。英国著名的研制 FRP/CM 反水雷舰艇的 VT 公司采用该工艺制造了 Sandown 级猎扫雷舰的所有上层建筑和主船体中的部分内部结构,这些结构能承受很强的爆炸冲击载荷,VT 公司还为 Compton Marine 和 Westerly 等公司提供技术支持,用经济的 SCRIMP 工艺替代原来传统的开模成型工艺,制造了长 14 m 的游艇,并开发了新一代游艇系列;瑞典海军 73 m 长的 Visby 级隐身轻型护卫舰的艇体、甲板和上层建筑等也是采用 SCRIMP 工艺制造的,采用该工艺制造的还有 Skjold 级隐身巡逻艇。此外,美国海军正在研制的新型 DD21Zumwalt 级隐身驱逐舰也将采用 SCRIMP 成型工艺建造。

SCRIMP(seamann composites resin infusion manufacturing process)成型工艺是由美国 Seamann Composites 公司在 20 世纪 80 年代末开发出来的一种真空辅助成型工艺名称(图 2 –25)。

7. 分片及合龙

船艇是分片制造、脱模后,再组装起来的。图 2 –26 是一艘小帆艇,分成 3 块制作:下面是船艇的外壳模块;中间是甲板连同内底模块;上面还有一块舱棚(甲板的一部分)模块。三片制作好后再合成一个完整的艇体,用螺栓固定或采用二次胶接合龙。

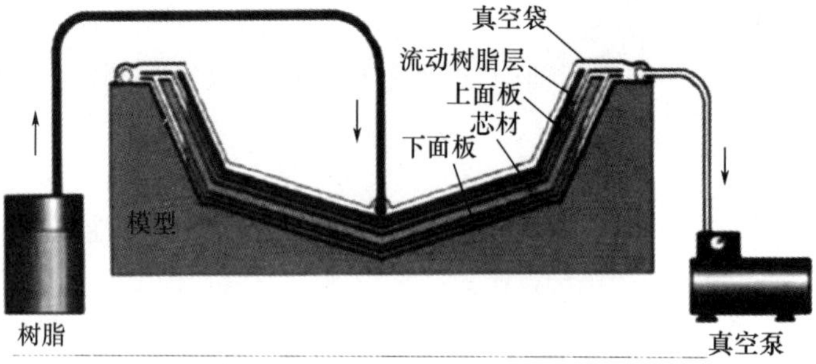

图 2-25　真空辅助成型工艺

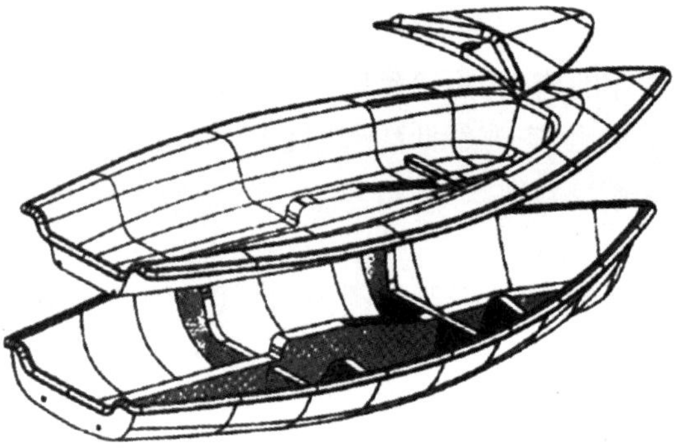

图 2-26　分片及合龙

【**拓展提高**】如何进行玻璃钢游艇的制造？

【**课后自测**】

1. 什么叫玻璃钢？
2. 玻璃钢性能有哪些？
3. 玻璃钢有哪几种成型工艺？

任务五　充气舟复合艇体材料

目前用来制造充气舟（充气筏、气胀式充气舟、刚性充气艇）的材料有橡胶、聚氯乙烯、聚亚胺酯和海泡龙（hypalon）等。目前用纯粹的橡胶或塑料来制造充气舟已很少见，大多数是使用性能更好的高强度尼龙织料和氯丁橡胶或彩色天然橡胶组成的夹网布料。

一、聚氯乙烯（PVC）夹网布料

聚氯乙烯（polyvinyl chloride）是我们最常见的一种工业合成材料。它不是橡胶，而属于塑料，是用来做气胀圈的一种复合材料。如图 2-27 所示，它中间是一层聚酯纤维织物，两面涂敷 PVC 塑料。这种材料有很好的抗胀力特性，缺点是缺乏弹性、易老化。聚氯乙烯是最便宜的气胀圈制作材料，一个聚氯乙烯气胀圈最多只能使用 5 年时间。

二、聚亚胺酯（PU）夹网布

很多 RIB 工作艇的气胀圈制造材料使用的是聚亚胺酯（polyurethane）夹网布。它的最大优点是十分坚硬，是防暴护具及防弹衣很好的制造材料。缺点是制造难度大、不易维修、

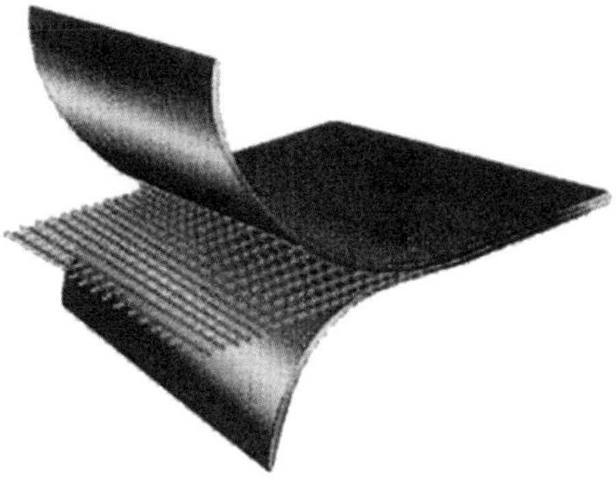

图 2-27 聚氯乙烯

易老化、易磨损。为了保证 PU 充气圈的密封性能，还得在气胀圈内部配合使用氯丁橡胶密封层。一个高质量的 PU 气胀圈可以使用 10~15 年。但价格较贵，通常更换一个完全老化的 PU 气胀圈的费用是整艘艇的 1/3 左右。

三、海泡龙

海泡龙是一种新型复合材料，属于合成橡胶类原料，不像 PVC 是属于塑料类的。它的坚硬度和耐磨度都特别强，通常可达到 30 年的使用寿命。虽然在前 5 年内 PU 材质气胀圈的强度要好于海泡龙气胀圈，但 5 年过后，情况就相反了，海泡龙的抗老化优势显露无遗。海泡龙气胀圈还易制造、易维修，但它同样需要使用氯丁橡胶层以保证气密和防水性能。

如图 2-28 所示，海泡龙是一种多层复合结构材料。它的外表面是一层着色外层，里面衬一层氯丁橡胶；中间层是涂敷黏结剂的织物层，它是用来保证张力强度的；内层是两层氯丁橡胶，主要用来保证气密性。海泡龙改善了以往塑料、橡胶的不耐油、不耐热及抗臭氧特性弱的缺点，并且海泡龙的色彩稳定性强，色彩可长久保持鲜艳，不会因气候日照而褪色和老化，这几点是其他制造材料所不具备的。此外，它还具有极佳的耐候、抗氧化特性及良好的绝缘性，也可以防止细菌和污染物的侵害，刮过不留痕，经久耐用，是最佳的防水及工业用料。目前欧洲国家的所有正规的 RIB 军用艇、海防艇等安全系数要求高的船艇的气胀圈必须使用海泡龙制作。

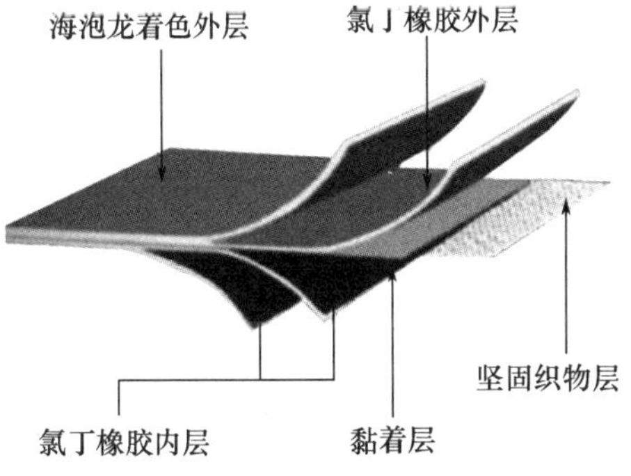

图 2-28 聚亚胺酯夹网布

【拓展提高】请选择合适的材料建造一个简易的充气小艇。

项目三　游艇艇体

【能力要求】

游艇的航行性能与游艇艇体形状及尺寸有关,尤其是游艇水下部分的线型密切相关。本项目主要介绍游艇的几何形状和尺度系数、游艇设计要素选取、设计软件、航行性能、雕刻机使用、艇体模型制作等相关知识,并提供游艇模型制作实例,让学生掌握游艇艇体模型制作的具体流程。

【工作任务】

掌握游艇艇体几何形状和尺度系数、各类航行性能、游艇设计要素选取、雕刻机使用等的相关知识。

【任务目标】

1. 了解游艇的几何形状和尺度系数。

2. 了解游艇设计要素。

3. 熟悉游艇各类航行性能。

4. 了解雕刻机的使用及游艇模型制作流程。

【任务链接】

任务一　游艇的几何形状和尺度系数

任务二　计算机软件模拟识别并设计游艇艇体结构

任务三　游艇航行性能

任务四　雕刻设计制作游艇艇体模型

任务一　游艇的几何形状和尺度系数

游艇的设计建造需要根据客户对游艇的要求来建造,要求主要包括用途、性能、航行区域、尺度和造价等,其中游艇主尺度和艇型参数对游艇的性能影响最大。

一、艇体的尺度系数

1. 主尺度的定义

拿一艘帆艇的侧面形状图来说明主尺度的概念和定义,如图 3 - 1 所示。

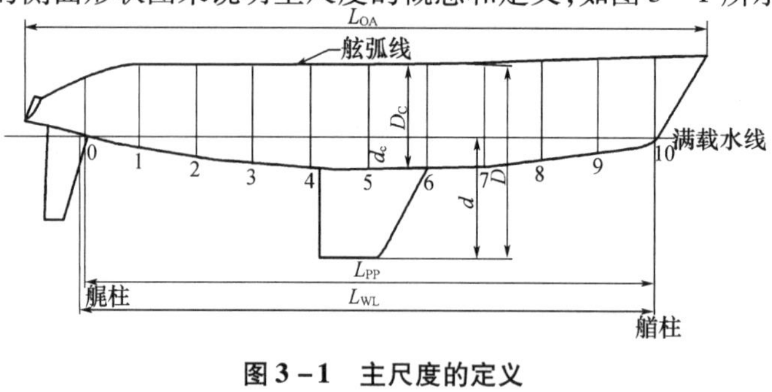

图 3 - 1　主尺度的定义

(1)艇长 L。

笼统地说艇长 L 是多少,那是一个十分模糊的概念。下面来逐个介绍各种艇体长度的概念。

艇体长度的单位,我国(法定计量单位制)用“米”,英美国家多用“英尺”,两者可用系数“3.28”来换算。从“米”换算到“英尺”须乘以 3.28;若从“英尺”换算到“米”,则须除以 3.28。例如 20 ft 换算到法定计量单位制,约等于 6 m。

在游艇的统计、买卖、报关和检验上提到的艇长 L,习惯上是指艇在满载排水量下静浮于水面时,其刚性水密艇体位于水线以下部分的总长,但不包括水线处及以下的附体。

①艇体总长 L_{OA},是指艇体部最前端到尾部最后端之间的最大长度,有些附件或舾装件,如伸出艇首的斜桅、标枪舌及伸出艇尾的舵不包含在艇体总长度之内。

②水线长 L_{WA},是一个用于理论计算游艇排水体积的长度量,它随艇体吃水而变化,通常是指设计水线的长度,而设计水线通常是指满载水线。对于钢质或铝合金游艇,水线长 L_{WA}是指沿满载水线由艏柱前缘量至艉柱后缘的水平距离(不包括艏柱前和艉柱后的艇壳板厚度在内)。对纤维增强塑料艇,水线长 L_{WA}则是从水线处壳板最前端量到最尾端的水平距离(即包括壳板厚度在内)。

③两柱间长 L_{PP},是指艏柱和艉柱间理论线的长度,对驾艇者来说意义不大,但对于艇体设计来说是一个重要的参数。因为设计艇体时通常把艏艉柱之间划分为 10 个或 20 个等分线,这些等分的竖线称为“站线”,我们可以在看到这些站线编号的,艏柱是指通过设计水线的首部端点的一条垂直线;艉柱通常与舵杆的中心线重合,但也不一定。

几种长度的概念虽不同,但在数值上往往有一到两个长度是相等的,例如 $L_{WL}=L_{PP}=L$。但也不总是如此,视不同的艇型而定。

(2)吃水 d。

艇体吃水,因装载情况的不同而变化,所以具有变量的概念。这里所指的吃水通常是指满载吃水(设计吃水),根据不同的需要可区分为最大停泊吃水 d 和艇体吃水 d_C。

①最大停泊吃水 d,是指艇满载静浮时的最大吃水深度,包括舵、螺旋桨等凸出在艇底下面的附件。这个深度对于进出港口和寻觅泊位非常重要。

②艇体吃水 d_C,对于常规游艇来说,d_c 是在艇长 L 中点处由平板龙骨上缘(对纤维增强塑料艇为龙骨下表面)量到满载水线的垂直距离。

对帆艇等有凸龙骨的艇体来说,艇体吃水 d_C 是不包含凸出艇体的龙骨(或稳向板)浸深在内的,这个吃水仅仅对计算艇的排水体积有用。

(3)型深 D。

型深与吃水不同,首先它是一个常量而不是变量。

对于常规游艇来说,型深 D 是在艇长 L 中点处,沿舷侧由平板龙骨上缘量至上层连续甲板(甲板艇)横梁上缘或舷侧板顶端(敞开艇)的垂向距离;对纤维增强塑料艇,则由平板龙骨下表面量起。

对帆船来说,型深有两个概念,即最大型深 D 和艇体型深 D_C。最大型深 D_C 是从帆船龙骨的最低点量到舷弧线的垂直距离。艇体型深 D_C 则是从龙骨上缘量起的,不包括下垂的龙骨或稳向板。

(4)干舷 F。

干舷 F 是指在艇长 L 中点处,由满载水线量至干舷甲板(甲板艇)上缘或舷侧板顶端

(敞开艇)的垂向距离。

干舷 F、型深 D 和吃水 d 有下列关系:$F=D-d$。

实际上,干舷 F 也具有变量的概念,因型深 D 是不变的,当吃水 d 减小时,干舷就会增加。干舷增加对于艇的抗沉性(又称不沉性)是有利的,即万一艇体进水,干舷就起到抵抗下沉的作用。

(5)艇宽 B。

利用图 3-2 来介绍艇体横剖面形状和艇宽 B。艇体横剖面通常都是对称的,所以只须画出一半的形状就行了。图中有两根曲线,代表两个横剖面形状。左边那一根曲线靠近艇体的中心线,它代表首部横剖面形状,从图中可以看到它比较瘦削,而且呈侧向外飘的形状,这种形状对于切开波浪、防止飞溅的浪花打到甲板上来很有利。靠右边的曲线代表中部横剖面的形状,从图中可以看出它比较丰满,舷侧和舭部呈弧形,上部靠近平板处向内凹进,这种形状比较适合游艇,在一般的船上是很少出现的。

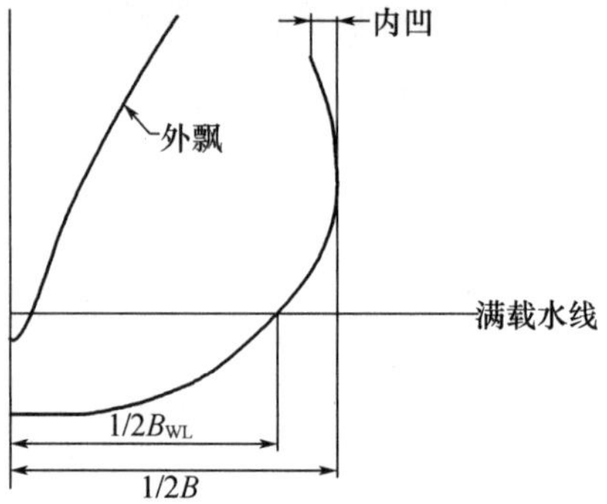

图 3-2 横剖面形状

艇体的宽度有两个主要尺度,即最大宽度 B 和水线宽 B_{WL}。

①最大宽度 B,是指艇横向的最大尺度,包括防擦的护舷条。

②水线宽 B_{WL},是指设计水线(通常指满载水线)处的最大宽度。对于钢质或铝合金游艇,B_{WL}是指水线最宽处由一舷的肋骨外缘量至另一舷的肋骨外缘之间的水平距离(不计入外壳板的厚度);对于纤维增强塑料艇,B_{WL}为艇体两侧外表面之间的最大宽度(即包含壳板的厚度在内),但不包括护舷材等突出物。

(6)排水体积∇和排水量 Δ。

艇体排开水的体积可以通过理论计算得到,当吃水不同时,艇体排开水的体积也不同,所以作为主尺度指标的排水体积指的是设计水线下的排水体积。

对于钢质或铝合金游艇,由于计算的排水体积中不包括外板的体积,所以实际的排水体积还要在理论计算排水体积的基础上乘以壳板系数 1.006。但对于玻璃钢艇,计算的排水体积中已包含壳板在内,所以不必再乘壳板系数了。这是两者的不同之处。

这个排水体积∇乘水的密度即得到艇的排水量 Δ。水的密度随水的温度而变,而且海水和淡水也不同,常温下通常取海水的密度为 1 026 kg/m^3,淡水的密度为 1 000 kg/m^3。

排水量 Δ 是指艇体排开水的质量,相当于艇的质量。通常说的排水量是指艇的满载排水量 Δ。

满载排水量 Δ 是指艇上所有按规定配备的船员、设备、货物、备品、附件及索具等都装备齐全，并装满燃油、滑油、淡水、食品和供应品，额定乘员全部上艇，艇处于立即可以起航状态时所排开水的质量。

2. 肥瘠系数

艇体水线以下部分的形状对航行的阻力有重大影响，所以要做得非常流畅。有几个系数可以用来判别艇体的胖瘦程度，称为“肥瘠系数”。

(1)棱形系数 C_P。

它是排水容积与最大横剖面面积乘水线长度之比。它的含义在图 3－3 中做了形象化的表达，计算公式为

$$C_P = \frac{\nabla}{A_M \cdot L_{WL}} \tag{3-1}$$

式中　C_P——艇体的棱形系数；

∇——艇体的排水体积，不含凸出龙骨和稳向板；

A_M——设计水线下最大横剖面面积；

L_{WL}——设计水线长。

在像帆船那样的游艇上，凸出龙骨、稳向板等突出物的影响不可忽视，扣除凸出龙骨、稳向板的体积后，才能计算艇体的棱形系数，这个系数对快速性的影响很大。

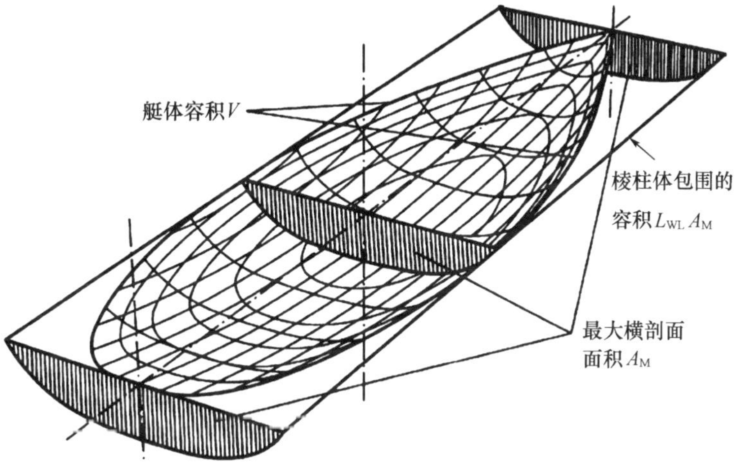

图 3－3　棱形系数的概念

(2)方形系数 C_B。

它是艇体排水容积与水线长、水线宽和艇体吃水所围成的立方体容积之比。它的含义在图 3－4 中做了形象化的表达，计算公式为

$$C_B = \frac{\nabla}{L_{WL} \cdot B_{WL} \cdot d_c} \tag{3-2}$$

式中　C_B——艇体的方形系数；

∇——艇体的排水体积，不含凸出龙骨和稳向板；

B_{WL}——设计水线宽；

L_{WL}——设计水线长；

d_c——艇体吃水。

在像帆船那样的游艇上，凸出龙骨、稳向板等突出物的影响不可忽视，扣除凸出龙骨、稳向板的体积后，才能计算艇体的方形系数。

方形系数反映了艇体的丰满程度。方形系数越大，说明在同样的主尺度下，艇体内的容积越大，可以多装载货物。在一些低速大型船舶上，方形系数可以达到0.8以上。但方形系数大过，对提高航速不利，所以在大多数高速艇上，方形系数一般不超过0.5。

如果已经知道方形系数，那么就能按下面的公式求得艇的排水体积：

$$\nabla = C_B \cdot L_{WL} \cdot B_{WL} \cdot d_c \tag{3-3}$$

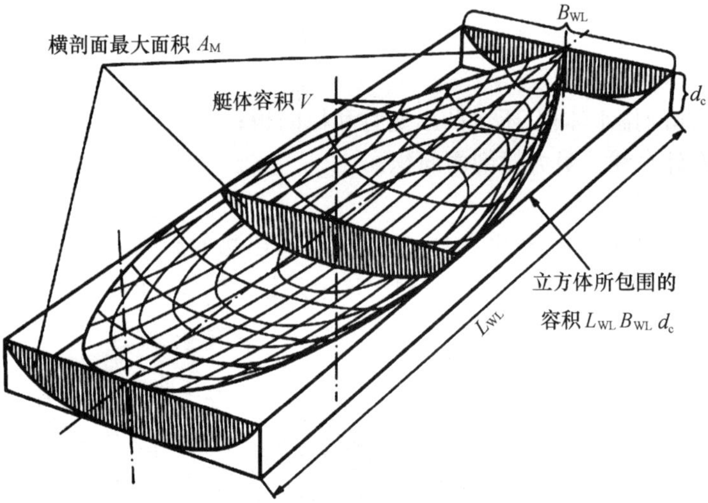

图3-4　方形系数的概念

(3)横剖面系数 C_M。

横剖面系数 C_M 反映了艇体最大横剖面的丰满程度，它的计算公式为

$$C_M = \frac{A_M}{B_{WL} \cdot d_c} \tag{3-4}$$

式中　C_M——艇体的横剖面系数；

A_M——设计水线下最大横剖面面积；

B_{WL}——设计水线宽；

d_c——艇体吃水。

二、艇体的几何形状

艇体的几何形状主要是指艇体甲板以下部分的形状，根据游艇种类、航速的不同而差别很大。这里只介绍几种适合中小型游艇的常见类型。

1. 帆船的体形

帆船的体形通常比较狭长，底部圆顺，舷侧和舭部都呈光顺的弧形曲线。其特征是有深入水下的鳍状龙骨，该龙骨能增加帆船的倾侧稳性和航向稳定性，所以又称稳向板，如图3-5所示。

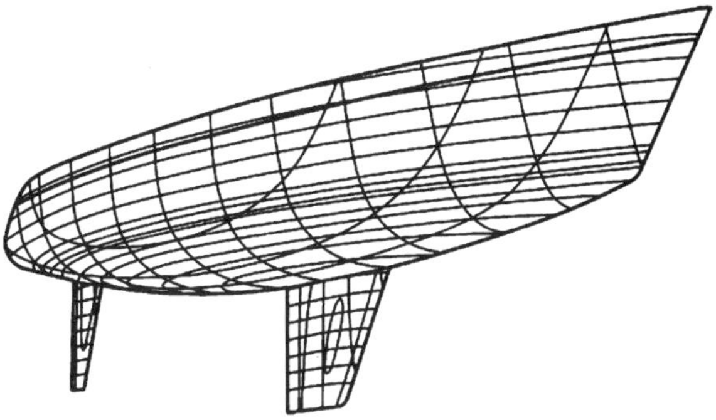

图 3-5 帆船的体形

2. 圆舭型艇体

对于大多数中低速游艇来说，通常都采用圆舭型艇体，属于排水型艇体。图 3-6 是这种艇体常见的横剖面形状。图的右侧反映了艏部横剖面的形状，左侧反映了中部向艉的横剖面形状。这一类游艇普遍采用前冲的倾斜艏柱，艏部线型比较瘦削，呈外飘的 V 形。这种横剖面形状有利于水花向圆舭两舷飞溅，避免甲板上浪。从艏部到中部，横剖面形状逐渐丰满，由外飘的 V 形变为向下凹的圆弧形，形成“圆舭”，再向后逐步过渡到 U 形，平坦的底部有利于艉部流线的平顺。艉部用垂直或倾斜的平板切断，俗称“方尾”。这种艇体形状在低速和中速时的性能都很好，但不适合高速航行。大型游艇几乎都是这种形状。

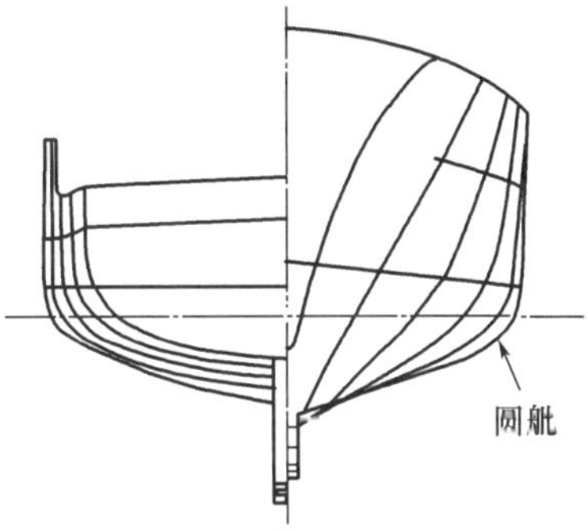

图 3-6 圆舭部艇体形状

3. 折角型艇体

对于需要达到高速的运动型游艇来说，大都采用折角型艇体。其明显的特征是在舷板和底板交界处（即舭部）有尖锐的折角，所以又称为“尖舭型艇体”。这种艇体在纵长方向根据是否设置断阶，可区分为无断级艇、单断级艇和多断级艇，如图 3-7 所示。

图 3-7 折角型艇体形状

折角型艇体的特征是舭部有一条明显的折角线，它把舷侧和底部分成两个不连续的曲面，每个曲面的曲率都不大，有利于制造。由于艇底相对于水平面来说形成一个较宽阔的倾斜的滑行平面，当艇的速度越来越高时，艇底面上会产生水动压力，它的垂直分力把艇体渐渐托出水面。这样，艇底接触水的面积会不断减小，阻力也相应减小，因此这种艇体形状特别适合于高速滑行。但这种艇体形状在中低速时阻力较大，其阻力高于圆舭型艇体。所以要根据艇的使用速度要求来选择合适的艇体形状。

4. 槽道型艇体

这种艇型最早见于美洲狮造船公司建造的近海竞速快艇，它创造了 84.6 kn 的近海竞速世界纪录，1982 年 10 月又刷新为 95.7 kn。由于艇体中间设有槽道，处在高速航行时，槽道顶板和水流之间形成了一层相当厚度的气膜或气水混合层。这种气水两相混合流体的密度比较小，从而降低了摩擦阻力，起到了风浪中的减震作用，避免了常规滑行快艇严重的拍击现象。这种艇型由于超高速，以及在沿海乃至近海海况下的耐波性、稳性、吃水及人机工程学方面的优良性能，已被广泛用于港口警戒、缉私、打击海盗和沿海巡逻。到了 20 世纪 90 年代，高速旅游船、渡船、客船也开始应用这种槽道船型（图 3－8）。

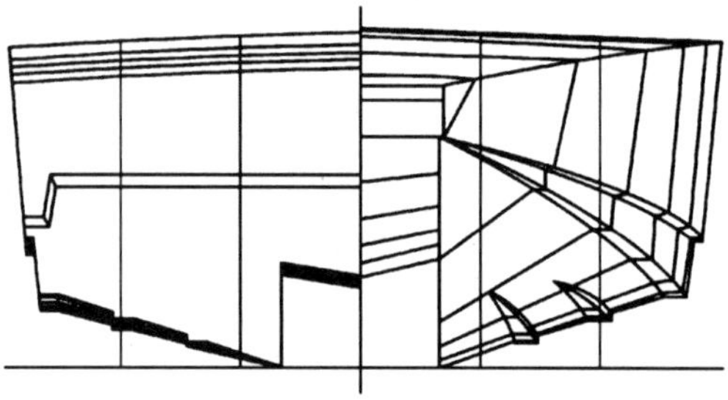

图 3－8　双体槽道型艇体横剖面形状

【拓展提高】游艇艇底形状有哪些，常采用哪种，有什么优势？

【课后自测】

1. 对于钢质或铝合金游艇，水线长是指沿满载水线由_______量至_______的水平距离。
2. 棱形系数指的是________与____________之比。
3. 什么是“肥瘠系数”。
4. 简要分析各类游艇形状的特点。

任务二　计算机软件模拟识别并设计游艇艇体结构

随着我国旅游事业的发展，水上旅游资源的开发，作为水上旅游必不可少的交通工具——旅游船的需求也越来越大。泛舟江河港口、湖区的一些内河小型的游艇主要是满足游客在风景区游览观景的需要，充分提供小巧、舒适的条件使游客能享受水上旅游乐趣。因此，在方案设计的指导思想上突出了一个游字，对主尺度及船型的选取上不仅要使游艇具有良好的稳性、耐波性、快速性，而且在总布置上为适合观景的需要也要在设计中应加以注意。一条设计成功的游艇是造船技术与建筑美学完美结合的产物，游艇不但提供了游客舒适的水上观景点，其本身也是风景中心的一部分，增添了湖光山色之美。下面主要介绍游艇方案设计中船型要素的选取。

一、游艇主要要素的选取

游艇要素的选取不仅要从阻力角度考虑,而且要从稳性、甲板面积、舱室布置和航道情况等因素综合考虑。对于游艇,后者往往占有主要地位。通常应在最大限度地满足游艇营运需要前提下,结合艇的阻力因素考虑,使艇具有较佳的综合性能。

通常在进行游艇的方案设计时,可选择一些优秀的游艇作为参考,使主尺度及船型系数的选取更具有合理性,综观实船资料发现,游艇因为受到航道的限制,其船长、吃水一般都取靠近限制值。吃水浅、船宽取的大,B/T 一般在 5 ~7.5 之间,与同客位内河小客船相比 B/T 较大,属于大宽吃水片船。

由于各主尺度与船型系数是互相联系、相互制约的,对性能影响程度也不一样,要得到较满意的方案就应综合考虑船的性能及布置,对每个要素进行分析、比较,经过对各种性能的初步校核,才能找到理想的结果。

1. 船长的选取

选取游艇船长,首先应考虑满足布置上的要求并与限制条件相结合。由于游艇受到所在航道及码头泊位的影响,一般其艇长都受到时限制,因此选择艇长时要在考虑尺度受限的情况下满足游客游步甲板面积、舱室的布置及机电设备所需空间。为此选择与所设计的船的布置、载客量相近的型船,并结合绘制草图调节船长,初算甲板面积,逐步调整,才能得到所要求船的大致范围。

由于游艇相对速度 V 较高,其每吨排水量阻力较一般货船要高得多,因此选择适宜的尺度以求减小阻力、降低油耗是十分重要的。

2. 船宽 B

对游艇选取船宽时,主要从满足布置及稳性等方面考虑。与一般的内河小客船相比,游艇的 B 要大一些($L/B=4\sim5.5$,$B/T=4.5\sim7.5$),这是为了能提供较大的客舱面积及内外走道宽度,以保证游客的舒适感,一般内走道宽取 0.8 ~1.2 m,外走道宽为 0.8 ~1.1 m。在确定船宽时还要注意机舱的布置及游客座椅布置的需要,要结合横向布置草图考虑。由于吃水受限,上层建筑相对较高,选较大的 B/T 能保证稳性,另外选取较大的 B 还能减小方形系数和棱形系数,对降阻有利,但也要避免船宽过大。

3. 吃水及型深

通常可把限定吃水作为设计船吃水。

型深选取的原则主要是考虑平面布置的需要及实地停靠码头的限制。从发表的游艇资料可看出游艇一般有两种布置方式,一种为型深 H 超过 2 m,客舱均设在主甲板以上,一种 $H=1.2\sim1.5$ m,客舱有部分在主甲板下。后一种主要是受码头或桥孔高度的限制。一般吃水较浅的游艇,较小的型深能降低重心,减少受风面积,对保证稳性有利。

4. 方形系数 C_b

方形系数的选取主要是根据浮力、快速性两个基本条件,再结合总布置图考虑。从布置角度看 C_b 较大对船体内部的舱室布置、机舱布置十分有利,但游艇为中高速船,C_b 过大会造成首波前移、阻力增加、水波飞溅、推进效率下降。

游艇的排水量相对主尺度是较小的,要满足质量与浮力相平衡的要求,其方形系数必然较小。当选定了主尺度及初估排水量后可直接按浮力要求选取 C_b,$C_b=\frac{\nabla}{LBT}$。C_b 一般应取 0.45 ~ 0.56。

5. 棱形系数 C_p、剖面系数 C_M

由于 $C_p = \frac{C_b}{C_M}$，所以在方形系数确定后，C_p 与 C_M 的选择是相互制约的。游艇的 C_p 对剩余阻力影响较大，C_p 小使兴波小，总阻力降低。C_M 的大小决定中剖面的大小，直接影响浅水中的航行阻力，C_M 越小对降低阻力越有利，但另一方面将引起 C_p 的增加，从而使首部肥胖，剩余阻力增加，但 C_p 过小会造成两端太尖瘦，影响舱容及布置。为控制 C_p 数值，不应低于 0.8，一般 C_M = 0.85 ~ 0.95，而 C_p = 0.56 ~ 0.65。

6. 水线面系数

对于内河船，水线面系数应着眼于改善稳性和布置。对于游艇这样的小型船舶，为增加稳性和甲板面积以利系泊设备布置，一般都选较大的 C_W，但 C_W 过大半进流角便大，对阻力产生不利影响，影响航速。有些游艇 C_W 小于 0.56，稳性矛盾较突出。如取的过小会造成水线以上外飘较多，增加施工难度，影响外观。一般 C_W = 0.75 ~ 0.8。

二、游艇设计计算机软件介绍

游艇设计首先根据船东提出的任务书或者通过调研进行新的游艇的设计要求，设计师按照要求进行基本设计，主要是绘制总布置图和型线图，进行性能计算完成初步设计。绘制总布置图可以使用 AutoCAD 或 Rhino 等软件，下面对相关软件进行简单介绍。

1. AutoCAD

CAD 制图软件是计算机辅助设计领域最流行的软件包，此软件功能强大、使用方便、价格便宜，在国内外广泛应用于机械、建筑、家居、纺织、船舶等诸多行业，拥有广大的用户群。

CAD 制图软件具有良好的用户界面，通过交互菜单或命令行方式便可以进行各种操作。它的多文档设计环境，让非计算机专业人员也能很快地学会使用，在不断实践的过程中更好地掌握它的各种应用和开发技巧，从而不断提高工作效率。

CAD 制图软件具有广泛的适应性，它可以在各种操作系统支持的卫星计算机和工作站运行，并支持各种图形显示设备、数字仪和鼠标器、绘图仪和打印机等，这为 CAD 制图软件的普及创造了条件。CAD 制图软件具有以下优势：

(1)具有完善的图形绘制功能；

(2)有强大的图形编辑功能；

(3)可以采用多种方式进行二次开发或用户定制；

(4)可以进行多种图形格式的转换，具有较强的数据交换能力；

(5)支持多种硬件设备；

(6)支持多种操作平台；

(7)具有通用性、易用性。

因为 CAD 制图软件功能强大，不论是游艇型线图、总布置图绘制，或者是游艇零件展开图、零件下料图的绘制都非常方便实用，因此在游艇设计领域 CAD 制图软件应用广泛。CAD 制图软件主要用于二维图形的绘制。

2. Rhino

Rhino 软件，中文称之为犀牛，是美国开发的专业 3D 造型软件。它具有比传统网格建模更为优秀的 NURBS 建模方式，也有类似 3DMax 的网格建模插件 T - Spline，其发展理念是以 Rhino 为系统，不断开发各种行业的专业插件、多种渲染插件、动画插件、模型参数及限制修改插件等，使之不断完善，发展成一个通用型的设计软件。除此之外，Rhino 的图形精度高，能输入和输出几十种文件格式，所绘制的模型能直接通过各种数控机器加工或成形制造出来，被广泛应用于工业设计、建筑设计、工业制造、科学研究和三维动画制作等领域。对比于其他三维设计软件，Rhino 具有以下优点：

（1）Rhino 拥有集百家之长为一体的发展理念，优秀的建模方式，而且建模方式有更多选择，从而使建造的模型更逼真、生动；

（2）Rhino 配备有许多行业的专业插件，只要熟悉 Rhino 的常用操作方法、技巧，对于插件的学习就比较容易上手；

（3）Rhino 配备多种动画插件，能轻松为模型设置动作，从而通过动态完美展现设计作品；

（4）Rhino 配备有多种渲染插件，从而可以制作出逼真的效果图；

（5）Rhino 配备有模型参数及限制修改插件，为模型的后期提供了巨大便利；

（6）能够输入、输出几十种不同格式的文件，包含二维和三维软件的文件格式，还包括成形加工和图像类文件格式，方便与其他软件、设备的对接；

（7）Rhino 对建模数据的控制精度非常高，因此能通过各种数控成型机器加工或直接制造出来，使其在同类中具有巨大优势；

（8）相对于同类软件，Rhino 对计算机操作系统没有特殊要求，对硬件配置要求也不高，占用内存只有二十几兆，操作上简单易懂。

基于以上优势，Rhino 在游艇设计方面应用非常广泛，许多船舶、游艇设计公司都选用 Rhino 作为主要的主流设计软件。

在实际游艇设计中不仅仅局限于只使用一种软件。设计时一般先用 CAD 制图软件绘制标准尺度的各向视图，参考工程技术规范，对游艇的层高、驾驶视线、室外沙发、楼梯设计等在设计过程中通过人机工程学中的大量的理论依据和科学数据进行分析，总结出适合游艇的人机参数，使得游艇更加人性化，保证图纸的准确性，为三维建模提供依据。再将其文件导入 Rhino 软件中，进行各个视图的对准，确保比例正确。

除以上两款软件外，还有其他的设计软件在游艇设计中被应用，如 Maxsurf、UG、Pro-e、SW、NX 等，每款软件都有其独特的优势，可以根据设计需要或者个人偏好选择学习使用。

【拓展提高】游艇设计的最重要的设计理念是什么？简述你理解的游艇。

【课后自测】

1. 游艇______的选取主要考虑平面布置的需要及实地停靠码头的限制。

2. 游艇设计首先要考虑的是______，再结合阻力因素，综合考量。

3. 简述计算机软件进行游艇设计的基本思路。

任务三　游艇各类航行性能

游艇是一种浮动的水上工程建筑物，它航行在水中，经常遇到风浪或者急流，因此要求游艇坚固耐用、性能良好、造型美观、经济合理，在江河湖海中能高速、平稳、安全地航行。

设计和建造各类游艇，应使其具有良好的性能，以适应复杂的海洋环境，把航行的危险降到最低。这些游艇所应当具备的性能，称之为游艇的航行性能或航海性能，这些航行性能包括浮力、稳性、抗沉性、快速性、摇摆性和操作性。

一、浮性

游艇在一定装载情况下的漂浮能力叫作游艇浮性。游艇是浮体,决定游艇沉浮的力主要是重力和浮力。

1. 游艇在静水中平衡的条件

当游艇漂浮于静止的水面时,如同浸在水中的物体一样,受到两个力的作用。一个是重力,它的大小等于游艇的全部质量,方向垂直向下,重力的作用点通过游艇重心,重心的位置则取决于全艇质量的分布情况,如图 3 -9 所示。另一个就是水作用于艇体的浮力,它的方向竖直向上,作用点通过游艇的浮心。其漂浮条件是重力和浮力大小相等方向相反,而且两力应作用在同一铅垂线上,浮性关系到装载能力和航行的安全。如图 3 -9 所示,如果重力和浮力在数量上相等,且作用在同一铅垂线上,则游艇就得到平衡而浮于水面上。当艇内载重量减少时,则因重力小于浮力,游艇上浮,吃水减少,直至其浮力减少并达到新的平衡位置;反之,当游艇载重量增加时,重力超过浮力,游艇下沉,吃水增加,使游艇排开水的体积增加,直至浮力与重力达到新的平衡。

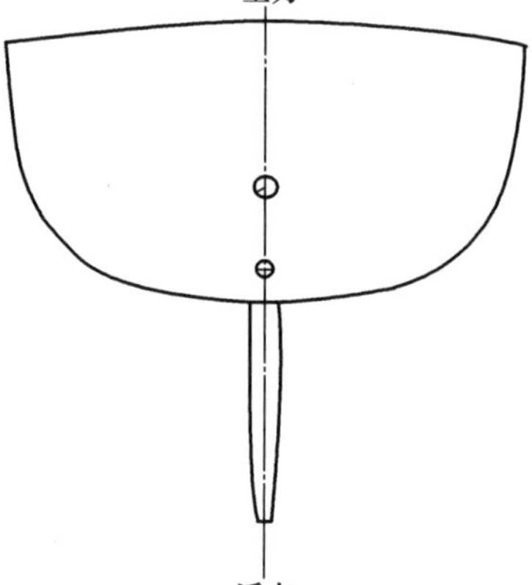

图 3 -9　游艇的平衡

游艇在航行时,由于本身兴波和外界干扰,浮力与重力经常是不等的。为取得平衡,就处于不断地升降运动中,由不平衡到平衡,从平衡到不平衡,循环往复,以致无穷。

游艇在水上航行,经常会遇到波浪打上甲板,冬季还会结成很厚的冰,这就等于给游艇增加了质量。为了保障游艇安全,游艇必须留有一定的储备浮力(也叫保留浮力)。储备浮力是指游艇甲板以下至水线之间水密空间产生的浮力,载重越少,游艇干舷越高,储备浮力越大,浮性越好,越有利于航行安全。

2. 游艇的平衡漂浮状态

游艇浮态可分为四种。

(1)正浮状态是指游艇首、尾、中的左右吃水都相等的情况。

(2)纵倾状态是指左右吃水相等而艏艉吃水不等的情况。艇首吃水大于艇尾吃水叫首倾;艇尾吃水大于艇首吃水叫尾倾。为保持螺旋桨一定的水深,提高螺旋桨效率,一般未满载的游艇都应有一定的尾顷。

(3)横倾状态是指艏艉吃水相等而左右吃水不等的情况,航行中不允许出现横倾状态。

(4)任意状态是指既有横倾又有纵倾的状态。

二、稳性

稳性是指游艇在外力矩(如风、浪等)的作用下发生倾斜,当外力矩消除后能自行恢复到原来平衡位置的能力。游艇稳性,按倾斜方向可分为横稳性和纵稳性;按倾斜角度大小可分为初稳性(倾角10°以下)和大倾角稳性;按外力矩性质可分为静稳性和动稳性。

1. 游艇的平衡状态

游艇有三种不同的平衡状态,如图3-10所示。

游艇正浮于水面上时,船重 W 与浮力 N 大小相等,方向相反,并作用在同一垂直线上,重心和浮心位置分别为 G 和 B。当外力作用在船体上,使游艇产生小角度 θ 的横倾时,由于排水体积改变,导致浮心移至 B_1,使重力和浮力作用线不在同一垂直线上。游艇倾斜前后两浮力作用线的交点 M 称为稳心,在小角度倾斜时,可以把它看作是一个固定点。重心 G 点与稳心 M 点之间的距离称为稳心高度,它是衡量小倾角稳性的重要指标。

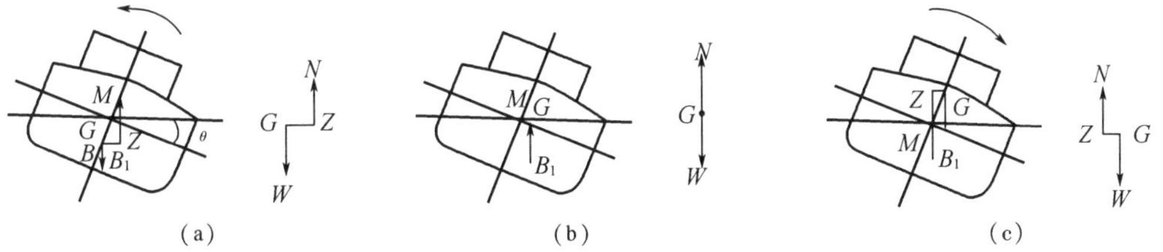

图3-10　游艇的三种平衡状态

(1)游艇的平衡状态。

如图3-10(a)所示,当游艇受外力作用而横向倾侧至 θ 角时,若游艇重心 G 较低,在稳心 M 之下,重力 W 与浮力 N 形成力偶矩与游艇倾斜的方向相反,使游艇向原来位置复原,称之为复原力矩。

(2)游艇的中性平衡。

如图3-10(b)所示,若游艇重心 G 与稳心 M 两点重合,游艇倾侧后重力 W 与浮力 N 恰好作用于同一铅垂线上,力矩为零。游艇将保持在其倾斜位置,但不具有复原能力,这种平衡称为中性平衡。

(3)游艇的不稳定平衡。

如图3-10(c)所示,当游艇受外力作用而横向倾侧至 θ 角时,若游艇重心 G 较高,在稳心 M 之上,致使重力 W 与浮力 N 形成的力偶矩与游艇横倾的方向相同,这时它能使游艇继续倾斜直至倾覆,这个力矩称为倾覆力矩。

由上述可知,稳定平衡的游艇其 M 点在 G 点之上,产生的力矩为恢复力矩;中性平衡的游艇,M 点和 G 点重合,力矩为零;不稳定平衡的游艇,M 点在 G 点之下,产生的力矩为倾覆力矩。后面两种情况在游艇的设计和建造过程中是不允许出现的。

对于游艇来说,发生艏艉方向倾覆的可能性极小,所以一般都着重讨论横稳性。艇宽、水线面系数、干舷、重心高度、水面以上的侧面积大小和高度,以及艇体开口密封性的好坏等，是影响游艇稳性的主要因素。

2. 提高游艇稳性的措施

(1)降低游艇重心是改善稳性的根本措施；

(2)提高横稳心 M 点的高度，使其增大；

(3)尽量减少上层建筑的受风面积，即减少倾覆力矩。

三、抗沉性

抗沉性是指游艇在一个舱或几个舱进水的情况下，仍能保持不至于沉没和倾覆的能力。中国宋代造船时就首先发明了水密隔舱，为了保证抗沉性，游艇除了具备足够的储备浮力外，有效的措施是设置双层底和一定数量的水密舱壁。一旦发生碰撞或搁浅等致使某一舱进水而失去其浮力的情况时，水密舱壁可将进水尽量限制在较小的范围内，阻止进水向其他舱室漫延，而不致使浮力损失过多。这样，就能以储备浮力来补偿进水所失去的浮力，保证了游艇的不沉，也为堵漏施救创造了有利条件。游艇主体部分的水密分舱的合理性、分舱甲板的干舷值和完整游艇稳性的好坏等，是影响抗沉性的主要因素。

提高游艇抗沉性的措施主要是采取分舱方法，另外可以增加储备浮力。具体方法有：

(1)增加干舷可增大型深或将水密舱壁延伸至更高一层甲板；

(2)减少吃水，当型深不变时，就相当于增加了干舷；

(3)增大舷弧以及使横剖面外倾，均可增加储备浮力。

需要强调的是，以上所说的抗沉性是游艇设计时给予的抗沉能力。事实上，游艇一旦发生海损事故，是否沉没或倾覆在一定程度上与艇上人员采取的措施有关，如果措施得当，将会对游艇的浮态和稳性产生积极的效果。

四、快速性

游艇在主机输出功率一定的条件下，尽量提高艇速的能力叫游艇快速性。这种特性是表征船在静水中直线航行速度与其所需主机功率之间关系的性能。它是游艇的一项重要技术指标，对游艇使用效果和营运开支影响较大。

游艇推力是由艇上安装的动力装置提供动力。为了提高快速性，一方面应尽可能提高推力，另一方面则应尽量降低游艇的阻力。因此，游艇快速性主要包括游艇阻力和游艇推力。

游艇在水中航行阻力主要由摩擦阻力、兴波阻力和漩涡阻力三个部分组成。

1. 摩擦阻力

水是有黏性的流体。游艇与水接触，就会有水黏附在艇体上。当游艇航行时，艇体表面与水摩擦形成摩擦阻力。摩擦阻力大小除与水的黏性有关外，还和艇体水下表面积的大小、表面的光滑程度及航行速度有关。在游艇设计建造时，应从减少游艇水下表面积和表面粗糙度着手，减少摩擦阻力。

2. 兴波阻力

游艇外形呈两头窄、中间宽的形状，在水中航行时，在艏艉形成两个高压区，使水面上升，在重力和惯性作用下形成波浪。由于兴波的能量是由游艇提供的，因而相当于游艇受到阻力作用。兴波阻力大小与艇长、航速有关，在设计时要充分考虑游艇长度和游艇设计航速，两者密切配合，以减少兴波阻力。

3. 漩涡阻力

漩涡阻力也是由于水的黏性引起的。水流过游艇表面时,由于艇体曲面的变化而使水的流动发生减速,流至艉部时边界层出现分离现象,形成漩涡,漩涡的产生使艉部压力降低,艏艉形成压差,称为漩涡阻力。漩涡阻力大小与航速和艇体水下形状有关,尤其是艇体尾部形状。因此在船舶设计时应考虑游艇尾部形状来减少漩涡阻力。

游艇在水中航行时所受阻力以以上三种为主,还包含其他一些阻力。游艇水下部分还有一些其他附件,在航行时会受到一定阻力;游艇水上部分会受到空气阻力;此外,在水中航行会受到波浪影响,也会使船舶阻力增加。

快速性包含节能和速度两层意义,所以提高游艇快速性也应从这两方面入手,即尽量提高推进器的推力和减小游艇航行的阻力。合理地选择游艇主尺度、艇体系数和线型,是降低游艇阻力的关键。

五、摇摆性

游艇在外力的影响下,做周期性的横纵向摇摆和偏荡运动的性能叫游艇摇摆性。这是一种有害的性能,剧烈的摇荡会降低航速,造成货损,损坏艇体和机器,使旅客晕船,影响船员生活和工作等。

游艇的摇摆,可以分为横摇、纵摇、立摇和垂直升降四种运动形式。横摇是游艇环绕纵轴的摇摆运动;纵摇是游艇环绕横轴的摇摆运动;立摇是游艇环绕垂直轴的偏荡运动;垂直升降是游艇随波做上下升降运动。游艇在海上遇到风浪时,往往是以上四种摇摆的复合运动。其中影响较大的是横摇、纵摇和垂荡。溅浸性主要是由于纵摇和垂荡所造成的艇体与海浪的相对运动,增加干舷特别是艏部干舷、加大艏部水上部分的外飘,是改善游艇溅浸性的有效措施。大型客轮也有用减摇水柜、减摇鳍、陀螺平衡减摇装置等来减小船舶在风浪中的摇摆。

六、操纵性

游艇能保持和改变运动状态的能力叫游艇操纵性,指游艇能按照驾驶者的操纵保持或改变航速、航向或位置的性能。所谓运动状态指航向和航速,所以操纵性应包括游艇能迅速改变航向的旋回性和保持指定航向的稳定性,也包括游艇改变航速和保持航速以及游艇停车和倒车时的惯性等性能。游艇的操纵性是保证游艇航行中少操舵、保持最短航程、靠离码头灵活方便和避让及时的重要环节,关系到游艇航行安全和营运经济性。

【拓展提高】游艇能够在风浪中快速航行,试分析其受力状况。

【课后自测】

1. 游艇漂浮于水中的条件是________。
2. 游艇航行于水中阻力主要包括:________、________和________。
3. 游艇的操纵性包含________和________。
4. 降低船舶阻力,提高航速,可以采取哪些措施?

任务四　雕刻机设计制作游艇艇体模型

使用雕刻机进行游艇模型制作,首先选择模型的母型游艇,然后广泛地查阅资料,收集图片，由于游艇外观造型设计都牵涉到专利版权，因此只能自己动手来绘制游艇模型制作所需要的外观图和型线图，由于我们获得的图片常常不是正投影图片，因此需要对各部位测出的尺寸采用比例、三角计算法或用作图法根据主要参数进行调整。必要时，还要根据经验来修正。对修正完成的游艇外观图进行展开，分割成一个个小的零件，在 CAD 中进行布置，尽量做到合理利用材料。

一、普通雕刻机使用方法

以普通机械雕刻机为例，简要介绍雕刻机的使用方法。

1. 使用制图软件完成游艇模型的下料图，可以使用 CAD 或 Rhino 等软件。图形绘制完毕导出文件格式注意一定是雕刻机能够识别的。

2. 将下料图导入雕刻机系统软件，确定下料位置，确定下料轮廓线和加工深度，保存好加工路径。

3. 启动雕刻机控制系统，装载保存好的加工路径文件，进行仿真加工。手动调整雕刻机钻头位置，坐标清零，进行材料的切割加工。

激光雕刻机使用方法大致相同，重点要注意的是做好“定位”，即调整好激光头与加工材料之间的距离。

二、游艇模型制作主要耗材介绍

1. 木材

木材用于制作模型骨架，是最常用的材料。

(1)桐木：以泡桐为主，有密度较小、相对硬度大、变形小、易于加工等特点；

(2)松木：东北松的特点是纹理均匀、木质细密、密度较小、不易变形、易于加工、有一定弹性；

(3)桦木：材质坚硬、纹理均匀紧密、密度较大，可用作发动机架等受力构件；

(4)轻木：材质很硬、密度软小、纹理均匀、不易变形、易于加工，用来制作受力不大的零件；

(5)胶合板材：即三合板，可用来制作游艇的龙骨，具有强度大、不易变形的特点。

2. 金属材料

金属材料有强度大、柔韧性好、可塑性强等特点。

(1)薄铁片：用作支架、固定电机等；

(2)薄铜片：制作导电触片、开关、电池夹等，也可用来制作上层建筑外壳。

3. 塑料

不同成分和工艺的塑料，其性质差异很大，用途也不同。

(1)聚苯乙烯泡沫板：密度小、易切割、易打磨，用来制作艇体省时省力；

(2)聚氢酯泡沫塑料板：质地轻软，是良好的防震材料，颗粒较大；

(3)有机玻璃：高度透明，密度小，不易碎。110 ℃变软，可成形加工成各类特殊形状的沟槽和零部件。

4. ABS 板

ABS 板质地较软，易于切割和打磨，可用普通模型胶水黏合。

5. 原子灰

原子灰是一种高分子材料，由主体灰和固化剂两部分组成，在引发后发生聚合，快速成型固化，黏附在物体表面，特别适合用作游艇模型表面涂料，主要对游艇模型表现的凹坑、针缩孔、裂纹等缺陷进行填平和修饰，满足喷漆前游艇艇体表面的平整、平滑，保证游艇艇体线型。

6. 砂纸

砂纸主要用于研磨游艇表面，涂上原子灰之后，用砂纸通过粗磨、细磨等工序，确保模型表面光滑平顺。

7. 面漆

硝基喷漆或聚酯漆都可以，颜色根据游艇的实际颜色进行调配，也可以根据自己的喜好进行。

游艇模型制作主要的耗材就是上述介绍的几种，其他耗材例如螺旋桨、锚、传动轴系等直接按照规格购买即可。

【拓展提高】雕刻机的其他应用还有哪些？

【课后自测】

1. 激光雕刻机对比普通雕刻机在使用前需要________。

2. 叙述雕刻机的使用方法。

附：详细船模制作过程

选择 DRESDEN 号游艇作为母型来制作游艇模型，由于其结构相对比较简单，具体流程如下：

(1) 首先收集 DRESDEN 号游艇的相关资料，并根据收集到的资料完成模型图纸的绘制（图 3－11）。

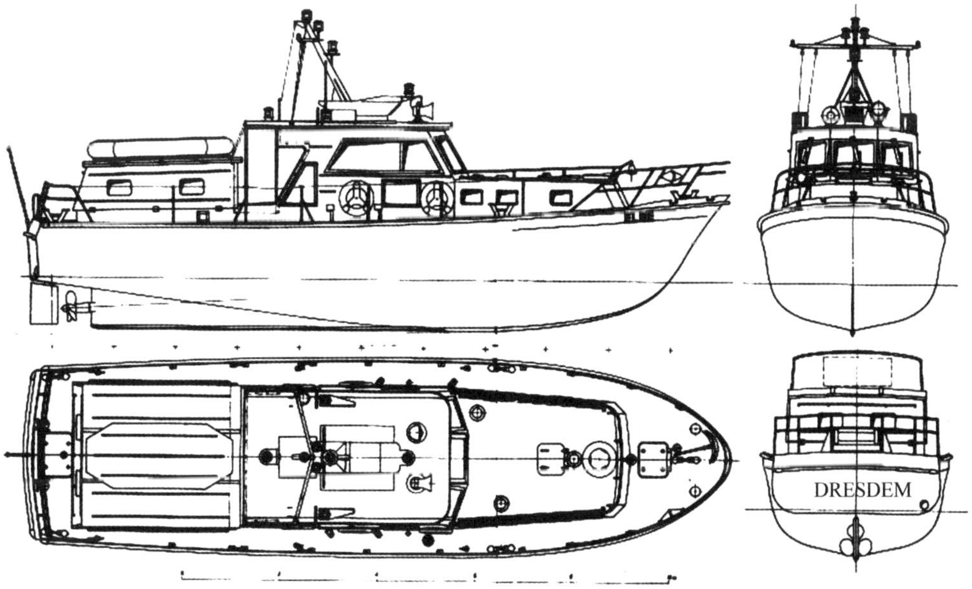

图 3－11　DRESDEN 号游艇模型图纸

（2）然后绘制型线图和下料图（图 3－12）。

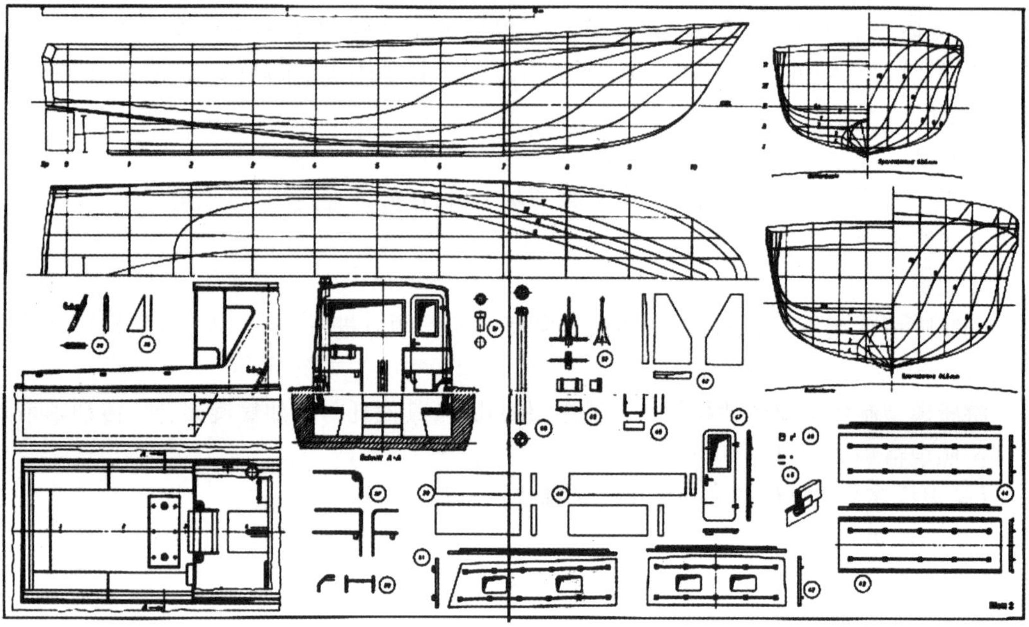

图 3－12　DRESDEN 号游艇模型型线图和下料图

（3）使用激光雕刻机或普通雕刻机加工出肋骨（图 3－13）。

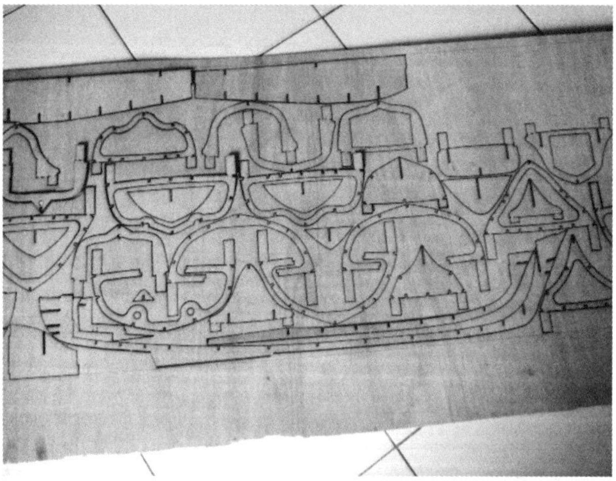

图 3－13　游艇模型肋骨加工

（4）找块三合板做船台，下面用角铁加强，防止船台变形。将肋骨按顺序拼好（图 3－14），激光雕刻机切割质量较好，基本没有加工误差。

（5）蒙皮，船首用泡沫塑料修出外形，防止蒙木条时塌陷。从两端往中间蒙，由于没有大曲率，线形比较简单，因此效率较快（图 3－15）。

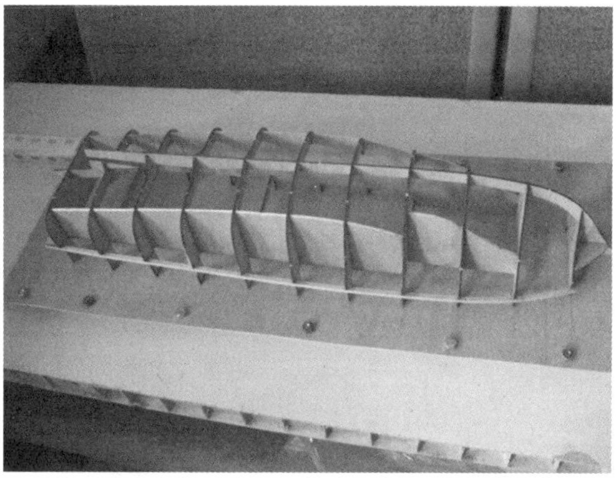

图 3－14　游艇模型肋骨拼接

图 3－15　游艇蒙皮

(6)游艇尾部用桐木条做出边框,在修去毛边蒙上木条(图 3－16)。

图 3－16　游艇尾部修整

(7)将艇体外沿的毛边修整平滑,蒙上木条,艇体基本成型(图 3-17)。

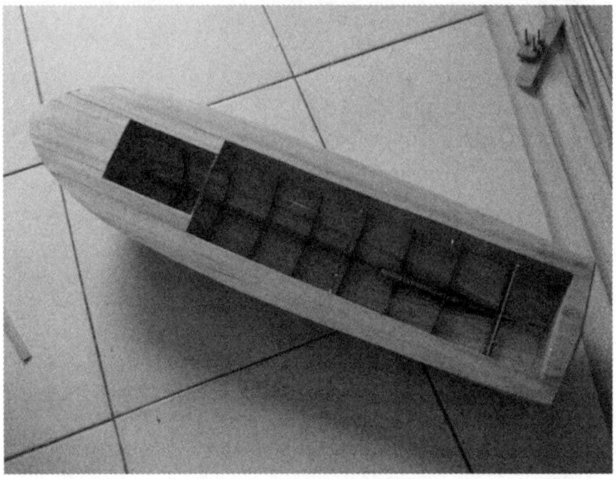

图 3-17 游艇艇体

游艇艇体完成之后,剩下主要是上层建筑、舱室、舾装件等的加工制作,完成之后进行拼接组装。然后用原子灰对艇体外表面进行处理,填补表面缝隙,保证艇体型线,修整好的表面还要逐级用水砂纸进行打磨、精磨。然后在模型上喷上面漆,硝基喷漆、聚酯漆都可以使用,再贴上船名等装饰,这些和其他模型的后期工作基本相同。模型喷完漆,装配结束,一艘漂亮游艇模型已经出现在我们的面前。

目前使用 ABS 材料进行游艇模型制作的也比较多,由于游艇的造型上有大量的曲面和圆角,采用 ABS 板作为主要材料是一个比较好的选择,具有好加工、容易弯曲并且粘接迅速的优点,特别适合单件或小批量制作游艇模型。

同样,与所有的模型制作一样,在游艇模型做好以后,立刻就会发现原先图纸上还有许许多多的细节需要改进。制造游艇模型的意义和乐趣正在于此,我们对游艇造型和模型制造工艺的理解又上了一个新的台阶。

项目四　游艇动力及推进装置

【能力要求】

游艇动力及推进装置作为游艇的主要动力模块，对游艇的航行性能及经济性、环保性有着决定性作用，本项目对游艇的各类发动机进行讲解，分析对比不同的推进装置，涉及游艇绿色动力装置方面，并设计游艇动力系统设计实训及比赛。

【工作任务】

掌握游艇动力及推进装置的类型、参数及特性的相关知识，能针对船模进行动力装置的匹配。

【任务目标】

1. 了解游艇动力装置的类型及各类游艇动力装置特性。
2. 了解发动机的种类，学会发动机选型。
3. 了解混合动力装置，熟悉新能源和可再生能源动力装置。
4. 了解螺旋桨的特征和几何参数，螺旋桨推进装置类型。
5. 了解表面桨推进、吊舱式推进、侧向推进、喷水推进、风帆推进等特种推进装置。
6. 了解振动和噪声产生原因，熟悉减振降噪的措施。
7. 熟悉“船—机—桨”的匹配和简单计算，能结合游艇艇体模型装配动力系统分组竞速。

【任务链接】

任务一　掌握各类游艇动力装置特性
任务二　怎样选择游艇动力装置
任务三　混合动力及绿色动力装置设计
任务四　游艇螺旋桨推进装置特性
任务五　设计环保高效的游艇特种推进装置
任务六　降低游艇动力系统的振动和噪音
任务七　结合游艇艇体模型装配动力系统分组竞速

任务一　掌握各类游艇动力装置特性

游艇能够乘风破浪，那就需要动力，即使是帆船，也须配备辅助动力，以备不时之需。动力装置是提供各种能量和使用这些能量的装置，船舶动力装置能够保证船舶正常航行、人员正常生活、完成各种作业。游艇的动力装置与常规船的动力装置有共性的一面，也有特性的一面。介绍各类游艇动力装置特性，以便进行游艇动力装置的选择、匹配、设计和研究工作。

游艇动力装置可分为舷内机、舷外机和舷内外机。后面两种是适合小艇使用的带螺旋桨的集成推进装置。本任务着重介绍适合中小型游艇的动力装置及其特性。对于常规的动力装置，如舷内机，不做重点介绍。

一、游艇推进装置概述

游艇动力装置是提供游艇各种能量和使用这些能量的装置，能够保证船舶正常航行，人员正常生活，完成各种作业。其中游艇推进装置是指能发出一定功率，经传动设备和轴系带动螺旋桨旋转，进而推进游艇让其保持一定航速航行的设备，是游艇动力装置中最重要的组成部分。

游艇推进装置主要包括游艇发动机、传动设备、轴系和推进器等。游艇发动机是指提供推动游艇航行动力的机械，如柴油机、汽油机和燃气轮机等。传动设备的主要功用是直接或间接通过游艇发动机传递功率给传动轴和推进器，同时还可以使后者达到减速、反向和减震的目的，其设备包括离合器、减速齿轮箱和联轴器等。轴系用来将游艇发动机的功率传递给推进器，包括传动轴、轴承和密封件等。推进器是能量转换的设备，它将游艇发动机发出的功率转换成游艇推力的设备，包括螺旋桨、喷水推进器等。

游艇的种类很多，按照不同的标准都有不同的分类。按照发动机燃料可以划分为柴油发动机游艇和汽油发动机游艇；按照推进动力分类可以分为桨动游艇、帆动游艇、发动机游艇、帆动和发动机游艇以及电力推进游艇等；从发动机的安装位置划分可以分为舷内机游艇和舷内外机游艇。下面重点讲述舷外机和舷内外机的装置特性。

二、舷外机

舷外机是挂在艇尾板上直接驱动艇的集成推进装置，把发动机、减速器、传动轴、螺旋桨以及控制机构集合成一个总成。

舷外机因其体积小、质量小、功率大、结构及安装简单，在小型高速纤维增强塑料船（简称玻璃钢船）、橡皮艇上作为动力装置被广泛选用。这种驱动方式相对来说较为简单，与艇体的关联较少。一般是艇体造好后，买一部挂机来装在艇尾板上就能开航了。不用时可以拆下来保管，或供其他的艇使用。

几乎 6 m 长以下的小艇都喜欢使用舷外挂机。一方面是因为在这样的小艇上，如果把发动机装在舱内，势必要占去很大空间，那么剩下的可利用的空间就非常有限；另一方面，发动机产生的振动、噪音也很难控制，且出现故障后查找起来也很麻烦，所以小艇上很少有采用舷内机作为动力的。

舷外挂机的缺点：①挂机大多为汽油机，耗油率高，经济性差，安全可靠性差；②发动机转速高，有的高达 5 000 ~ 6 000 r/min，故障率高，使用寿命短，不适合恶劣的工况；③输出功率受到局限，只适用于功率要求较低的艇。

目前市场上销售的舷外挂机有美国的 Mercury（水星）、Johnson、Evinrude；日本的 Yamaha（雅马哈）（图 4－1）、Honda（本田）、Suzuki；国产的有重庆的宗申（Zongshen）牌等。各公司生产的外挂机的类型不尽相同，功率范围从不足 2 kW 到 350 kW 不等。

机型一般有二冲程机和四冲程机，四冲程机和二冲程机各有其优势，四冲程机比较节油，但二冲程机容积率高。即以同等功率比较，二冲程机的体积小，质量小。所以小功率机宜用四冲程机，大功率机以二冲程机为宜。舷外挂机几乎全部为汽油机。

舷外机实际上是一个集成的推进系统，是由汽油发动机、动力传递系统、转向机构、减速齿轮和螺旋桨推进器组成的一个极其紧凑的动力推进和操纵系统。图 4－2 是 Optimax 舷外机的剖视图。它的上部箱体中包含着一部汽油发动机，由于体积小、发热量大，所以要

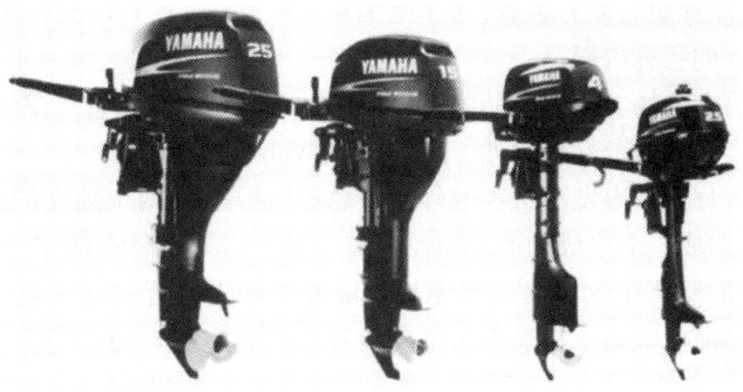

图4－1　舷外挂机

采用海水冷却。海水通过伸入水下的管路吸上来,冷却主机后再排入水下。箱体内一般不包含燃油箱,所以在使用前要接好与燃油箱连接的管路。

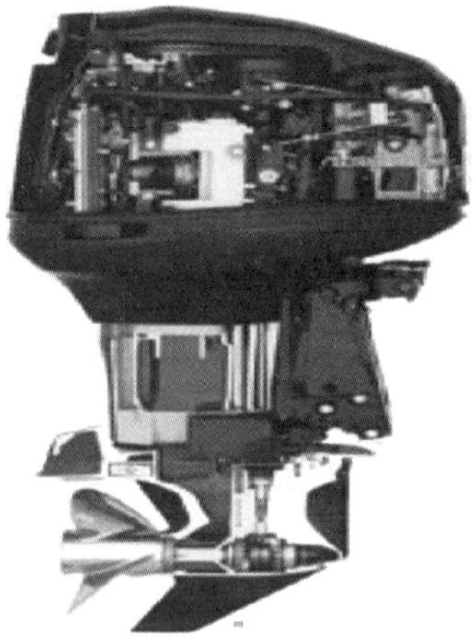

图4－2　Optimax舷外机的剖视图

中部瘦削的机体起到承上启下的连接作用,内部有垂直的传动轴和各种管路。外部有固定到艇尾板上的悬挂装置和操纵转向机构。下部为推进装置,传动轴经直角锥齿轮减速机构驱动螺旋桨,推动船艇前进。

舷外机也起到舵桨合一的驾驶作用。在一些小艇上,驾艇人员坐在后面直接操纵连接舷外机的手柄,使整个机器旋转一个角度来操纵艇的航向。在稍大一些艇上,舷外机的转向是通过钢丝绳牵引或液压来实现的,驾驶员可以坐在艇前面的驾驶座椅上,通过手轮来驾控艇。在驾驶台上还可以通过仪表了解机器的工作情况。选购舷外机时要注意轴的长度与艇尾板的高度相匹配。

三、舷内外机

舷内外机的全称是舷内机舷外推进装置。即发动机放在舷(船)内,联动的艇尾传动装置(含推进器)固定在艇尾板上或艇底板上。

舷内外机组中的发动机采用柴油机,经济性和可靠性大大优于舷外汽油挂机,结构紧凑，是中小型高速艇理想的动力装置，功率范围从 100 hp(73.5 kW)到 250 hp(183.8 kW)，适合长度 8 ~ 16 m 的各种游艇。

舷内外机目前在市场上销售的品牌有美国产的 MerCruiser(水星)、Zeus(康明斯与水星合资公司)、日本产的 Yamaha(雅马哈)、瑞典产的 Volvo Penda 等。

舷内外机可区分为舷内发动机和舷外推进总成(艇尾机)两个独立的组成部分，通过传动轴联结成一体，构成一个集成的艇尾驱动装置。图 4 - 3 为雅马哈舷内外机带舷外推进装置的一种形式，柴油机装在舷内紧靠艇尾板。舷外的推进装置固定在艇尾板上，在艇尾板上开孔与艇内的柴油机联结。在舷外的推进装置也具有左右转向和向上翻起的功能，由驾驶台进行操纵。

图 4 - 3　雅马哈舷内外机

【拓展提高】如何进行游艇推进装置类型选择?

【课后自测】

1. 游艇动力装置可分为舷内机、________和舷内外机。
2. 游艇推进装置主要包括游艇发动机、传动设备、________和________等。
3. 市场上的外挂机有哪些生产厂家?
4. 简要叙述舷外挂机的优缺点。

任务二　怎样选择游艇动力装置

对于一个游艇来说，发动机被称为心脏，且不同类型的发动机适用于不同的船型和工况，选用合适的发动机，不仅可以有强劲的功率输出，而且能够降低油耗，稳定性能。本任务带大家认识一下发动机的种类，以便进行发动机选型。

发动机如同游艇的“心脏”，体现发动机品质的高低主要是看动力性和经济性，也就是说，发动机要具有较好的功率、良好的加速性和较低的燃料消耗量。

不能单凭速度一项指标来评定游艇上发动机的性能。在游艇上，选择发动机要考虑的因素很多，除了功率的适配性、经济性之外，还要考虑其使用寿命、可靠性以及这个品牌在当地的售后服务水平等多方面要素。

一、游艇发动机的种类

发动机按照燃料分类可以分为柴油发动机和汽油发动机。

1. 汽油发动机

汽油发动机是通过燃烧汽油来获取能量的发动机。和柴油机相比，汽油发动机体积小、质量小、启动容易、噪音低、易检修。汽油燃点高、热效率低、热效能转化为动能的行程短，动能发挥及加速反应较快，加速敏捷且易于操控，适合推动小型游艇。

2. 柴油发动机

柴油发动机是通过燃烧柴油获取能量的发动机，与汽油机相比，柴油机的优点是柴油价格便宜、经济性好、故障较少。从功率角度说，柴油机功率相比汽油机大，在游艇上的应用更为广泛。柴油机的使用寿命相对较长且维护费用较少，柴油燃点低、热效率高、热效能转化为动能的行程长，虽动能发挥及加速反应较慢，但动能转化和加大扭力的能力强，比较适合推动大型游艇。

在船上使用的柴油发动机，根据发动机转速可分为低速机（$n \leqslant 350$ r/min）、中速机（350 r/min $< n \leqslant 1\ 000$ r/min）和高速机（$n > 1\ 000$ r/min）。按单位功率的质量指标来分析，低速机最重，中速机次之，高速机最轻。对中小型游艇来说，绝大部分使用的是高速轻型柴油机。

高速船用柴油机可分为以下 3 类：

（1）普通自然吸气发动机。最普通的柴油机，现在低端船艇上还在使用。

（2）涡轮增压发动机。现在船上用的大多数都是这种发动机。采用废气涡轮增压来提高增压度，进一步轻量化、高速化，低油耗、低噪声、低污染，是近代柴油机的重要发展方向。

（3）电控高压共轨（common rail）发动机。共轨喷射式供油系统由高压油泵、公共供油管、喷油器、电控单元（ECU）和一些管道压力传感器组成。系统中的每一个喷油器通过各自的高压油管与公共供油管相连，公共供油管对喷油器起到液力蓄压作用。工作时，高压油泵以高压将燃油输送到公共供油管。高压油泵、压力传感器和 ECU 组成闭环工作，对公共供油管内的油压实现精确控制，彻底改变了供油压力随发动机转速变化的现象。

电控高压共轨技术是近代柴油发动机的一大进步。其主要特点有以下 3 个方面：

（1）喷油正时与燃油计量完全分开，喷油压力和喷油过程由 ECU 适时控制；

（2）可依据发动机工作状况去调整各缸喷油压力，喷油始点、持续时间，从而追求喷油的最佳控制点；

（3）能实现很高的喷油压力，并能实现柴油的预喷射。

从发动机的品牌来看，目前在中国销售的游艇发动机品牌不同，其性能、功率范围和价格也不尽相同，主要有下面几种。

瑞典沃尔沃发动机（volvo penta）——优良的总体性能及燃油效率，完整的动力系统，设计轻巧、低噪音、振动小、易于安装维护。所生产的发动机功率范围为 10～2 000 hp。

美国康明斯发动机（cummins）——将省油、耐用、可靠、质量小和结构紧凑等特点完美地结合在一起，维修保养简便。康明斯发动机在我国重庆有生产点，提高了配件的国产化率，价格较为便宜。

奥地利斯太尔发动机（steyr）——具有体积小、质量小、功率大、油耗低、排放指标先进、噪声低、通用性强等优点。转速 2 200～2 600 r/min，功率范围 200～310 hp，最低燃油消耗率达 194 g/(kW·h)。

美国水星发动机(mercury)——爆发性较好、油耗低、独特的橡胶避震安装系统。

日本雅马哈发动机(yamaha)——性能稳定、功率强劲、油耗低、排污少、防锈防腐系统增加船外机的耐久性。

德国 MAN 发动机——设计轻巧、功率强大、持久耐用、耗油量低,还具有功率特性曲线丰满的优点。运用最新技术,如通过多孔喷嘴进行高功率喷油,或者增压 和空气中冷,这与高压力一起可确保低污染燃烧过程。

美国卡特比勒发动机(caterpillar)——工程机械常用的动力装置,其特点是耐用、可靠性好。转速可在负荷较小或无负荷时实现自动控制,自动降低发动机转速,减少油耗。噪音低、振动小、废气排放量小、环保高效、性能稳定可靠。

日本洋马发动机(yanmar)——提供强大的动力和扭矩,同时保持最低的燃油消耗,操作简便、经久耐用。

德国 MTU 发动机——功率强劲,性能卓越,耐久使用的机器,广泛用于军用舰艇和高档游艇。

二、发动机选型常识

高速柴油机常被选作各种游艇的主机。如何合理地选择发动机是船艇爱好者最关心的问题之一。发动机选择恰当与否,不仅直接影响到游艇的快速性的优劣,而且与船舶的经济技术指标以及使用可靠性息息相关。

1. 综合权衡

选择合适的发动机必须要考虑到技术经济甚至人文地域等多种因素,要综合权衡。

(1)要有较大的比功率(即单位质量的功率)。

一般来讲这个指标越高越好。仅仅从发动机本身质量考虑,想达到更高航速,选择比功率大的更好。但如果计及耗油率,那就要综合考虑了。

(2)价格因素。

除了比功率指标外,价格因素在选择时也是主要考虑的因素。高速船需要的功率较大,发动机价格一般与其功率成正比,高速船发动机价格往往占船舶总价的 25% ~50% 。对于不同牌号的发动机单位功率价格悬殊。

(3)大修期。

大修期表示柴油机的零部件在运行中磨损,无法继续使用而必须更换的时限。这又是选机时的一个关键指标。不同机型或相同机型不同工况下,时间从几千小时到几万小时不等,这又是一个权衡因素。

(4)可靠性。

可靠性是使用者必须考虑的最重要问题之一。可靠性不仅仅是机器固有的因素,更重要的是使用人员的素质、维修保障体系和供应商提供的零备件和技术支持因素有关。

(5)地域观念。

就是各厂家或地方的品牌使用习惯,例如西南航运企业愿意使用 cummins 发动机,因为重庆汽车发动机厂已引进生产这种发动机,价格便宜,易获得备件,维修方便。目前,国际品牌的柴油机纷纷在中国设立维修点,游艇在哪里使用,首先就要了解当地柴油机的使用习惯和维修点。

2. 工况与功率

同一型号的柴油机，其功率/转速视使用工况不同而不同，通常使用工况可分为两大类：

(1)无时间限制的全负荷连续运转，这种工况常出现于运输船上，或出现于远距离航渡的大型游艇上。

(2)有时间限制或变负荷连续运转。

对于第(2)类，往往又分成中等负荷和轻负荷两类。中等负荷常用于商用高速船，轻负荷则用于军用艇和游艇。

上述工况往往又与年积累使用小时数相关联，细分为以下三种工况。

(1)无时间限制的全负荷连续运转工况，即全年 365 天，每天 24 h 不停地运转；

(2)商用高速船工况，通常年累积运转 2 500 ~ 3 500 h，每天约可使用 8 ~ 10 h；

(3)军用高速船和游艇工况，通常年累积运转 500 ~ 1 000 h，每天使用 2 ~ 3 h。

对于不同的柴油机，其使用工况的划分和表述也有所不同。对游艇常用的典型柴油机，其工况划分如表 4 – 1 所示。

对于不同型号的柴油机，其标称的额定功率/转速的含义也是不相同的。通常可分为两类：一是标称的额定功率/转速在所规定的条件下可以全负荷连续运转，并且允许在规定的短时间内超载运行；二是标称的额定功率/转速是该机的最大功率，它只能在一定的时限内使用，而其余的时间应降低转速使用。实际上第二类的额定功率相当于前一类的超载功率。

表 4 – 1　游艇常用柴油机的工况划分

<table>
<tr><th rowspan="2">机型</th><th colspan="4">工况</th></tr>
<tr><th>无时限连续</th><th colspan="3">变负荷连续</th></tr>
<tr><td>MTU</td><td>1A</td><td>1B</td><td>1D</td><td>1DS</td></tr>
<tr><td rowspan="2">MWM</td><td rowspan="2">连续运转</td><td colspan="3">有时间限制连续运转</td></tr>
<tr><td>可超载 10%</td><td colspan="2">可超载 15% ~ 20%</td></tr>
<tr><td>MAN</td><td>重载型</td><td>中载型</td><td colspan="2">轻载型</td></tr>
<tr><td>Cummins</td><td>持续</td><td>中等持续</td><td colspan="2">高输出</td></tr>
<tr><td>Caterpillar</td><td>A</td><td>B</td><td colspan="2">C、D、E</td></tr>
<tr><td>Dormam</td><td>C</td><td>B</td><td colspan="2">A</td></tr>
<tr><td>应用船型</td><td>常规船</td><td>高速客车</td><td colspan="2">军用高速艇或游艇</td></tr>
</table>

熟悉各型发动机的功率标定含义，明确发动机的使用工况，对设计者和使用者来说都是至关重要的。设计者必须根据航区的实际情况或任务书的要求恰当地选择使用工况，使所设计的船艇不仅快速性卓越，而且营运经济性优良。对游艇使用者而言，熟悉发动机的使用工况，才能正常地使用。

由于不同牌号的柴油机在各对应工况时的功率定义的含义不同，在对不同的船舶进行性能比较时也应区别对待，否则将优劣难辨。

3. 工况与大修周期

所谓大修期(或寿命)是一个时间概念,它表示柴油机的零部件在运行中磨损,无法继续使用而必须更换的时限。且不说不按说明书要求的不当使用,即使是按厂方规定的条件运行,大修期也不是一个确定不变的数字。因为零部件的磨损,除了使用时间外,还与整个使用过程中的负荷强度有关。

笼统地说某台柴油机的大修期是多少不太科学,因为柴油机都有规定的工况。不同工况下的额定功率/转速是不相同的,即其负荷随使用工况而异。因此,同一台发动机在不同工况下应有不同的大修期。

许多发动机,如 MAN、cummins 等都给出了对应不同工况下的允许使用年积累时数。年积累时数实质上与使用的负荷强度相关。高的负荷强度的工况都对应低的年积累时数,同时高的负荷强度工况下的大修期也短。从这一点来说,年积累时数与大修期的长短是一致的。然而,年积累时数一般并不等于大修期,通常后者大于前者。而且,只要符合使用工况下规定的条件,在大修期内,即使已超过年积累时数,仍可以使用。如 MWM 柴油机,选用作商用高速船时,年积累使用一般为 3 000 h,在不超载 10% 负荷时可以连续运转。这样,在该工况的 12 000 h 大修期内,可使用约 4 年。如果连续运转超过 3 000 h,只要在大修期内仍可继续使用。如年积累达 6 000 h,则可用 2 年,其余类推。

很明显,同一机型在不同工况下功率的增加是以缩短寿命为前提的。为了比较,引进一个参数,即在整个大修期内发动机所做的总功 W,它是发动机经济性衡量的指标:

$$W = N_e \cdot H$$

式中 W——在大修期内发动机所做的总功,kW · h;

N_e——对应工况下的额定功率,kW;

H——大修期,h。

实际上,发动机所做的总功与船舶在该周期内的营运里程数成正比,因此 W 的值也反映了在发动机大修期内船舶营运的里程数。

4. 功率的比较

由于不同工况下的功率/转速的定义各不相同,对不同牌号柴油机的比较,应以相同标准(ISO 3046/1)时的无时间限制的全负荷连续运转工况为基础,见表 4-2。

表 4-2 各机型的功率比

机型	功率比		
	额定/持续	K	平均/持续
MTU	1.130	0.873	0.987
MWM	1.290	1.017	1.191
MAN	2	0.6	1.2
Cummins	1.111	0.830	0.922
Caterpillar	1.130	0.951	1.075
Dormam	1.100	1.000	1.100

对于游艇，由于每天的营运时间往往不超过 10 h，因此感兴趣的是有时间限制的变负荷连续运转工况。

对于有时间限制的变负荷连续运转工况，除了标定的额定功率 N_e 外，再引入一个平均功率 $\overline{N_e}$

$$\overline{N_e}\ \frac{1}{H_G}\sum N_{ei}\cdot h_i$$

式中　H_G——使用总时数，h；

N_{ei}——实际使用功率，kW；

h_i——对应的使用时间，h。

平均功率 $\overline{N_e}$ 与额定功率 N_e 之比称为平均功率系数 K

$$K=\frac{\overline{N_e}}{N_e}$$

5. 特性曲线

对于高速船，选择合适的柴油机还有一个很重要的问题必须考虑，即柴油机的特性曲线丰满与否。

对于中低速的排水型游艇来说，基本上确定柴油机的额定功率和转速就可以了，但对于高速游艇特别是滑行艇型的游艇来说，这是不够的。滑行艇的阻力特性与排水船型有区别，如滑行艇在起飞段会出现阻力峰值，倘若此时柴油机的功率低下，无足够的功率储备，则有可能越不过峰点，无法高速航行。

最大功率标称值相同但产自不同发动机制造商的发动机在低转速运行时，各发动机的输出功率会有很大的差别。所以，当推进装置的螺旋桨的尺度确定之后，推进器的功率和转速需求必须同主机制造商提供的特性曲线在全部转速范围内做比较。

6. 比重量和外形尺寸

对于高速游艇，发动机的比重量（单位功率质量）是一个重要参数，另外，从布置角度考虑，发动机的外形尺寸，特别是机宽也是一个与船舶设计相关的重要参数，这里不再详述。

【拓展提高】如何进行发动机的选型？

【课后自测】

1. 发动机按照燃料分类可以分为________和汽油发动机。
2. 高速柴油机的转速范围为________；低速柴油机的转速范围为________。
3. 发动机的选型要关注哪些指标？
4. 柴油机有哪些使用工况，柴油机的寿命与工况之间有什么关系？

任务三　混合动力及绿色动力装置设计

要想让游艇具备较高的功率输出，以满足快速性的要求，而且要降低油耗满足经济性要求，如何实现呢？另外，除了柴油机和电力推进外，还有没有新型的推进系统，或者有没有能够替代的新型能源动力装置，本任务内容就带领大家了解混合动力及绿色动力装置。

近年来，船舶尤其是游艇，对于船舶动力的要求越来越高，不仅要提供足够的功率，而且需要降低燃油消耗、减少排放，因此混合动力船舶应运而生，它不仅让燃油经济性能高，而且行驶性能更加优越，不仅如此，在能源紧张和环境保护意识更强的今天，新能源和可再生能源等绿色能源推进装置越来越受到青睐。

一、混合动力装置

近年来，hybrid 频繁出现于动力装置的术语中，翻译成中文为“混合动力”。混合动力装置在游艇上被广泛采用，即在一艘艇上装备了两种类型的动力装置，常见的有以下两种形式。

(1)柴油机动力装置和燃气轮机动力装置，这两种主机相互独立，驱动各自的推进装置，并不耦联。

(2)柴油动力结合电力推进的混合动力装置。近年来，太阳能和电力推进在游艇上的应用日趋普及。因为它具有环保和安静航行的优势，深受游艇爱好者的青睐。这两种动力往往通过一台齿轮变速箱“交互式”或“协同式”驱动一艘艇。最典型的配置是通过一台齿轮变速箱把柴油机驱动和电力驱动组合起来，形成一种多模式的动力驱动装置，它们既可能是交互驱动模式，如轮番使用柴油机驱动和电力驱动；也可能使用协同驱动模式，即两种动力通过一台齿轮箱驱动一个推进器。

混合动力推进模式为船艇上利用两种以上的动力源创造了条件，是符合环保、节能的动力配置形式，是适合游艇使用的新颖动力装置。

混合动力配置的关键设备是混合传动装置(带减速器的齿轮箱)。它有两个输入轴能分别接入两种不同的动力源来驱动螺旋桨或其他推进装置，也允许一台发动机的动力分配传输给两个目标，如艇的推进装置和发电机。这种混合传动装置可以为各种动力和推进需求进行设计和配置，创造出多种运行模式。

图 4－4 是德国 ZF 公司开发的一种混合传动装置原理图。右上方的输入轴通过主离合器联结柴油机的输出轴，当主离合器结合时，柴油机输出的功率经主传动齿轮副减速后，通过主输出轴驱动螺旋桨。与此同时，输入轴的转速经另一对齿轮传动给左上方的辅助功率输出轴(PTO)，在 PTO 轴上可与发电机组联结，进行发电，发出的电力可供照明和各种电器设备使用，并向蓄电池充电。这就是柴油机推进兼发电模式。

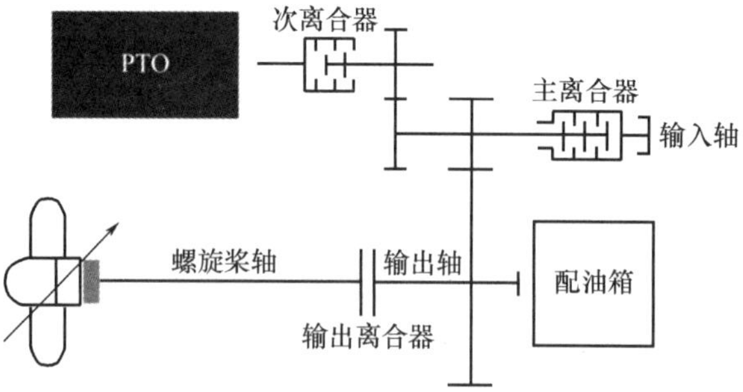

图 4－4　混合齿轮变速箱的结构原理图

二、绿色动力装置

当前，人们正在利用世界最前沿、最先进的科学技术，从各个方面打造新型绿色船舶。未来的绿色船艇的发展方向将是综合了所有绿色因素的新概念船艇，包括尽量减少有害物排放(如低碳排放)、可再生能源的利用、零污染、低噪声等。

1. 新型能源推进船艇

随着全球温室效应的加剧,国际海事组织(IMO)也越来越关注船艇温室气体排放对全球温室效应的影响。在 2008 年 3 月 31 日至 4 月 4 日召开的 IMO 第 57 次海环会议(MEPC57)上正式通过了 MARPOL 附则Ⅵ关于减少船舶有害气体排放规则的修正案。最大的变化在于船舶 SOx 排放量的逐步减少,全球硫排量的最高值第一阶段将降至 3.50%(现在为 4.50%,自 2012 年 1 月 1 日生效;然后再逐渐降低到 0.50%,自 2020 年 1 月 1 日起生效,具体情况根据 2018 年前完成的可行性调查决定)。船舶温室气体减排已成为全球造船界热议的话题之一,各式各样新型的船艇推进系统应运而生。

(1)LNG 燃料动力装置。

使用液化天然气(LNG)作为燃料的汽车在城市中已到处可见,游艇上的应用始见于 1999 年的上海国际船艇展,日本 HONDA 公司推出了使用 LNG 的舷外挂机。图 4-5 是一艘采用 LNG 作为燃料的平台供应船。

图 4-5　采用 LNG 燃料的平台供应船

(2)燃料电池推进船艇。

燃料电池技术目前发展迅速,尤其在汽车工业中的应用已较为广泛,这为在船艇上的应用奠定了基础。燃料电池是将燃料(如氢、天然气、丙烷和甲醇等)中的化学能直接转化为电能的机电装置。

氢能被誉为 21 世纪的绿色能源。氢能在船舶上的应用,目前主要是以氢燃料电池的形式应用于一些小型的船艇、观光艇,尤其是豪华游艇上。氢燃料电池之所以适用于这些船舶源于以下原因:首先,使用氢燃料电池,唯一的排出物是水,燃料电池工作温度仅为 60 ℃,安全、可靠、无污染,完全适合在环保要求非常严格的自然保护区的敏感水域中航行;其次,燃料获取方便,使用普通工业氢气瓶通过专门的加氢设备就可以对船上储存罐加注氢,目前一些高科技的金属材料使得氢气储存的安全性甚至高于天然气的储存;再次,燃料电池不产生任何异味,而且没有机械噪声。由此可见,随着世界船艇业的蓬勃发展,氢燃料电池船艇凭借其自身无与伦比的优越性,市场前景非常乐观。

已有的研究证实,燃料电池应用到船艇之上具有柴油机无可比拟的优点:①应用燃料电池的船艇将比现有的柴油机推进船艇的效率提高约 50%,且几乎零污染排放;②使用燃料电池不会产生噪音和振动,将提高乘员的舒适感,并大大改善船员的工作环境;③燃料电池的设计简单,可移动部件较少,因此维护方面的投入将大大减少;④燃料电池是标准化模块设计,可以更加方便合理地利用船上空间。

不过,燃料电池的广泛应用目前还存在着初始投入成本较高的缺点,但由于燃料电池较低的燃料消耗以及石油价格居高不下,再加上燃料电池运行成本较低,这些都大大弥补了这一不足。

2. 可再生能源的充分利用

绿色船艇将充分利用太阳能、风能及波浪能等零污染的可再生能源,为船上设施提供能量。

(1) 太阳能。

太阳能游船(图 4 –6)是靠太阳能电池产生电能,驱动电动机,带动螺旋桨,推进游船航行的。太阳能电池能将太阳光的能量直接转换成电能。船内安装有一组大容量的蓄电池组,可把平时多余的电能储存起来,遇到阴雨天,又可输送出电压稳定的电能,供游船行驶。太阳能游船不用燃料,不会有柴油发动机造成的烟雾和噪声污染,平稳舒适特别适宜于风景区行驶。但是由于目前生产的硅太阳能电池成本较高,蓄电池的容量还有限,所以没有普及推广。

图 4 –6　太阳能游船

在 2010 年上海世博会上投入使用的"尚德 · 国盛"号游览船(图 4 –7),也是一艘充分利用太阳能的绿色概念船。该船是国内设计建造的第一艘采用多种能源的混合动力游船,首次将太阳能电力导入游船动力,将混合动力模式引入船舶建造,其最具特色的"太阳翼"高 10 m,宽 5 m,矗立在棚顶上方,像一块竖起的液晶屏幕。上面装有高效晶硅异型太阳能电池 70 余片,可跟踪阳光照射方向自动旋转,综合选择风力、风向,最大化地利用太阳能。

图 4 –7　"尚德 · 国盛"号游览船

(2)风能。

帆船是直接利用风能做推进动力的,通常称为无动力艇,其实现代出洋的帆船上也配备小功率动力推进装置,以备不时之需。

现代装有动力机的游艇上为了节能减排,也开始设置风能利用装置。主要有两种形式。

其一,风能将通过由轻质合成材料制成的船帆直接获得。船帆将可以向上、向外折叠,能够通过旋转桅杆来寻找最佳的受风位置,吸收气流穿越风帆产生的拖曳力、升力或是两者的合力来推动船舶。

其二,艇上将安装类似于风车的旋转风翼,它将风能转化为旋转机械能,带动发电机产生电能,供艇上的电力设备使用。

(3)波浪能。

通过合理布置减摇鳍,结合波浪、减摇鳍与船艇的相对运动,将波浪能转化为不同形式的能,如电能或机械能。同时,减摇鳍又通过这些能量起到对船艇的推进作用。

波浪能的利用还可以在艇底设置类似于活塞的装置,当艇在波浪中起伏,或被抛上跌落时使活塞产生往复运动,从而驱动发电机产生电力。同时这种装置也起到阻尼垂荡的作用。

【拓展提高】如何给游艇配备混合动力及绿色动力装置?

【课后自测】

1. 混合动力配置的关键设备是________(带减速器的齿轮箱)。
2. 新型能源推进船艇有哪些?
3. 燃料电池推进船艇的优缺点?
4. 有哪些可再生能源可用于游艇推进?

任务四 游艇螺旋桨推进装置特性

游艇的推进装置类别很多,包括螺旋桨、表面推进装置、喷水推进器、侧推器和风帆推进装置等,在这些推进装置中,螺旋桨推进最为常见,本任务重点介绍螺旋桨推进装置。

螺旋桨把发动机传送过来的旋转扭矩转化为推进船艇前进的力,是游艇上用得最多的推进装置。根据螺旋桨的特征又可分为固定螺距螺旋桨、可调螺距螺旋桨、导管桨、对转桨、超空泡桨等不同类型,选配螺旋桨时必须了解螺旋桨的推进特性,而螺旋桨的推进特性与特征参数、螺旋桨的几何形状及类型有直接的关系。

一、螺旋桨的特征参数

螺旋桨有3个特征参数。

1. 螺距(pitch)

螺距是指螺旋桨旋转一周在轴向移动的距离。假定螺旋桨在原地不动,则意味着叶片把水向后推移一段距离。这是理论上的,实际上叶片推动水时会打滑,导致能量损耗,这就产生了螺旋桨效率。

叶片的螺距越大,叶片相对于桨盘面的螺距角也越大(图4-8)。但相对于某一航速来说，它有一个最佳螺距角。固定螺距螺旋桨的叶片是不能转动的，因此它在设计航速时的效率最高。当航速下降时，它的效率也会降低。可调螺距螺旋桨就不一样，它的叶片能够转动，即螺距是可以调节的，因此对于航速要求多变的船艇来说，采用可调螺距螺旋桨可以提高效率，节约能源。

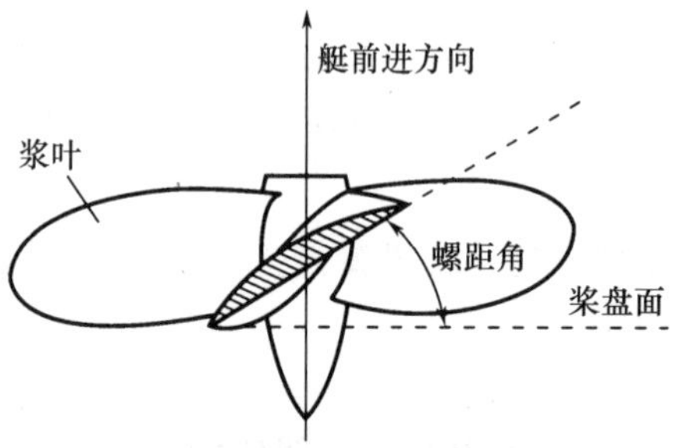

图 4 –8　叶片的螺距角

2. 直径(diameter)

螺旋桨直径是指桨叶顶端最外圈的直径。在螺旋桨设计中总是希望采用尽可能大的直径，提高螺旋桨吸收功率的能力，改善空泡性能。但在游艇上，螺旋桨直径是受吃水和安装地位限制的。过大的螺旋桨直径得不到艇体的防护，容易碰伤，所以并不可取。

3. 盘面比(EAR)

螺旋桨的盘面积是指螺旋桨直径所围成的圆盘面积。把叶片摊平放在平面上就成了叶片的展开面积，叶片展开面积的总和除以盘面积，就得到了盘面比。

盘面比大，意味着叶片较宽而且丰满，叶片单位面积上的负荷就轻，有利于避免空泡的产生。但增大盘面比会导致螺旋桨效率的下降，因此在不发生空泡的前提下应使盘面比尽量取得小一些，以利于提高螺旋桨效率。绝大部分螺旋桨的盘面比小于 1，但高速艇螺旋桨的盘面比有大于 1 的。

二、螺旋桨的几何形状

螺旋桨通常由桨叶和桨毂两部分组成，如图 4 –9 所示，常用的有三叶和四叶桨，个别也有两叶和五叶甚至六叶的。桨叶是产生推力的，从船尾向船首看到的一面称为叶面，另一面称为叶背。从螺旋桨叶面看，靠前面的一边称为导边，顺车转动时，它领先与水接触，靠后面的一边称为随边。桨叶与桨毂相连的地方称为叶根，远离桨毂的一端称为叶梢。

桨毂是固定桨叶和连接桨轴的锥形体，它不产生推力。为了减小水的阻力，在桨毂后边加一整流罩，与桨毂形成一光顺的流线型形体，称为毂帽。

桨叶切面形状一般可区分为机翼型和弓背型，如图 4 –10 所示。图中是展开后的切面，切面两端点间的距离 b 称为切面弦长，两端点的连线称为弦线，叶切面的最大厚度用 t 表示。桨叶各切面的最大厚度位置不是一成不变的，机翼型切面的最大厚度在离导边三分之一弦长处，如图 4 –10(a)所示；弓背型切面的最大厚度常在弦的中间，如图 4 – 10(b)所示。有些螺旋桨，其叶根切面的形状与叶片切面的形状并不相同。例如荷兰船模试验池发表的 B 型螺旋桨系列形状，其叶根切面是机翼型，叶梢切面是弓背型，中间是过渡形式，最大厚度由叶根切面处的 35% 弦长过渡到叶梢切面处的 50% 弦长。

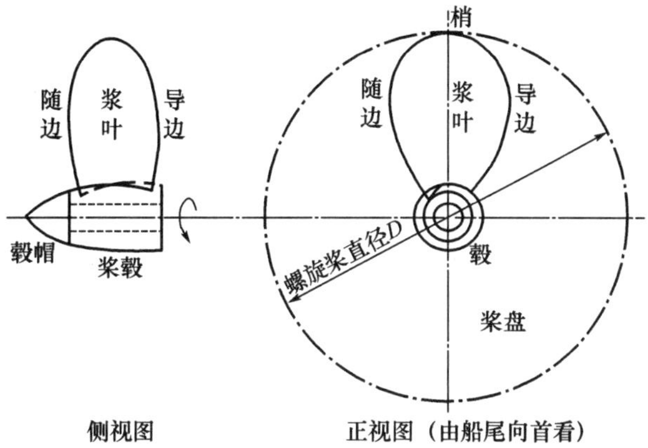

图 4－9　螺旋桨各部分名称

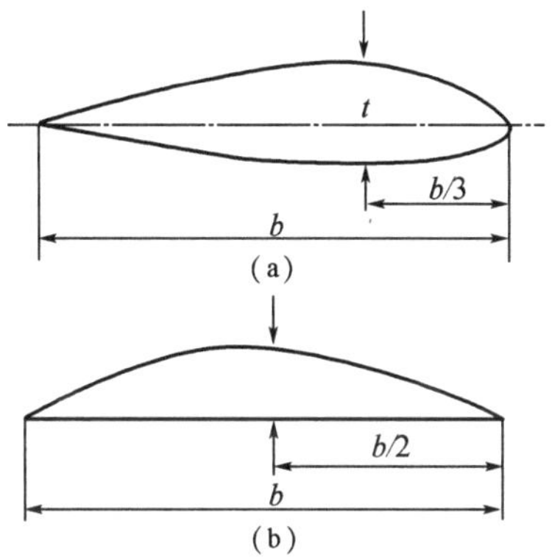

图 4－10　桨叶切面形状

三、螺旋桨的水动力特性

螺旋桨的水动力特性是指一定几何形状的螺旋桨在水中运动时所产生的推力、消耗的转矩和效率与其运动（进速 V_A 和转速 n）之间的关系。

设螺旋桨的转速为 n，进速为 V_A，则其旋转一周在轴向所前进的距离 $h_p = V_A/n$ 称为进程。螺距 P 和进程 h_p 之差称为滑脱，滑脱与螺距的比值称为滑脱比并以 S 表示，即

$$R = \frac{P - h_p}{P}$$

进程与螺旋桨直径的比值为进速系数，以 J 表示，即

$$J = \frac{h_p}{D} = \frac{V_A}{nD}$$

根据因次分析，螺旋桨的推力及转矩可用下列无因次系数来表示，即

（1）推力系数

$$K_T = \frac{T}{\rho n^2 D^4}$$

(2)转矩系数

$$K_Q = \frac{Q}{\rho n^2 D^5}$$

(3)螺旋桨的效率

$$\eta_0 = \frac{TV_A}{2\pi n Q} = \frac{K_T}{K_Q} \cdot \frac{J}{2\pi}$$

式中 T——螺旋桨的推力,N;

Q——螺旋桨的转矩,N/m;

ρ——水的密度,g/cm^3;

n——螺旋桨的转速,r/min;

D——螺旋桨的直径,m;

J——螺旋桨的进速系数。

对于几何形状一定的螺旋桨,推力系数、转矩系数及效率与进速系数有关,它们之间的关系可以绘制成曲线,称之为螺旋桨的特性曲线,又因为我们所讨论的是孤立螺旋桨的性能,所以称之为螺旋桨的敞水特性曲线,它表示了螺旋桨在任意工作情况下的全面性能可以通过环流理论计算或试验方法得到。此外,实际螺旋桨的特性还要考虑到船体的影响。

四、螺旋桨的类型

1. 定距桨

固定螺距螺旋桨简称“定距桨”,由于其构造简单,所以是中小型游艇上用得最普遍的推进器。常见的有三叶桨和四叶桨,图 4-11 中显示了一个高速游艇用的三叶定距桨造型。高速艇的吃水浅,螺旋桨的直径受到限制,为了吸收高的功率,这种螺旋桨的叶片都做得很宽大,盘面比大,甚至有超过 1 的。

图 4-11 三叶高速定距桨

倘若是一艘排水量型游艇,允许采用较大直径的螺旋桨,则应尽量采用大直径、低转速的桨以提高螺旋桨的效率。这种桨工作时须全部浸沉在水中,又称全浸桨。近代推进装置的含义已从螺旋桨扩展到轴系、轴承、变速箱及各种附件,诸如艉轴管、艉轴密封装置、轴系托架(又称“美人架”)等,有的还包含导流管、吊舱、舵等。游艇常见的斜轴推进系统如图 4-12 所示。所谓“斜轴”是指轴系相对于艇底平面来说,有一个向下倾斜的角度,目的是使螺旋桨全部浸沉在水中。斜轴的一端与齿轮减速器相连,另一端则固定螺旋桨。发动机(图中没有示出)的功率经齿轮减速器减速后驱动螺旋桨轴带动螺旋桨旋转。为实现倒车,主机或齿轮箱应具有逆转功能。舵一般布置在螺旋桨的正后方，舵的转向操纵机构（舵轮）和发动机的转速控制机构（俗称“车钟”）设置在艇前部的驾驶台上，通过电动或液压方式来操纵舵的转角和机器的转速，实现艇的驾驶和操纵。

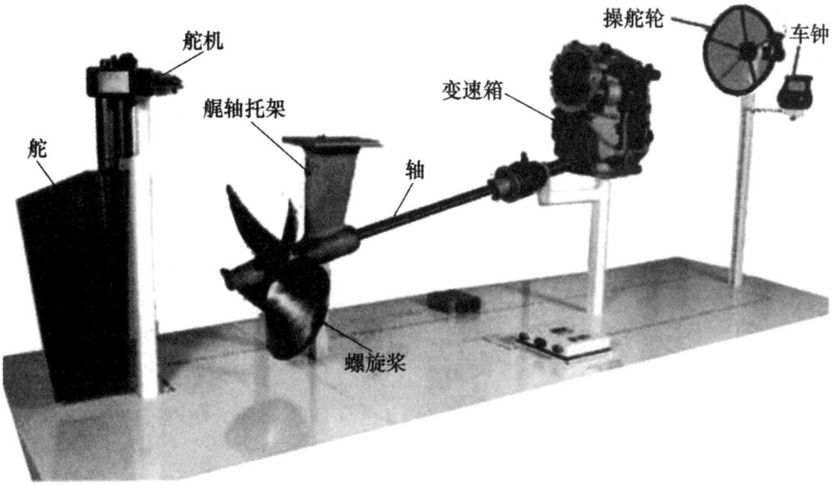

图 4－12　斜轴推进系统

2. 可调螺距螺旋桨

定距桨的缺陷是螺距不能变化，一次性制作很难做到与船的航速、发动机功率的正确匹配，因此很难做到效率最大化。同时，游艇的航速也是经常变化的，有时需要风驰电掣般的速度，去体验激情奔放的快乐；有时需要悠闲自在地在海上巡弋，去享受一份宁静的安逸。这时候，如果螺距能够改变，那么主机和螺旋桨可以工作在最佳状态，在节省能源的同时，还能提高机器的寿命。可调螺距螺旋桨正好能够满足这种需要。

可调螺距螺旋桨简称“可调桨”。可调桨的优点：①可根据航速的变化调节螺距，使船、机、桨得到合理匹配，提高推进效率，节约能源；②具有倒车功能，倒车时无须主机或齿轮减速器反转，工作平稳，倒车反应灵敏。但也有缺点，就是调距机构比较复杂（图 4－13），拥挤在空间狭小的桨毂内，制造复杂，造价高，维护不便，比定距桨大的桨毂直径也增加了阻力。

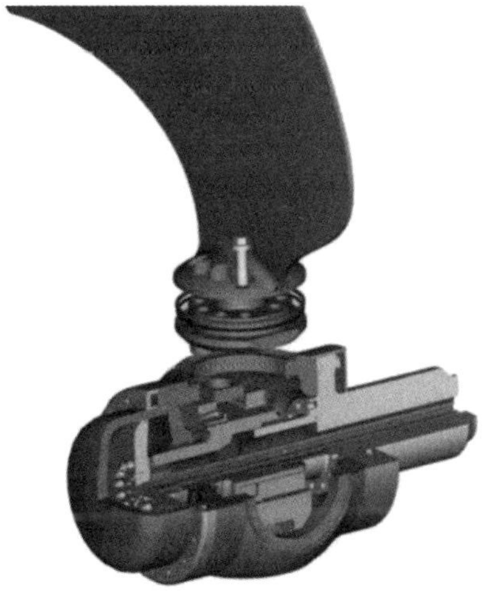

图 4－13　可调螺距螺旋桨

在图 4 - 13 中可以看到桨叶根部是一个圆形的法兰盘,用螺栓固定在桨毂的调距机构上,可根据遥控指令转动桨叶,调节螺距角。

调距机构可分为两类:一类是机械式的,它通过空心的螺旋桨轴内部的一根可伸缩的杆,顶动桨毂内的一个偏心机构带动叶片旋转,这种机构相对简单,但只适合小型的可调桨;另一类是液压式的,通过油压的变化来推动桨毂中的滑块,带动叶片旋转。这种机构比较复杂,但功率大,适用于大型的可调桨。

调距桨的造价高,使用也比较复杂,一般用在较大的高档游艇上。

3. 对转桨

在同一个转轴上安装有前后两个转向相反的螺旋桨(图 4 - 14),称为对转桨。

图 4 - 14　对转桨

螺旋桨工作时,桨叶搅动水流,在产生推力的同时,使桨后的水流加速并产生旋转。桨后水流旋转带走了一部分能量,使推进效率下降。采用对转桨,前面螺旋桨产生的旋转水流正好被后面的桨所利用,吸收了一部分旋转能,提高了推进效率,是一种节能的解决方案。后面桨产生的旋转水流正好抵消前桨的旋转水流,起到了整流作用,可以带给游艇更好的操控性能,还可以消除螺旋桨旋转产生的侧滚力。缺点是对转桨增加了轴系传动的复杂性。

4. 导管桨

把螺旋桨安装在导管中,称为导管桨。导管引起流场的变化,它使螺旋桨前方的来流收缩,在导管中加速,形成速度更高的喷射流,提高了推进效率。导管还能够减少螺旋桨的叶梢涡流损耗,从而进一步提高了螺旋桨的效率。

螺旋桨大多安装在艇的尾部,艇在前进的时候会带着一部分水往前走,这部分水称为伴流。伴流并非完全不好,有时候它对提高螺旋桨效率还是有帮助的,只是伴流在螺旋桨工作的圆盘内并不均匀,容易引起桨的振动,对艇带来不利影响。在艇尾安装导流管后,可使伴流变得更加均匀,对减振降噪有利。

导管大部分固定在船体上,称为固定导管桨;但也有一些导管悬挂在船尾或船体下面,并且能够转动,称为转动导管桨。转动导管桨具有舵和桨的组合功能,并具有转向机构,故称为舵桨组合体(图 4 - 15)。船艇采用这种舵桨装置大大提高了操控性能。

导管桨的叶片形状也与普通的螺旋桨不同,它的叶梢比较宽,呈圆弧状,与导管壁的间隙小,有利于提高推进效率。

导管桨适用于中低速船艇。转动导管桨适用于机动性要求高的船艇,但不适用于高速船艇。因为对于高速艇来说,导管大大增加了附体阻力。

图 4－15　带导管的舵桨组合体

5. 超空泡桨

当要求一艘小艇以极高的速度航行时,螺旋桨叶片上的空泡已经不可避免。当螺旋桨的叶片背面上全部被空泡覆盖时,螺旋桨就工作在“超空泡”状态。超空泡的发现使舰船设计师们大受鼓舞。他们设计出了超空泡螺旋桨,使螺旋桨叶片背面完全被汽化了的水分子所覆盖,推进效率就不再降低,对螺旋桨叶片的剥蚀也减少了。

超空泡桨一般有 4 ~6 个叶片,叶片轮廓像一把刀。它的导边呈弯曲的圆弧形, 随边呈辐射状的直线型(图 4 －16)。超空泡螺旋桨为了使“超空泡”状态提前到来,并且形成稳定的叶背面空穴,它的叶切面形状与常规螺旋桨截然不同。常规螺旋桨的叶切面最大厚度位于距导边 1/3 ~1/2 弦长处,通常导边的厚度大于随边的厚度。超空泡螺旋桨恰好相反,不管叶片的轮廓形状如何变化,超空泡桨翼型剖面特征是导边尖削,随边为厚度较厚的钝边。在超空泡状态时,叶片背面的形状是不重要的,关键是压力面形状的设计。按超空泡原理设计的螺旋桨,其叶片的压力面负荷比常规的非空泡螺旋桨高得多,因此叶片的抗弯强度也要求较高。超空泡桨只适用于高速艇,低速航行时效率很低。

图 4－16　超空泡桨

【**拓展提高**】如何进行螺旋桨类型和参数的选择?

【**课后自测**】

1. 根据螺旋桨的特征可分为________、可调螺距螺旋桨、________、对转桨、超空泡桨等不同类型。

2. 螺旋桨通常由________和桨毂两部分组成。

3. 在艇尾安装________后，可使伴流变得更加均匀，对减振降噪有利。

4. 螺旋桨的特征参数有哪些？

5. 螺旋桨的推进效率如何表示？

6. 简单介绍可调螺距螺旋桨的优缺点？

任务五 设计环保高效的游艇特种推进装置

船舶推进除了螺旋桨推进装置外，还有其他的特种推进装置，本任务就介绍一下这些推进装置，以便根据船型进行更合理地选配。

一、表面桨推进装置

表面桨推进装置采用割划水面式螺旋桨（表面桨，图 4－17），其特点是螺旋桨浸水部分仅为螺旋桨直径的 40% ～60%，螺旋桨轴的上部出现在水面上，当螺旋桨转动时，桨叶就像一把刀那样切割水面，产生推力，所以称为割划水面桨。

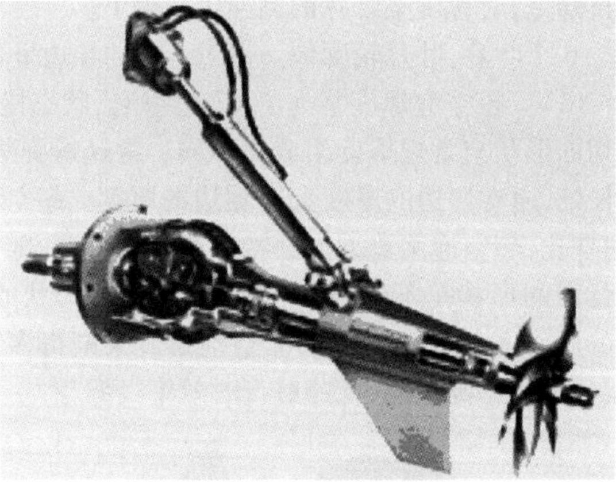

图 4－17 表面桨驱动装置

表面桨适合采用超空泡螺旋桨，它解决了常规螺旋桨在高速时普遍存在的空泡问题，如设计得当，其敞水效率可达到 70% 以上。滑行状态时，由于桨轴在水面上，避免了桨轴和附体对来流的干扰，消除了占总阻力 30% 以上的附体阻力，使艇的阻力大大减小。另外，桨轴的倾角小，通常为 4° ～7°，比斜轴桨小得多，推力的分量损失小。表面桨驱动具有良好的浅水机动性、节省燃料、结构紧凑、质量轻、耐腐蚀、性能可靠、维修简单等特点。

表面桨多用在高速艇上，而高速艇在航行过程中，其吃水和纵倾角会发生变化，导致表面桨的浸沉深度发生变化。当表面桨的浸深增加，超过设计浸深时，桨叶负荷增加，导致桨轴扭矩增加，主机就会超负荷；当桨的浸深减小时，主机就会因负荷变轻而超速。这种种现象都导致机和桨的负荷不相匹配，所以要通过调节表面桨浸深的方法来调节负荷。

表面推进装置根据其浸深调节方式可区分为微调式、固定式和可调式 3 种。

二、吊舱式推进装置

当今游艇越来越崇尚节能、减少环境影响和改善艇的舒适性。吊舱式推进装置应运而生，它的英文名称为 pod drive，把推进装置包裹在水下悬体（pod）中，悬挂在船艇的底下，就成了吊舱式推进装置。

该装置由一个可回转的吊舱中的典型传动机构与螺旋桨组成，比传统的装置有更高的效率，改善了机动能力，在腾出更多的空间供食宿利用的同时增加了船上的舒适性，且大大地降低了噪音和振动，同时与电力控制系统配合，操纵性和机动性更好。

图 4－18　悬挂式推进装置

图 4－18 是一种由 ZF 海事公司开发出来适合发动机功率高达 1 200 hp 的大型游艇（60～120 ft）使用的新颖的吊舱推进装置。该吊舱推进装置采用 2 个同轴对转桨，具有较高的效率，在同样的装机功率下可增加高达 15% 的巡航速度。这种经过改良的性能带来高达 20% 的油耗降低。这种典型的装置将与 GPS 定位系统结合，凭借吊舱机组的控制作用使游艇自动地保持在设定的位置，即使在风和流中也能保持。图 4－19 为这种装置在艇上的安装布置图。装置的紧凑尺度大大地增加了船上可利用的空间，创新的防震托架把吊舱推进装置连接到船体纵桁上，极大地减小了振动和噪音。船上的舒适性自然是选购游艇的重要因素，依据市场最新的发展趋势，需要比以往更令人心动而舒适的环境让驾艇者得到享受。

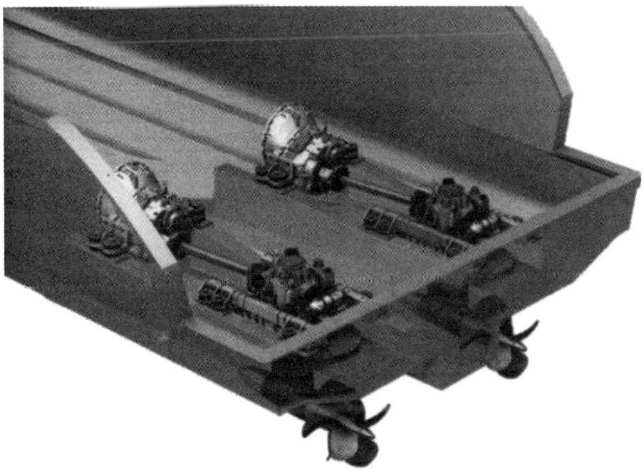

图 4－19　吊舱式推进装置在艇上的安装布置图

三、侧向推进器

船舶进港过程中，操舵产生的舵力转船力矩逐渐减小，控制航向的能力逐渐变差。为了解决这个问题，使用另一种产生转船力矩的方法，即在船上安装侧推装置，简称为侧推器。

侧推器可以作为船舶的辅助操纵装置，广泛应用于港内船舶操纵。靠离码头中船舶的横向移动、航道内低速航行时调整航向、抑制倒车过程中的船首偏转等都是侧推器在船舶操纵中的具体应用。侧推器适用于靠离泊操纵频率较高的船舶，如滚装船、大型客船、大型集装箱船及部分成品油船舶等。

侧向推进器一般装在艇首或艇尾，其轴线垂直艇的纵中剖面，产生的侧向推力可以使艇产生横移、改变艇首航向或摆动艇尾部。游艇在海上航行时，风力和海流都会使艇偏离航向，如果艇上装有侧向推力器，可以抵消风和海流的作用，实现精确的航向控制，同时降低驾驶操作的复杂性。在高档游艇上，普遍使用侧向推进器来控制航向、精确定位和靠泊码头。

侧向推进器是一种导管推力器(tunnel thruster)，分为可调螺距侧向推进器和固定螺距侧向推进器两种形式。原动机常用电动机或液压马达驱动。固定螺距侧向推进器结构比较简单，但需要原动机反转来产生反向推力。可调螺距侧向推进器的优点是无须反转机构，可产生双向推力，这对于船舶机动性来说非常有利。

游艇上使用的侧推器要求精致、小巧、低噪音而推力大。Vetus 小型侧向推进器(图 4－20)的导管直径只有 110 mm，电机功率为 1.5 kW，质量为 10 kg。一般采用直流电机驱动，小功率的电压为 12 V，大一点功率的电压为 24 V 或 48 V。图 4－21 是 ZF 对转桨侧推器在游艇艏部的安装布置图。

图 4－20　小型侧向推进器

四、喷水推进装置

喷水推进装置是一种新型的特种推进装置，与常见的螺旋桨推进方式不同，喷水推进

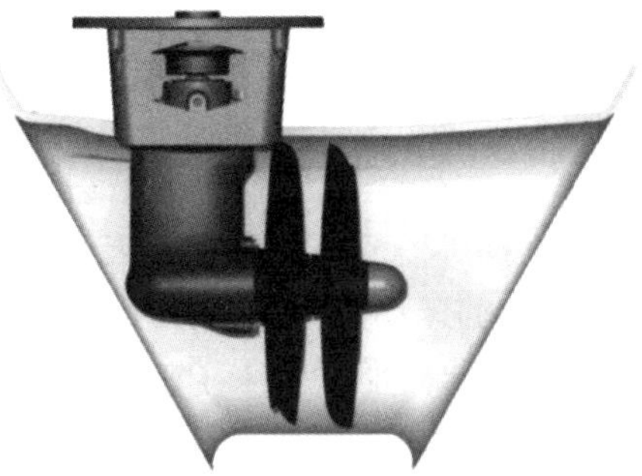

图 4-21　对转桨侧推器在艇首的布置

的推力是通过水泵喷出的水流的反作用力来获得的，并通过操作舵分配和改变喷流的方向来实现游艇的操纵。在滑行艇、穿浪艇、水翼艇、气垫船等中、高速游艇上得到应用。

喷水推进装置通常由进口流道、喷水推进泵、操舵倒航机构、液压系统和控制系统五大部分组成（图 4-22）。游艇上大都采用平进口喷水推进器，所谓平进口是指它的进水口与艇底相平，一般的进水口处都装有格栅，以防异物侵入。图 4-23 是平进口喷水推进器工作原理图。

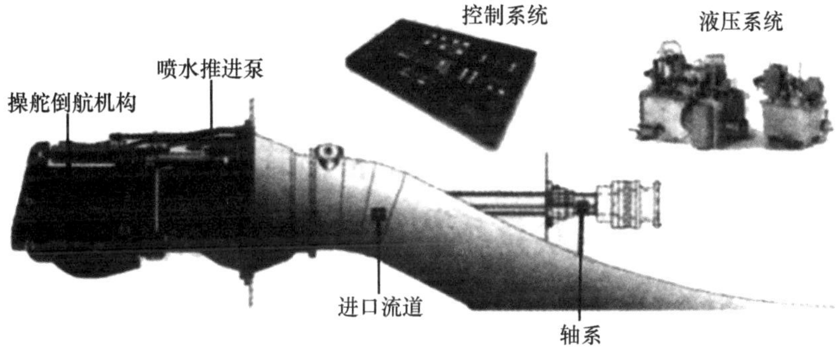

图 4-22　喷水推进装置系统组成

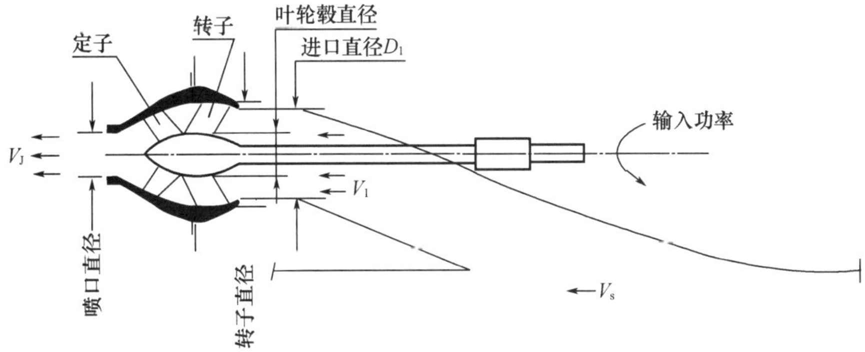

图 4-23　平进口喷水推进器工作原理图

V_s—艇的速度；V_1—进水速度；V_J—喷水速度

喷水推进器与其他船用推进器的不同之处在于推力不是直接由推进器产生，而是由喷射泵（简称“喷泵”）将水从喷口吸入后，经喷泵的转子加速，喷泵的定子整流，然后经喷口喷出。喷口的直径比进口直径小得多，因此喷射流的速度比进水流的速度要大得多，喷射流的动能就是推动船舶前进的动力。它与喷气式发动机的推进原理基本相同，只不过喷气式发动机使用的介质是空气，而喷水推进器的介质是水。因此，从理论上讲，喷口设在水面上和水面下是一样的。从减小喷泵流的运动阻力来说，喷口设在水面上更好一些。

与常规螺旋桨驱动模式相比，喷水式驱动带来了诸多优点。

（1）喷水推进船具有优良的机动性和操纵性。喷水推进船的转向通过在水平方向改变喷口射流的方向来实现，提供的转向力矩大，转向运动反应快捷，且转向效率与船速无关。进行倒车操纵时，不需要轴系反转，只需要操作倒车装置改变水流喷射方向即可，可实现无级调节，倒车效果明显。转向装置和倒车装置的配合使用，机动效果更佳。

（2）能满足高航速要求，且高速时推进效率比螺旋桨高。在中高速航行范围内，喷水推进效率更高，且抗空化能力更强，考虑到总的推进效率，喷水推进器在较高航速时有突出优点，已对营运航速大于 25 kn 的艇上推进器的选用构成巨大冲击。

（3）抗空化能力强。推进泵的叶轮处于管道中，水流从进水口吸入经过进水流道的整流作用后趋于均匀，加之能较好地利用来流冲压，大大减小了流动不均匀造成的振动，具有更好的抗空化能力。

（4）振动小，水下噪声低。较小的船体振动，良好的抗空泡能力，加之管道对泵内噪声的屏蔽作用，使得喷水推进器噪声较常规推进器更低。

（5）适应变工况能力强，主机不易超负荷。常规船舶船速变化对螺旋桨进流影响极大，从而对螺旋桨负荷产生较大影响。而喷水推进器内部流动受到进口流道的整流作用，相对比较均匀，功率大小由泵的转速决定，与船速无关，主机不易超负荷。

此外，喷水推进器因船体外附体少、阻力小、动力装置简单、便于安装和配套等众多优点，让其在游艇推进装置中越来越受重视。

当然，也有一些不足，如在低速时推进效率低，进水流道的水增加了排水量，叶轮拆卸和检修比较麻烦，且容易受到单泵功率小的限制。

自 20 世纪 90 年代以来，喷水推进技术获得了巨大地发展，在各类船艇上大量应用。今天的游艇可以完全依赖喷水推进，也可以在使用常规的螺旋桨驱动的同时配备喷水推进装置作为加速器，以便在需要达到高速时提供附加动力。喷水推进装置的制造可以用各种不同的材料，包括铝、不锈钢及其他合成材料以适应各种各样的应用需求。作为典型安装，大多数喷水推进装置被安装在艇体尾部，这种安排可以使发动机靠后安装，因此能够进一步减少动力装置占用的空间。在功率相对较小的安装方案中，喷水泵可以与发动机直接耦合起来。当船艇需原地不动时，所配备的偏流器可提供零推力。然而这种方法的缺点是喷水泵工作时会搅动船只周围的水，水浅时还会卷起泥沙。

若喷水泵和发动机之间的耦合使用带离合器的变速器，则有利于在发动机的转速与喷水泵的运行之间实现合理地匹配，当主机处于怠速状态时可以让喷水泵保持不动。

喷水推进装置的功率目前已达数万千瓦，和常规的螺旋桨驱动系统一样，喷水推进装置也要和艇体、主机精密匹配，包括航速、功率和机动性指标。目前大多数喷水推进装置的供应商能提供这方面的服务，也包括主机和传动系统的选型。

五、风帆推进器

自远古时代至19世纪的初期，风帆一直是船舶主要的推进器。风帆推进器虽然可以利用无代价的风力，但其所能得到的推力依赖于风向和风力，以致船的速度和操纵性能都受到限制。故自蒸汽机作为船舶主机以后，帆就被其他形式的推进器所代替，仅在游艇、教练船和小渔船上仍有使用。目前由于燃料紧张，为节省能源，国内外又在研究风力的利用，提出了风帆助推方案，并已在一些船上实施。

帆船是依靠风帆来推进的，风帆有横帆和纵帆之分。

横帆，又叫方形帆，顺风的时候扯起来，效果比纵帆要好。当风向与风帆成90°时，风帆的推力达到最大值，此时风帆的推力等于每平方米风帆面积上的风压力乘风帆的面积，如果船的航向与风向一致，船就能乘风破浪地前进。横帆适合远洋航行，但逆风时效果很差，此时可以把帆卸下，靠其他动力行驶。

纵帆，又叫三角帆，是一种可以来回转动的帆，操作简便，顺风逆风都可以使用，受风向影响小，顺风时不如横帆，但逆风航行能力强，它是一种真正的流体动力学推进装置。这种帆犹如一片机翼，无论在顺风、逆风中，只要掌握好与风向的夹角，在风帆上就能获得前进的动力。

纵帆的工作原理与飞机机翼很相似，与机翼的不同之处在于它没有厚度，但有很大的拱度。我们可以用图4-24来说明风帆的受力现象。当气流与风帆成一定的夹角流经帆面时，气流发生绕流现象，流经背风面的流线走的距离比迎风面的长，根据“柏努利效应”，距离长的流动速度加快，压力降低；距离短的流动速度减缓，压力升高。所以在风帆的背风面会产生负压力（吸力），风帆的迎风面则产生正压力，两者压力之差就产生了垂直于风帆弦线的推力，推动帆船前进。

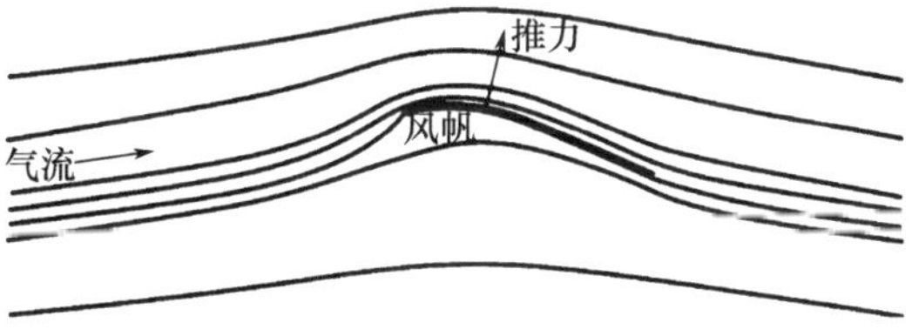

图4-24　风帆的受力状况

【**拓展提高**】如何根据运行条件进行特种推进装置类型的合理选择？

【**课后自测**】

1. 游艇的推进装置除了螺旋桨外，还有________、喷水推进器、侧推器和风帆推进装置等。
2. 表面推进装置根据其浸深调节方式可区分为微调式、________和可调式3种。
3. 简要叙述喷水推进装置的优缺点。
4. 简要叙述风帆推进的原理。

任务六 降低游艇动力系统的振动和噪音

由于螺旋桨的伴流不均匀,加上主机的振动以及水流的冲击,使得游艇在航行过程中产生振动和噪音,影响乘员的舒适性。本任务带大家了解一下振动和噪声产生的原因,以便采取有效的措施降低振动和噪声的产生和传递。

游艇是追求舒适性的,因此如何采用减振降噪措施,降低由振动源引起的艇体结构振动、降低由噪声源引起的空气噪声和结构噪声,就显得特别有意义,尤其是高速艇,不仅影响舒适性,还会引起结构疲劳和过早损坏。

一、振动和噪音产生的原因

艇体结构产生振动的首要原因是螺旋桨激振和船艇主机的机械振动。

(1)对于螺旋桨,由于螺旋桨所处流场的伴流不均匀,当桨叶处的伴流变化时,叶片会产生变化的推力和切向力,使传递到轴承上的力产生周期性的变化。同时螺旋桨在旋转时,每片桨叶均被压力场所包围,在旋转过程中,这些回转压力场就会在船底后部桨叶上方部位产生压力冲量(称为表面力),使得艉部船板上承受的压力产生周期性变化,产生振动和噪声。特别是当螺旋桨产生较大范围的空泡时,这种压力变化会有更大的幅值。

(2)对于船舶主机,活塞在燃烧混合气体的推动下,通过活塞杆、连杆、曲轴、轴承传递运动会激起机械振动;艇体结构振动同样也会由机舱辅机或其他设备如往复式压缩机、通风机引起。

除此以外,由波浪运动传递到艇体外板上的周期性的波浪力也会引发艇体结构产生振动。

振动和噪声是共生的。当结构产生振动以后,这种往复运动传递到周边的空气场中导致了空气噪声;当振动在结构中传播至诸如舱壁、板格处再传递到空气中就导致结构噪声的产生。

振动和噪音的传递与艇体的材料密切相关。如果艇体材料是钢、铝等金属,内部阻尼很小,所以结构噪声传播时能量损失非常小;玻璃钢艇体材料是一种很好的隔振材料,所以玻璃钢艇体产生的振动和噪声相对小得多。

二、减振降噪的措施

1. 针对螺旋桨的减振措施

我们知道,作用于螺旋桨的不均匀进流是导致振动和激起螺旋桨噪声的主要原因,因此改善艇尾伴流分布,提高艉流场的均匀性,对螺旋桨叶片进行特殊设计,使用特殊的轴系安装固定工艺等,可以起到明显的减振降噪效果。具体措施有如下几种。

(1)改良艇体尾部的线型。

采用双尾、球尾、优秀的艇模系列以及艇尾加设尾鳍等,都能很好地改善艉部伴流。如果能通过船模试验对艉部线型进行优化,将会取得更好的效果。

(2)使用导管桨。

在螺旋桨外面安装导流管可明显减小振动和噪声,这是由于导流管可以使伴流分布更加均匀。

(3)尽可能加大螺旋桨和艇体的间隙。

螺旋桨与周围艇体间的间隙应尽可能加大,这样可以大大降低由螺旋桨产生的脉动压力场传递到艇体板的表面力。特殊情况下,当无法增大桨与艇体间的间隙时,采用特殊的减振装置——减振穴,会带来很好的减振效果。其主要原理是利用密闭的空气弹簧和水质量的吸振作用,减振穴的设置如图 4 – 25 所示。

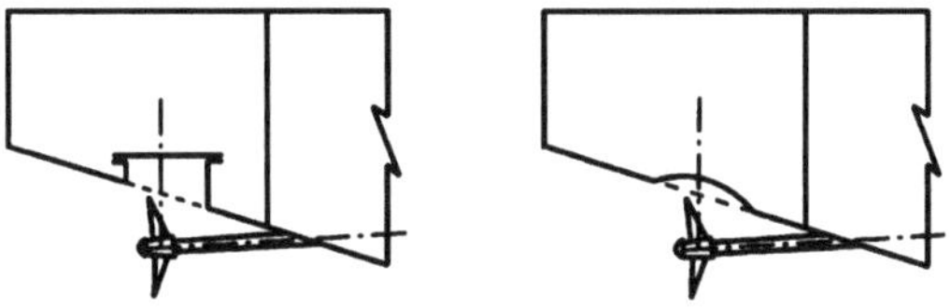

(a)　　　　　　　　(b)

图 4 – 25 减振穴的设置

(a)常规减震穴;(b)钟性减震穴

(4)选用大侧斜螺旋桨。

大侧斜螺旋桨是指桨的叶片呈弯刀形,且叶梢向旋转的反方向倾斜。一般的高速艇螺旋桨都带有侧斜,选用该种形式的螺旋桨首先不会影响到螺旋桨性能,但可以大幅度减小螺旋桨的激振力。

(5)增加螺旋桨的桨叶数。

桨叶数的增加可能会导致螺旋桨的敞水效率略有下降,但就表面力而言,形成空泡时螺旋桨产生的压力冲量总是随桨叶数的增加而减少,并且能使该压力值保持在一个较低的量级上;同样的,随着桨叶数的增加,也会降低螺旋桨作用在轴承上的负荷,如果桨叶数为偶数时,效果更佳。

(6)选用环氧垫充料轴系安装工艺。

浇注型环氧垫充料是由高强度改性环氧树脂加入各种填料、助剂合成的。它最早用于机座垫片,后来推广到尾轴管、美人架的定位,是一种用途非常广泛的黏接、定位、承压材料。中小型高速艇上由于装机功率大,主机、轴系、美人架、螺旋桨引起的剧烈振动一直是高速艇制造者困扰的问题。近来,一批高速艇采用环氧浇注型垫料来固定美人架使轴系振动大幅度下降,它不仅使美人架与艇体的连接强度增高,而且由于环氧垫料与钢铁的声阻抗不同而使噪声大大下降,有效地改善了高速艇乘坐的舒适性。

2. 针对机舱设备的减振措施

机舱里的主机及其他辅机、减速齿轮箱等在工作时不可避免地会产生振动和噪声,并且噪声会以空气噪声和结构噪声两种形式同时存在。结合振动的特点及声音传播特性可以采取的减振降噪措施有:

(1)增加机座的尺寸和刚性。

提高机座的刚性可以有效地降低由机器传递过来的振动幅度。从理论上讲,当机座的刚度足够大时,可以使机座的振动趋向于零,但由于增加刚性会导致结构尺寸的增加和质量的增加,对一艘尺度和质量都受到限制的小型游艇来说不够现实,因此还要兼顾经济性的考虑。

(2)采用弹性支撑和弹性连接。

图 4－26 是弹性支撑和弹性连接的典型方式。弹性支撑一般是采用隔振器,有橡胶隔振器和金属隔振器等形式。橡胶隔振器的优点是价格便宜、不易塑性变形,缺点是高温下易老化、弹性变差且可燃;金属隔振器优点是抗水耐油、高温下不变形且维护方便,缺点是价格较贵。隔振器一般都是随机供应的,主机厂商会把隔振器的特性调整到与主机振动特性最匹配的状态,图 4－27 为一种隔振器的形状。

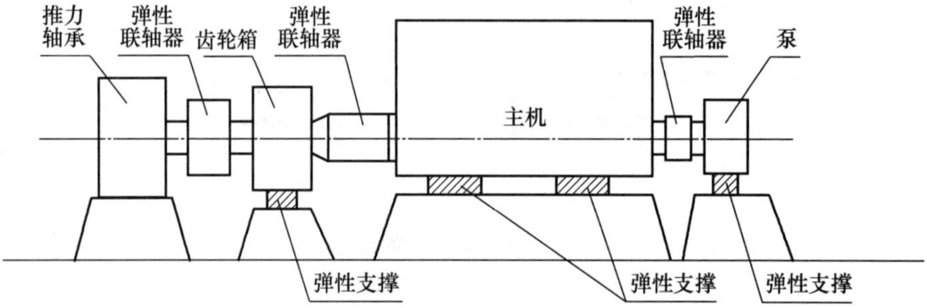

图 4－26　弹性支撑和弹性连接

图 4－27　隔振器

设备采用弹性支撑,机器在弹性机座上运转时不可避免地会产生上下、左右颤动,所以轴系同机器的联结同心度变差,必须采用弹性联轴器来补偿。弹性联轴器(图 4－28)安装于主机输出轴与传动齿轮箱之间,它含有橡胶元器件,传递动力时允许有一定的轴向和径向位移及一定的角偏差,吸收了振动能量。

图 4－28　弹性联轴器

(3)敷设阻尼材料。

如图4－29所示,在机舱的合适部位敷设阻尼材料。利用阻尼材料在其内部产生拉伸、弯曲、剪切等变形,吸收大量的入射能量。它利用材料的黏弹性将部分振动机械能转变为摩擦热能而损耗掉,从而达到减振降噪的目的。除机舱外,在螺旋桨上方船底板处、主机座面板和腹板处、主机座前后艇体结构处、机舱前壁处,有时在与上甲板室邻接的机舱顶甲板处等位置进行敷设,都有利于降低振动和噪声的传播。

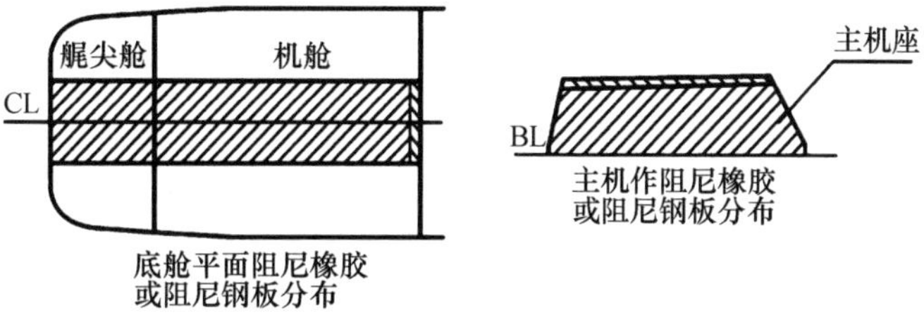

图4－29　阻尼材料的敷设

船用阻尼材料目前主要分为片状粘贴材、阻尼钢板和涂料3种类型。

片状材料价格低廉,来源广泛,阻尼性能较好,在船上得到广泛应用。但它也存在一些难以克服的缺点,如对底材的表面处理要求相当严格,施工时须用特殊的胶黏剂粘贴,常因粘贴不牢在使用一段时间后脱落,导致阻尼性能下降。对于复杂结构(如碰钉、马脚、焊缝等)和曲率较大的施工部位,橡胶型片材的应用受到限制。

阻尼钢板是近几年开发出来的新型阻尼材料。该材料是将一层黏弹材料复合在两层相同厚度的钢板之间,形成所谓夹心阻尼结构,具有阻尼效果好、外表美观的优点;缺点是材料密度较大,剪裁困难,尤其是焊接工艺复杂,焊接过程中黏弹材料易燃烧损坏,影响其阻尼性能,同时由于其成本较高,应用受到限制。

阻尼涂料作为一种新型的阻尼材料,因其具有制造工艺简单、施工方便、性能优异等特点,发展极为迅速。目前已研制成功无溶剂阻燃型系列阻尼涂料,克服了以往船用阻尼涂料在阻尼性、工艺性、实用性等方面的诸多不足,成为综合性能较理想的阻尼材料之一。

由于阻尼材料贴敷的成本较高,一般只在高档豪华游艇上使用。

(4)采用浇注型环氧机座垫片。

在以往船艇用柴油机、甲板机械安装时,传统的方法是用钢铁块作机座垫片。与采用弹性支撑相反,精密安装的刚性垫片限制了机械振动的幅度,增加了机座的刚度,同样能起到减振的作用,且可以省去弹性联轴器。但这种方法施工工艺要求很高,对轴系中心线与机器中心线的重合度(俗称“校中”)要求很高,不大适合小型游艇。现在有了JN－120A浇注型环氧机座垫片,不仅大大简化了施工工艺,而且由于这种材料的黏弹性与钢铁不同,振动和噪声在两种介质中传播会受到干扰和损耗,因此减振和降噪效果显著。

3. 针对机舱的降噪措施

机舱里的噪声主要是各种机器发出的空气噪声,在某种情况下,也可能是第二噪声源以结构噪声的形式辐射出来,比如螺旋桨在尾舱板上激发出的结构噪声。一般来说,机舱的噪声都会在90 dB以上,足以损伤人的听力,必须采取综合性的措施进行降噪处理。可以采取的措施主要有:

(1)选用低噪声的设备。

在机舱机电设备选型时,选用低噪声型号,从源头上注意降低机舱的总噪声。

(2)采用吸声设施降低总噪声级。

吸声材料一般采用多孔性材料或纤维性材料,如矿渣棉、玻璃纤维织物等。当声波传递到吸声材料内部结构中时,就会引起吸声材料的振动,导致材料间的相互摩擦,振动能转换成热能。吸声材料一般用拉制的金属丝网或钢、铝质穿孔薄壁板固定在机舱围壁和天花板位置处。这种结构形式必须注意两点:①钢、铝质穿孔薄壁板的穿孔面积要达到30%以上;②吸声材料不能被油烟所覆盖,不能油漆,否则会大大降低吸声性能。

(3)采用隔声罩。

机器发出的噪声部分是结构噪声,部分是空气噪声。对于空气噪声部分可以采用隔声罩将机器封闭在有效屏蔽的罩壳空间内(除了必要的冷却水和空气进出口),在罩壳内部表面敷设吸声材料。机器隔声罩安装如图4-30所示。游艇用的柴油发电机组都是带隔声罩的。

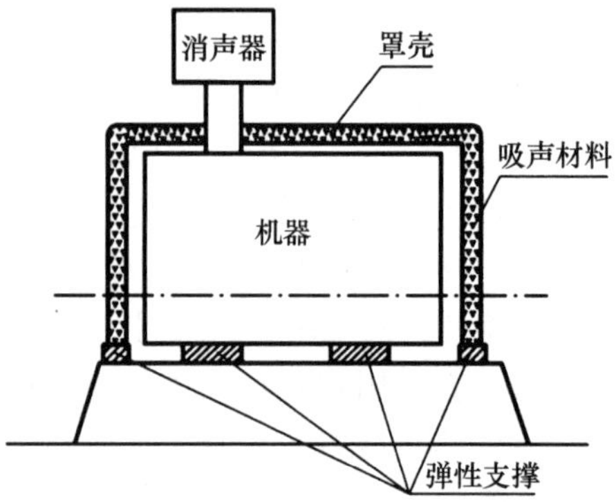

图4-30　机器隔声罩安装示意图

(4)装设隔声屏障。

声音的一个特性是遇到坚硬的表面时能非常有效地反射,如钢板能反射大约99%的声波,而且与声音的频率基本无关。隔声屏障要想取得明显效果,其高度尺寸要大于波长,所以隔声屏障适用于产生短波高频噪声的小型机械,在以反射声场占主导地位的机舱里很难起到令人满意的效果。

(5)进排气及通风管道中的消声。

进排气、通风管道中的噪声也是机舱噪声的组成之一,采用安装消声器的方式可以有效降低噪声。消声器有两种结构形式:抗式消声器和阻式消声器。抗式消声器的原理是通过管道流通面积的变化,反射一部分入射声能来降低噪声。该种消声器结构简单,使用普遍,对一定的频段相当有效。阻式消声器的原理是通过吸收一部分入射的声能并将之转换为摩擦热能来降低噪声。这种消声器在宽广的频率范围内都有效。两种消声器的结构形式如图4-31所示。

【拓展提高】如何合理降低游艇的振动和噪声?

【课后自测】

1. 艇体结构产生振动的首要原因是________和船艇主机的机械振动。

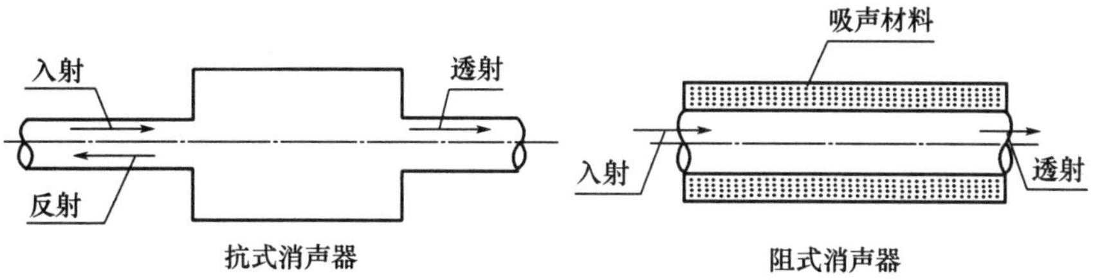

图 4－31　消声器的结构形式

2. 针对螺旋桨的减振措施有哪些?
3. 针对机舱主机振动,有哪些降噪措施?

任务七　结合游艇艇体模型装配动力系统分组竞速

游艇艇体模型确定好以后,其在水中运动时产生的船舶阻力就能够估算出来,根据发动机的传动效率、推进器的推进效率并考虑储备功率等情况,就可以确定主机的功率,便于进行主机的选配。

一、游艇阻力的构成

游艇在水面运动时,会受到空气阻力与水阻力的影响,空气阻力主要存在于船体水线面以上部分,水阻力主要作用于艇体水线面以下。空气阻力与艇体水线以上的游艇的迎风面积及流线型的外形有关(约占水阻力的 2% ~3%),水阻力对游艇的影响比较显著,水阻力又分为艇体在静水中航行的静阻力和游艇在波浪中的运动阻力。裸船阻力与附体阻力这两部分组成了静水阻力。附体阻力是指由突出于船体之外的设备如轴支架、船舵等所增加的阻力值,为了简单起见,这里只研究游艇在静水中的裸船阻力,见图 4－32。

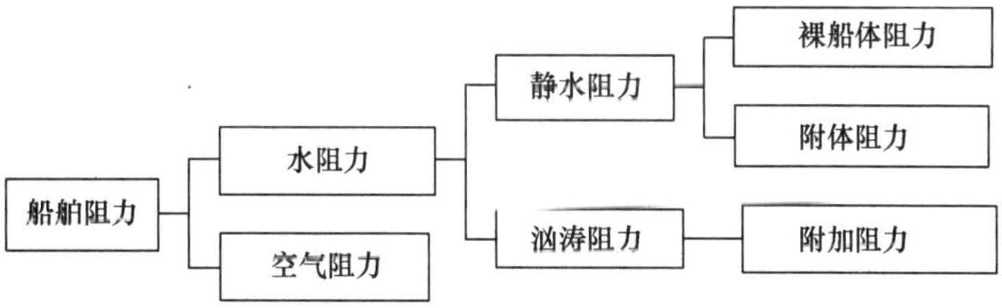

图 4－32　船舶的阻力构成

从一艘普通单体游艇在静水中航行时所受到的总阻力(水阻力)来看,由摩擦阻力、兴波阻力和黏压阻力组成,如图 4－33 所示,高速情况下会有飞溅阻力。

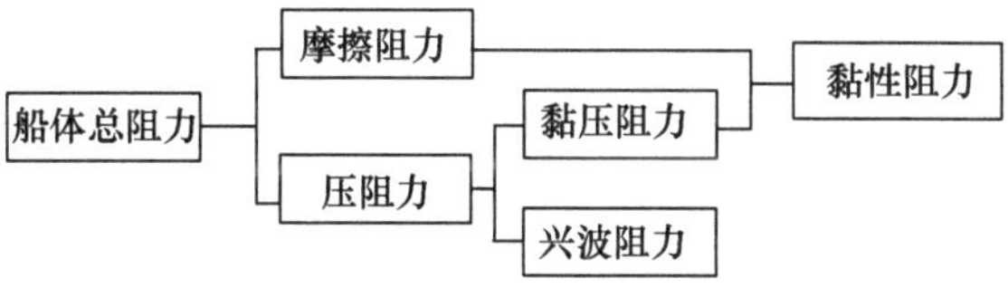

图 4－33　船舶各阻力的关系

摩擦阻力是指黏性流体流经物体表面时，由流体切应力的合力所形成的与运动方向相反的阻力。对于低速游艇，摩擦阻力占总阻力的比值可达80%，随着航速的增加，由于兴波阻力增加更快，所以对于高速游艇摩擦阻力可降到50%左右。

兴波阻力是游艇在静水面航行时兴起波浪引起的，所消耗的能量相当于克服阻力做功。兴波阻力与船速的平方成正比，并与傅汝德数、游艇的主尺度比及游艇的形状等有关，尤其与游艇首部形状关系密切。

黏压阻力也称形状阻力或旋涡阻力，是指黏性流体流经物体表面时产生的法向应力的合力所形成的与运动方向相反的阻力。黏压阻力约占总阻力的10%，艉部容易造成涡流引起黏压阻力增大。为减小黏压阻力，游艇表面曲率（尤其是纵向曲率）变化应尽量缓和。

对于总阻力的计算，通常将其按照作用原理的不同划分为摩擦阻力和压阻力（或者是兴波阻力和黏性阻力）分别进行计算叠加。

二、游艇阻力的估算

在船舶设计过程中，特别是在方案设计的初期，当主尺度和船型系数被确定以后，必须要知道主机功率以预报船舶是否能达到设计航速；如果主机功率已知，则需要知道估计阻力，以确定船的航速，便于初步分析、比较各种方案的优劣。在此阶段，由于船舶线型尚未确定，还不能应用船模试验方法来确定阻力，所以只能用近似方法进行估算。此外在某些不准备做船模试验的小型船舶或航速不重要的船舶的设计过程中，只能用近似方法来确定其阻力值。

近似估算阻力的方法很多，但所有这些方法不外乎是根据船模系列试验结果或是在总结、分析大量的船模试验和实船试验的基础上得出的。因此可以想象应用近似估算法所得结果的准确程度，取决于设计船与母型船或设计船与各图谱所依据的船模系列之间的相似程度。所以为了尽可能提高近似估算的准确性，应该有针对性地选择适当的估算方法。

阻力近似估算方法按计算内容可分为两类：一类是直接近似估算总阻力或有效功率；另一类是估算剩余阻力，用相当平板公式计算摩擦阻力。如果依阻力近似估算方法的表达形式可分为图谱法和回归公式法两种；若根据估算方法的资料来源进行分类，则可分为船模系列资料估算法、归纳实船和船模资料估算法、母型船数据估算法等三类估算方法。

阻力估算会获得游艇在不同航行速度条件下的阻力变化情况，即阻力特性曲线，根据该阻力特性曲线，可以估算最大航速条件下游艇所受的阻力，以便进行主机功率的预估。通过研究表明，傅汝德数在0.5左右时，船舶的兴波阻力系数达到最大值，另外，双体船两个片体间存在兴波干扰，在船速变化时，会形成有利干扰和不利干扰，分别会出现干扰阻力的波谷和波峰，在推进装置选型和设计时，应该充分考虑船体阻力的这些特性。

三、推进器的特性

孤立的推进器的特性和它在安装到游艇上的推进特性是有区别的。孤立的推进器，功率只与转速有关，但当推进器被安装到游艇上时，水力特性不仅与转速有关，还与伴流状况、船型、游艇的航行姿态及航速等众多因素有关，其中航速影响是最主要的因素。

工程实际中，同一型号的推进器往往可以应用于不同船只上，为了便于推进器的选型，推进器厂商往往会根据推进器水力性能试验数据提供各推进器的通用航行特性曲线，以供船舶设计者和用户使用。航行特性曲线一般包括多个等功率条件下推进器的推力随着航速的变化曲线，以及转速随着航速的变化曲线。应用对象一旦确定后，厂商会根据所应用船舶的具体特点对该推进器的通用航行特性曲线做一些针对性的局部调整。

不同类型的推进器，其推进特性曲线也不尽相同，如采用喷水推进器时，航速对喷水推进器的功率和力矩有一定的影响，但影响不大；而采用螺旋桨推进时，航速对螺旋桨功率和力矩的影响巨大。

四、发动机的特性

1. 功率指标

功率指标表示游艇做功的能力。为了保证游艇具有一定的航速，就要求推进装置提供足够的功率。推进装置的功率是按游艇的最大航速来确定的。随着游艇营运时间的延长，船体水线以下锈蚀或所附着生物的增多，使游艇的船体阻力增加、航速下降，为了保持游艇的航速，游艇推进装置的功率应当有所储备，要高于桨设计功率的 5% ~10% 。在游艇以一定的航速前进时，螺旋桨产生的推力必须克服船体对水和风的阻力，这些阻力取决于游艇线型、尺寸、航行速度、风浪大小和航道深浅等。

(1) 游艇有效功率 P_R。

游艇有效功率是指推进游艇航行所需功率。如已知游艇的航行速度为 V_s，单位为 m/s，其运行阻力为 R，单位为 N，则有效功率

$$P_R = R \cdot V_s \cdot 10^{-3}$$

P_R 称为拖曳功率，可以从船模或实船的静水试验中得出。阻力相当于速度拖动船时绳索上的拖曳力。

(2) 主机的输出功率 P_e。

主机的输出功率即主机的制动功率或主机的有效功率。如果考虑了推进轴系的传动损失，主机的供给功率实际上就是指主机的额定功率。

$$P_e = \frac{P_P}{\eta_p \cdot \eta_s} = \frac{R \cdot V_s}{\eta_p \cdot \eta_s} \times 10^{-3}$$

式中　P_e——主机额定功率，kW；

P_P——螺旋桨功率，kW；

η_p——螺旋桨推进效率；

η_s——轴系传动效率。

2. 发动机特性

对于发动机来说人们主要关心它的工作范围，游艇推进所需要的功率是通过发动机提供的，而能否保证正常的推进要看负荷特性是否在发动机的能力范围内。

而对于发动机的工作范围区间，可以用左限、右限和上限来概括。左限即为发动机的最低转速限制线，低于这一转速发动机工作效率低下，工况恶劣，工作不稳定；右限即发动机的最高转速限制线，高于该转速发动机容易飞车；而上限是发动机的最大负荷限制线，注意在选择发动机最高负荷时还必须考虑到功率储备。

五、船—机—桨的匹配

“船—机—桨”匹配的研究是指对船体航速、推进器负荷及主机运行范围三者之间的关系的分析。匹配的内涵是研究和调整船体、推进器和主机三者关系，使其推进特性满足系

统设计要求，但它的具体表现形式是主机工作范围和推进器负载特性相互之间关系的调整。“船—机—桨”的匹配就是对“船—桨”和“桨—机”进行分别研究和调整，使得推进系统稳、动态特性各项指标优，在保证主机的可靠性、经济性和寿命长的前提下确保游艇的快速性和机动性。

在螺旋桨推进系统中，“船—机—桨”三者中最薄弱的环节是发动机，“船—机—桨”匹配的稳态工况一般采用逆向分析方法。首先进行船和桨的匹配，根据船体阻力特性分析螺旋桨负荷特性，然后进行机和桨的匹配，分析螺旋桨负荷特性曲线是否与发动机工作范围匹配。

船舶在设计状态下航行时，不仅螺旋桨效率最佳，而且船体—螺旋桨—主机间的配合十分完善。但船舶的实际航行状态比较复杂，外界情况的改变（例如风浪、污底、航道深度、装载情况等）直接引起船体阻力的变化，因而航速、螺旋桨的工作情况、主机的功率及转速等都将发生变化。

螺旋桨及主机装在船上成为一个复杂的联动机构。主机为机械能的发生器，螺旋桨为能量的转换器（将主机的旋转能转换为推力能），而船体则为能量的需求者（即螺旋桨的推力能消耗于船体阻力做功）。因此，船体—螺旋桨—主机之间能量转换及工作状态是相互牵制和相互关联的。

具体匹配问题需要结合船体阻力特性曲线、柴油机速度和功率特性曲线、螺旋桨的转速和推进特性等情况进行综合考量和校核，这里不再详述。

【拓展提高】如何根据游艇模型装备动力系统？

【课后自测】

1. 从一艘普通单体游艇在静水中航行时所受到的总阻力（水阻力）来看，由________、兴波阻力和黏压阻力组成。

2. 阻力近似估算方法有哪些？

3. 如何合理进行“船—机—桨”的匹配？

项目五　游艇电器及导航

【能力要求】

游艇电站是整个游艇的核心，具有形式多样化、丰富化等优点，此项目能使同学们了解相关知识，初步掌握游艇电站的工作方式和原电池的分类。

【工作任务】

掌握游艇电器及导航的相关知识并完成初步设计工作。

【任务目标】

1. 熟悉供电系统的多种形式。
2. 掌握原电池的能源转换方式。
3. 理解原电池的分类方式。

【任务链接】

任务一　配置游艇电站

任务二　设计游艇导航系统

任务一　配置游艇电站

游艇电站，是指游艇上将机械能转换成电能并对其进行监视、控制、测量、分配和保护的装置，由游艇电源、游艇电力网络、配电系统设备和电力系统保护设备等组成。电源可分为主电源、应急电源、辅助电源和岸电箱。配电网络可分为主电网、应急电网、照明电网和弱电电网。配电和保护设备有主配电屏、应急配电屏、发电机保护设备和电网保护设备等。

一、供电系统

供电系统有多种形式，如交流供电系统、直流供电系统和交直流供电系统。船艇电力是实现高度自动化的保障。

船艇电力系统是由电站、电网及其负载组成的。

电站是船上电能的源泉，它包括电源和配电控制箱两大部分。

船上电能的来源主要有船用发电机组（俗称“电站”）、主机附带的发电机、岸电和船上携带的蓄电池组。当主机工作时，它所附带的发电机发出的电力如果足够的话，船用发电机组就不必启动，这两者互为备用，可提高船艇的安全性。当船艇主机不工作时（停泊状态），可启动电站供电，多余的电力可通过浮充电方式储存在蓄电池组中。当游艇靠岸时，可利用岸电供电为电池充电。这些操作有时是通过配电控制箱自动进行的。

船艇用电设备通常有交流和直流两种电制。由于交流电气设备具有质量轻、体积小、成本低、工作可靠、船陆通用、维护方便等一系列优点，所以近年来在游艇上得到广泛使用。

但在一些小艇上，所配套的设备大多是低压电器，如各种泵、锚机等，在设计电制时通常以 50 ft 为分界线，50 ft 以下游艇多采用直流 12 V 电制，50 ft 及以上游艇大都采用直流 24 V 电制。使用电池供电的直流供电系统依然存在，此时若存在交流电器设备，可通过逆变器供电。在大部分游艇上,直流电器和交流电器并存的现象较为普遍,所以这些艇上采用交直流供电系统,其配电箱直流和交流是分开的。

图5-1是游艇配电系统的示意图。当游艇停靠码头时,可以采用岸电供电,并向蓄电池充电。游艇开航时,启动发电机供电。应急状态时,全部采用电池供电。

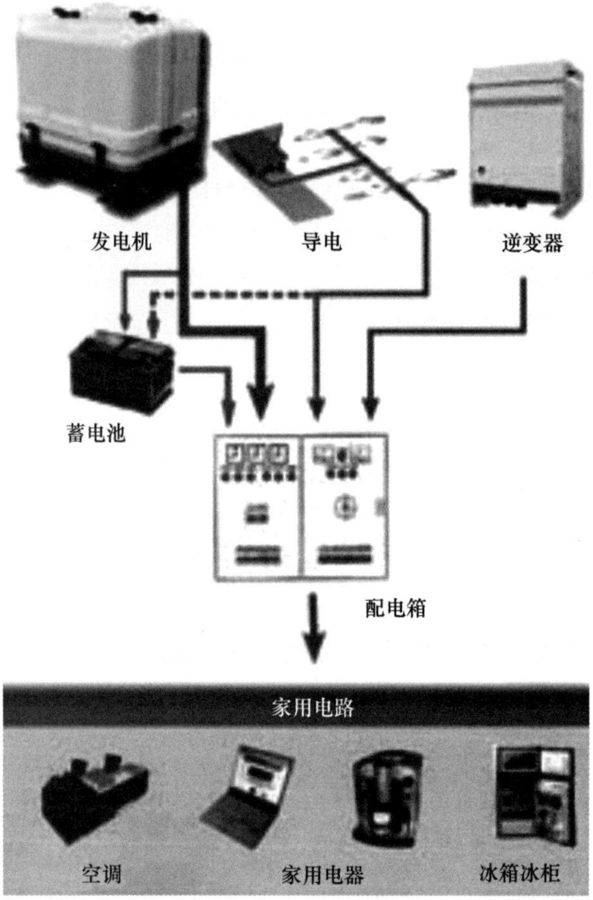

图5-1　游艇配电系统示意图

二、配电板

游艇的配电板由于舱室空间的原因,一般都做得很精巧。

配电控制箱是由各种控制、保护、调整、测量、配电和信号设备所组成的一套综合电气设备,可通过它来完成下列任务:

(1)对发电机和电网的电压、电流、绝缘、频率等参数进行测量、调整,以保证供电质量;

(2)对电网的运行状态进行监控和操作,如发电机的启动和并网,当发电机或电网发生过载、短路、逆功率、欠电压等故障时自动切断故障电路,并发出报警信号。

(3)根据电力需要配送电力,并通过信号设备或仪表指示发电机和电网的工作状态。

供电安全可靠是每艘游艇所必须的。对于多个电源供电的系统,如岸电、发电机和电池供电,必须有一个配电箱来进行控制和转换。

对于船上有交流和直流两套电制的电路,配电板应分成两屏,并在屏的中间做有效隔离,如图 5－1 中间的配电板。其左边是交流部分屏,在屏的上部装有检测发电机工况的电表及岸电工作指示灯、汇流排电源指示灯、绝缘测试按钮及绝缘指示灯。在屏的中间装有发电机供电主开关及岸电供电开关,在屏的下部装有负载供电开关。发电机主开关与岸电开关之间相互连锁,不能同时合闸。其右边是直流部分屏,在屏的上部装有电流表、电压表、母线供电指示灯、绝缘测试及绝缘指示灯,屏的中间装有蓄电池供电的转换开关,在屏的下方装有航行信号灯供电开关及辅助设备供电开关。

三、电站

游艇上使用的电力通常由岸电、艇上自带的电站和电池提供。

电站通常是由一台柴油机和发电机组装在一起构成的,发出的电力通过配电板传送给各种用电设备。也有发电机是附带在推进主机上的,但这种电站在主机不工作时不能提供电力,需要由岸电或电池供电。

帆艇上也需要电力,所以小型电站是不可缺少的装备。一些小型游艇上要求电站体积小、质量轻,也有采用汽油发电机组的。

游艇上的电站要求质量轻、噪音小,因此最好使用全封闭式的电站。图 5－2 为一台有静音箱的小型柴油发电机组。它把柴油机、发电机组装在一起,外部用一个隔音箱封闭起来。隔音箱的外壳为多层玻璃纤维增强聚酯结构,内部填充乙烯树脂泡沫隔音层。隔音箱结构阻止了噪音传播和红外辐射。

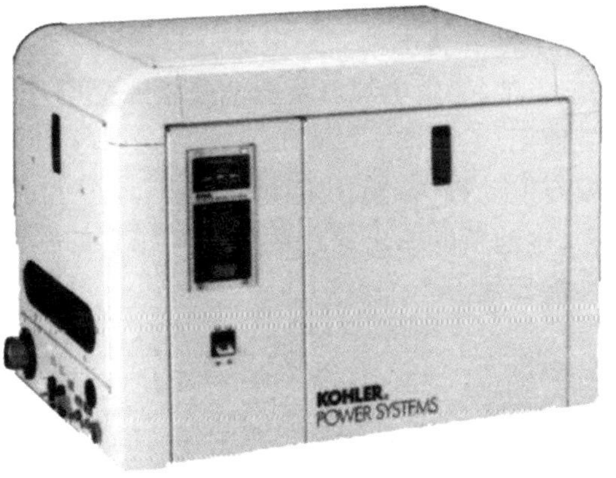

图 5－2　静音发电机组(图片来源:KOHLER 公司样本)

游艇电站的结构非常紧凑。图 5－3 为一台 10 kW 的 KOHLER 柴油发电机组的构造。柴油机、发电机和控制箱紧密地联结在一个底盘上。外形尺寸(长 × 宽 × 高)为 0.85 m × 0.52 m × 0.62 m,带隔音质量为 310 kg。这种机组是水冷的,它通过接入冷却水来冷却机组,保证了静音箱内部的温度,即使在热带气候下也没有明显的升高。当代先进的船用发电机组均装备基于微处理器的高级数字控制器,不但能有效控制机组运行情况,而且还能将重要的信息转发到远程仪表和显示器上,显示功率、蓄电池电压、机油压力、发动机运行小时数、运行工况和系统故障状态,使操作者一目了然。

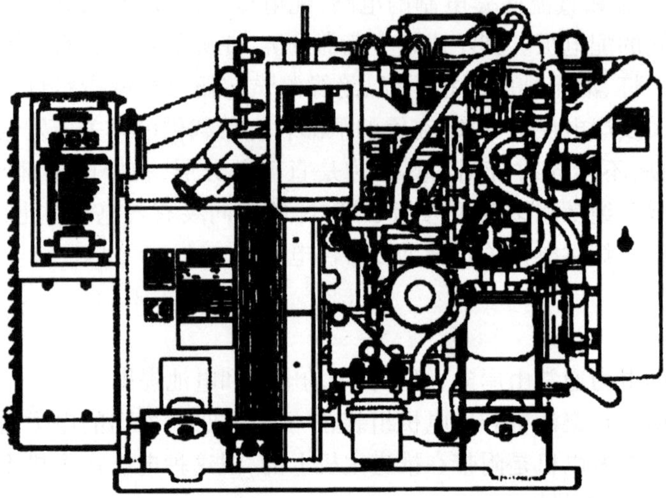

图 5-3　功率为 10 kW 的 KOHLER 柴油发电机组

四、电池

在游艇上，当电站不工作时，依靠蓄电池供电可满足日常照明、对外通信联络、各种导航仪表及生活电器的电力需求。一些艇上依靠蓄电池供电还能保持机动能力，太阳能的利用使电池的重要性日益突出。

电池可分为两大类：原电池和蓄电池。原电池泛指能产生电能的小型装置，它无须充电，游艇上常见的有太阳能电池、燃料电池。蓄电池是指要充电才能使用的电池，可以经历多次充电、放电循环，反复使用。

电池的性能参数主要有电动势、容量、比能量和电阻。

电池的能量储存有限，电池所能输出的总电荷量叫作它的容量，通常用 A · h 作单位，它也是电池的一个主要性能参数。

1. 原电池

(1) 燃料电池。

燃料电池(图 5-4)是一种把燃料在燃烧过程中释放的化学能直接转换成电能的装置。与蓄电池不同的是它可以从外部分别向两个电极区域连续地补充燃料和氧化剂而不需要充电。燃料电池由燃料(例如氢、甲烷等)、氧化剂(例如氧和空气等)、电极和电解液等四部分构成。其电极具有催化性能，且是多孔结构，以保证较大的活性面积。工作时将燃料通入负极(阴极)，氧化剂通入正极(阳极)，它们各自在电极的催化下进行电化学反应以获得电能。

燃料电池是利用氢气在阳极进行的氧化反应，将氢气氧化成氢离子，而氧气在阴极进行还原反应，与由阳极传来的氢离子结合生成水。氧化还原反应过程中就可以产生电流。燃料电池的技术包括了出现碱性燃料电池(AFC)、磷酸燃料电池(PAFC)、质子交换膜燃料电池(PEMFC)、熔融碳酸盐燃料电池(MCFC)、固态氧化物燃料电池(SOFC)、直接甲醇燃料电池(DMFC)等，而其中，利用甲醇氧化反应作为正极反应的燃料电池技术，更是被业界所看好而发展迅速。

图 5－4　燃料电池

燃料电池把燃烧反应所放出的能量直接转变为电能，所以它的能量利用率高，约等于热机效率的 2 倍以上。此外它还有如下优点：①设备轻巧；②不发噪音，很少污染；③可连续运行；④单位质量输出电能高；等等。因此，它已在宇宙航行中得到应用，在军用与民用的各个领域中也有广泛的应用前景。

2010 年，荷兰建成首艘燃料电池游艇“内膜 H2”号，艇长 21.5 m，宽 4.25 m，吃水1.0 m，使用氢氧燃料电池或铅酸蓄电池。功率分别为 6 070 kW、3 050 kW，最大航速16 km/h，可装氢气 24 kg 及铅酸蓄电池 55 只。游艇可载客 86 名，由荷兰燃料电池艇构造公司建造。

(2)太阳能电池。

把太阳光的能量转换为电能的装置。当日光照射时，产生端电压，得到电流，用于人造卫星、宇宙飞船中的太阳电池是半导体制成的(常用硅光电池)。日光照射太阳电池表面时，半导体 PN 结的两侧形成电位差。太阳能电池效率在百分之十以上，典型的输出功率是 5 ~ 10 mW/cm^2(结面积)。

2. 蓄电池

(1)铅蓄电池。

船艇上最为常用的电池是铅蓄电池。

铅蓄电池由正极板群、负极板群、电解液和容器等组成。其极板是用铅合金制成的格栅，电解液为稀硫酸。两极板均覆盖有硫酸铅。但充电后，正极极板上的硫酸铅转变成棕褐色的二氧化铅(PbO_2)，负极极板上的硫酸铅转变成灰色的绒状铅(Pb)。当两极板放置在浓度为 27% ~37% 的硫酸(H_2SO_4)水溶液中时，负极板的铅和硫酸发生化学反应，二价的铅正离子(Pb^{2+})转移到电解液中，在负极板上留下两个电子($2e^-$)。由于正负电荷的引力，铅正离子聚集在负极板的周围。而正极板在电解液中水分子作用下有少量的二氧化铅(PbO_2)渗入电解液，其中两价的氧离子和水化合，使二氧化铅分子变成可离解的一种不稳定的物质——氢氧化铅($Pb(OH)_4$)。氢氧化铅由 4 价的铅正离子(Pb^{4+})和 4 个氢氧根($4(OH)^-$)组成。4 价的铅正离子(Pb^{4+})留在正极板上，使正极板带正电。由于负极板带负电，因而两极板间就产生了一定的电位差，这就是电池的电动势。当接通外电路，电流即由正极流向负极。在放电过程中，负极板上的电子不断经外电路流向正极板，这时在电解液内部因硫酸分子电离成氢正离子(H^+)和硫酸根负离子(SO_2^{4-})，在离子电场力作用下，两种离子分别向正负极移动，硫酸根负离子到达负极板后与铅正离子结合成硫酸铅($PbSO_4$)。在正极板上，由于电子自外电路流入，而与4价的铅正离子(Pb^{4+})化合成2价的铅正离子(Pb^{2+})，并立即与正极板附近的硫酸根负离子结合成硫酸铅附着在正极上。随着蓄电池的放电，正负极板都受到硫化，同时电解液中的硫酸逐渐减少，而水分增多，从而导致电解液的比重下降。在实际使用中，可以通过测定电解液的比重来确定蓄电池的放电程度。在正常使用情况下，铅蓄电池不宜放电过度，否则将使和活性物质混在一起的细小硫酸铅结成较大的晶体，这不仅增加了极板的电阻，而且在充电时很难使它再还原，直接影响蓄电池的容量和寿命。铅蓄电池充电是放电的逆过程。

铅蓄电池的工作电压平稳、使用温度及使用电流范围宽、能充放电数百个循环、贮存性能好(尤其适于干式荷电贮存)、造价较低，因而应用广泛。采用新型铅合金，可改进铅蓄电池的性能。如用铅钙合金作板栅，能保证铅蓄电池最小的浮充电流、减少添水量和延长其使用寿命；采用铅锂合金铸造正板栅，则可减少自放电和满足密封的需要。

对于移动设备，有些使用的是全密封，免维护的铅酸蓄电池，这类电池已经成功使用了许多年，其中的电解液硫酸是由硅凝胶固定或被玻璃纤维隔板吸附的。

铅蓄电池的电动势约为2 V，常用串联方式组成6 V或12 V的蓄电池组。电池放电时硫酸浓度减小，可用测电解液比重的方法来判断蓄电池是否需要充电或者充电过程是否可以结束。

铅蓄电池的优点是放电时电动势较稳定，缺点是比能量(单位重量所蓄电能)小，对环境腐蚀性强。

美国江森公司(johnson controls, Inc.)推出的OPTIMA铅蓄电池(图5－5)采用了螺旋式卷绕专利技术，与传统船用蓄电池相比，具有更长的放电时间、更短的充电时间和长达2倍的使用寿命。它的免维护、防溢流和抗震动特性很适合游艇使用。

图5－5　OPTIMA螺旋式卷绕铅蓄电池

(2)铅晶蓄电池。

铅晶蓄电池(图5－6)所采用的高导硅酸盐电解质是传统铅酸电池电解质的复杂性改型。该产品在生产、使用及废弃物中都不存在污染问题，更符合环保要求。由于铅晶蓄电池用硅酸盐取代硫酸液作电解质，从而克服了铅酸电池使用寿命短、不能大电流充放电等一系列缺点，更加符合动力电池的必备条件。

图 5－6　铅晶蓄电池

铅晶蓄电池较铅酸电池具有无可比拟的优越性：

①铅晶电池的使用寿命长。

一般铅酸电池循环充放电都在 350 次左右，而铅晶电池在额定容量放电 60% 的前提下，循环寿命 700 多次，相当于铅酸电池寿命的一倍。

②高倍率放电性能好。

特殊的工艺使铅晶电池具有高倍率放电的特性，一般铅酸电池放电只有 3C，铅晶电池放电最大可以达到 10C。此处 C 为电池应能放出的最低容量，单位为安培 A · h。

③深度放电性能好。

铅晶电池可深度放电到 0 V，继续充电可恢复全部额定容量，这一特性相对铅酸电池来讲是难以达到的境界。

④耐低温性能好。

铅晶电池的温度适应范围比较广，从 −20 ~ +50 ℃都能适应，特别是在 −20 ℃的情况下，放电能达到 87%。对广大低温地区是不可多得的首选佳品。

⑤环保性好。

铅晶电池所采用的新材料、新工艺和新配方，不存在酸雾等挥发有害物质，对土地、河流等不会造成污染，更加符合环保要求。

(3)纳米电池。

纳米即 10^{-9} m，纳米电池即用纳米材料(如纳米 MnO_2、$LiMn_2O_4$、$Ni(OH)_2$ 等)制作的电池。纳米材料具有特殊的微观结构和物理化学性能，如量子尺寸效应、表面效应和隧道量子效应等。目前国内技术成熟的纳米电池是纳米活性炭纤维电池，该种电池主要用于电动汽车、电动摩托、电动助力车上。该种电池可充电循环 1 000 次，连续使用达 10 年左右。一次充电只需 20 min 左右，平路行程达 400 km，质量在 128 kg 左右。

【拓展提高】

如何进行区分原电池的工作原理？

【课后自测】

1. 供电系统有多种形式，如________、________和交直流供电系统。
2. 简要叙述游艇的供电系统。
3. 简要叙述原电池的能源转换方式。

任务二 设计游艇导航系统

随着航海事业的迅速发展，船舶数量的增加，吨位的增大，海上交通日益拥挤和繁忙，便要求航海仪器能够快捷地提供更加准确的方位指示、更加精确的定位精度和多种用途的导航数据。

一、导航设备发展趋势

游艇的导航设备是用来确定游艇的位置、航向、航速、水深、周围目标及自动驾驶用的设备。它犹如人的耳目，是保证船艇在一望无际的大海中准确和安全航行的重要设备。

随着电子技术的进步，游艇上的导航设备突飞猛进，日新月异。许多航空电子技术正在向船艇转移，其总的发展趋势是集成化、网络化和智能化。

早期船艇上配备的导航设备较为简单，主要是磁罗经和海图。确定船位的技术比较复杂，航海人员要学会使用六分仪根据天体的位置来确定船位。

后来发明了无线电定位技术，使船艇的导航技术发生了质的飞跃。无线电导航仪利用接收地面导航台的信息可以方便地确定船位。中国海事局从 1995 年 ~2000 年分三期在我国沿海地区建立了 20 座 RBN/DGPS 台站，台站信号完全覆盖我国沿海海域，单站信号覆盖范围为海上 300 km，重要水域达到了多重覆盖，有效地保障了游艇航行安全。沿海无线电指向标 - 差分全球定位系统（RBN/DGPS）是一种新型、高精度、全天候的海上导航定位系统。海上公众用户只要配备一台 RBN 接收机和一台 DGPS 接收机即可利用 RBN/DGPS 台站播发的信息进行海上高精度导航和定位。

电子海图的出现和网络技术的应用更是使现代导航设备面貌一新。传统的纸质海图已被电子海图所取代，无论航行到哪里，都可以通过网络下载当地最新版的海图，还可以获得最新的导航信息。电子海图还可以和雷达显示屏、自动舵、渔探仪等集成，形成多功能显示器，再添加实时的各种导航信息，使驾驶人员对自己的船位和周围的情况一目了然。

智能化是新一代导航系统的发展趋势。它在现有集成系统的基础上，通过计算机处理，使船上各种设施实现智能化管理。

二、罗经

罗经是船上用来指示航向的重要仪器。

1. 磁罗经

磁罗经（图 5 - 7）是最早在航海上使用的一种指向仪器。它和我们祖先所发明的指南针一样，其基本原理是磁棒（磁针）受地磁场的作用而指向地球磁极的方向。由于磁罗经的构造简单、性能可靠、使用方便又不需要供电，所以尽管有许多高精度的导航仪器装备了船舶，磁罗经却仍是船艇上不可缺少的导航仪器。但是磁罗经的指向精确度不高，因为磁罗经的指向受所在地点的外界磁场的影响。精确的测量表明，各地的地磁场随时间在缓慢地变化着，另外，磁罗经

图 5 - 7 磁罗经

周围磁性物体的变化都会引起磁罗经的指向误差。因此,磁罗经只适用于沿岸航行的船舶,或作为备用罗经。

2. 电罗经

电罗经是1852年法国物理学家列昂·付科(Lean Foucault)在利用陀螺仪证明地球自转时,提出利用陀螺仪作为方向指示器的设想而发明的。电罗经是指示子午线的仪器。因它的指向与地磁场无关,也不受周围磁性物体的影响,故方向准确性高,稳定性好。

电罗经的指向精确度高,但它的结构复杂,存在着体积大、成本高、噪音大、故障率高、维护频繁等缺点,而且必须有电才能工作,这在小型游艇上使用比较困难。图5-8为国产电罗经。

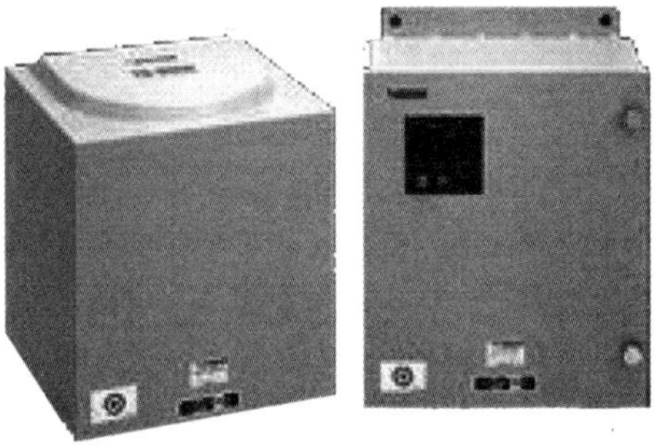

图5-8　电罗经

3. 基于GPS的卫星罗经

随着科学技术的发展,特别是电子技术的发展,使得船舶电子及导航设备朝着小型化、高可靠性、高性价比的方向发展。人们一直在寻求一种可替代传统电罗经的指向设备,为此研究人员开发了电子指北设备来代替电罗经。

GPS卫星定位系统是当今比较成熟的定位系统,因此研究人员构想出了基于GPS卫星定位系统的指北设备——卫星罗经,又名GPS罗经。目前国外已有数家公司研究成功卫星罗经,并已进入市场。其中有日本JRC公司的JRC-10、FURUNO公司的SC 120、KODEN公司的VECTOR PRO、德国RAYTHEON公司的Standard 21GPS等。图5-9为广州远洋通信导航有限公司设计生产的IGC-800集成卫星罗经仪。

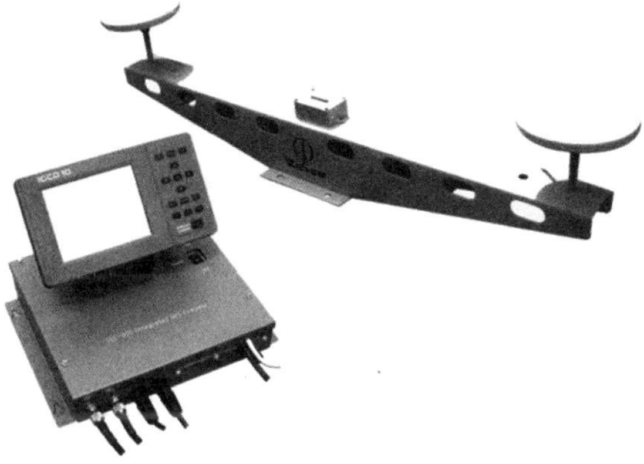

图5-9　集成卫星罗经(广州远洋通信导航有限公司)

三、导航系统

任何一个曾在海上航行过的人都知道传统的人工导航技术，它需要用较长的时间将罗经的方位、雷达测量的距离、电子测量或者天空观察到的位置变换并绘成海图航线，再用船位推算法对航向和速度进行估计以显示实时状态。现在这样的方法已经很陈旧了，游艇的驾驶人员学习起来也很困难。

现代导航技术从船舶电子传感器，包括罗经、计程仪、卫星导航接收机、雷达及其他设备传递来的数据信息直接送至计算机，并立即转换成彩色电子海图显示在屏幕上。

现在的导航系统能够直接利用电子海图的数据库，它可以实时观察到包括船舶确切位置、船舶运动及水面航行交通信息的“快照”。

1. 自动舵

自动舵是一种自动操舵装置，它是在通常的操舵装置上加装自动控制部分而成。其工作原理是根据罗经显示的船舶航向和规定的航向比较后，得到航向误差信号，即偏航信号，然后输出纠偏指令到舵机，转动舵产生合适的偏舵角，使船在舵的作用下，转向规定的航向。自动操舵仪具有自动操舵和手动操舵两种工作方式。船舶在大海中直线航行时，采用自动操舵方式，可减轻舵工劳动强度和提高航向保持的精度，从而相应缩短航行时间和节省能源；船舶在能见度不良或进出港时，采用手动操舵方式，具有灵活、机动的特点。

远洋帆船上安装一套自动舵系统十分重要。

动力游艇一般航行时间是 1 ~ 4 h，操舵的时间较短，航行者们都会利用较短的时间来体验操舵的乐趣。

而扬帆远航的航行时间一般都是 2 天以上，操舵时间较长，随着时间的不断增长，人们的身心愈发疲惫，操舵的乐趣也逐渐消失，同时还会影响其他的工作和娱乐。因此选择安装一套自动舵系统就能满足扬帆远航的操舵要求。

自动舵的彩色显示器可以很清晰地显示船艏航向、罗经、GPS、舵角等信息。自动舵的操控器可以设定需要的航向，让它去执行。如果驾驶的船具有飞桥，设置上、下两套操舵装置，则可以选择安装双自动舵显示控制器。这样方便驾驶，非常适合舱内舱外同时操作。

自动舵的品牌很多，不胜枚举。图 5 – 10 为 Northstar 公司的自动舵显示器和操控器。

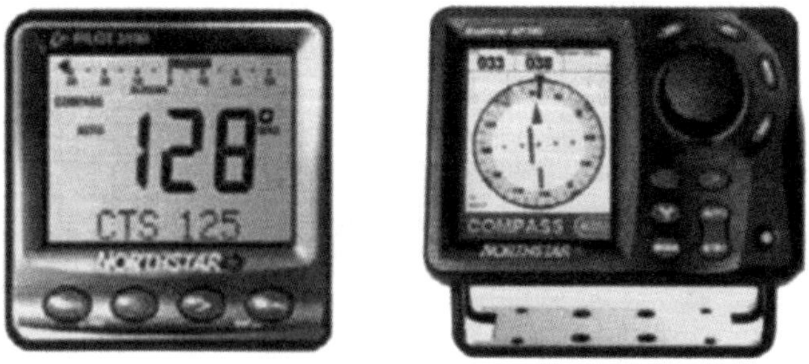

(a)　　(b)

图 5 – 10　自动舵

(a)显示器；(b)操控器

2. 电子海图/雷达综合显示系统

电子海图是指利用计算机多媒体技术和海洋地理信息系统，实时显示船舶航线或航道沿途自然环境及障碍物的图件。

电子海图/雷达综合显示系统是一种集成式导航信息系统，它在使用电子海图的基础上，将导航信息、海图信息和雷达信息集成在一起处理和显示。

电子海图之所以引起高度重视，是因为它具有传统纸质海图无法比拟的优点。电子海图系统可以进行自动航线设计、航向航迹监测、自动存储本船航迹、历史航程重新演示、航行自动警报（如偏航、误入危险区等）、快速查询各种信息（如水文、港口、潮汐、海流等）、船舶动态实时显示（如每秒刷新船位、航速、航向等），将雷达/ARPA（自动测绘雷达）的回波图像叠显在海图上，数千幅海图的自动更正只需几分钟。

电子助航的核心是电子海图/雷达/渔探综合显示系统。而综合显示系统的多语言是选择的重要因素之一。对于许多国内航海者们来说，综合显示系统的中文显示就是十分必要的，尽管他们的素质较高，英语很好，但是航海知识相对贫乏，对于屏幕中的英文航海术语无所适从，如果有中文菜单的操作界面就会很受欢迎。如果你驾驶的艇要访问其他国家，那么中、英、日、韩等多语言界面又会起到相互交流的作用。如果船艇是上、下两层操作系统，安装联网的双显示器就很有必要。

中小型游艇上使用的电子海图/雷达综合显示系统要求体积小、操作简便。Lowrance 品牌下的 HDS－10 显示器加 HDS－5 显示器（图 5－11）则是最好的搭配组合。这种显示器具有超高亮度、高清晰度的防水、防晒显示屏，将船舶卫星定位/平面三维海图/双频测深/HD 高清晰航海雷达显示屏集于一体，同时具有中文、英文、日文、韩文等 20 多种国家语言。它的 NMEA2000 网络配合以太网结构，可以组成两台或两台以上的显示器来共享雷达、GPS 导航、主机仪表、渔探测深等信息。即便是上层安装的 5in 的 HDS－5 显示器，也同样具有雷达功能，可以说是目前一款最小尺寸的显示器了。

(a)　　　　(b)

图 5－11　Lowrance 电子海图/雷达综合显示器

(a) HDS－10；(b) HDS－5

3. 自动导航装置

目前，在游艇上自动导航装置的应用非常普遍。这些产品耗电少、准确率高，在航行过程中还能节省燃料。

以往，自动导航装置依赖具有一定灵敏度的磁航向传感器，因此导航性能仅适用于平静或中等海浪情况。如今，自动导航装置采用的是固态磁航向传感器。在带有全球定位系统的船用陀螺仪的辅助下，即使是在特殊情况下仍然能够获得理想的导航效果。

通过与船载全球定位系统接收器或海图仪连接,自动导航装置能够在复杂的航行路线中准确地为驾船者导航,并且能够自动更正风速和水流对船的影响。只要游艇的方向舵在转动就会有能量损耗,因此,自动导航装置可以将船只保持在与预定航向或者航线非常接近的方向,以便减少不必要的舵转动而导致能量损耗。

目前市场上供应的游艇自动导航装置品牌很多,功能和适用范围也各不相同。

AutoNav 公司的 A－1500 系列导航装置(图 5－12)兼容 NMEA 0180 至 0183 协议,具有双输出装置,可用于动态定位系统、独立双舵系统和喷水推进器。控制台的前部是一块大型液晶显示屏和从内部照明的键盘区,该键盘区共有 4 个按键。还有 1 个可选的 PC 界面可以实现计算机控制,并对自动导航装置的性能进行监控。

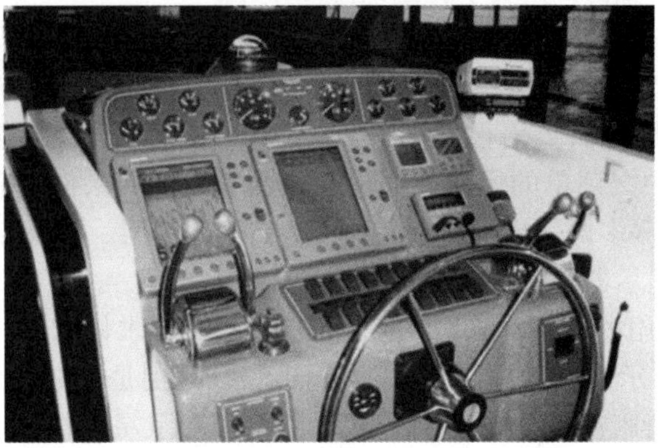

图 5－12　AutoNav 公司的 A－1500 系列导航装置

Furuno 公司生产的 NavPilot 500,520 及便携式 511 型产品如图 5－13 所示。所有型号的产品都引进了模糊逻辑功能。有了模糊逻辑功能,自动导航装置能够根据变化了的海况、风、航速及负载状态对船只的行为进行修正,不断地改善驾驶的平稳度和精确度,以此来帮助舵手对船只的驾驶。

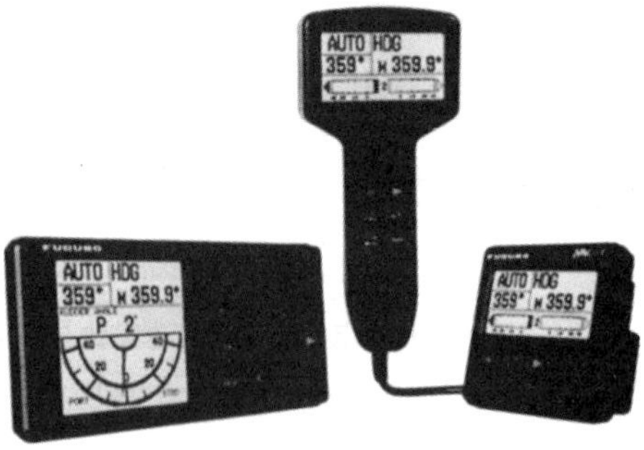

图 5－13　Furuno 公司生产的 NavPilot 500,520 及便携式 511 型导航仪

Raymarine 公司的自动导航系统包括用于帆船的舵柄导航器和方向盘导航装置。四款舵柄导航产品涵盖排水量为 3～7.5 t 的帆船。广泛应用的 SmartPilot 自动导航装置(图 5－14)适用于舷内动力装置,其中 6000 系列配有 3 in 液晶显示器;7000 系列配有 4 in 液晶显示器,适用于排水量 9～35 t 的船只。

图 5 – 14　Raymarine 公司的导航仪

Simrad 公司的自动导航产品包括适用于排水量为 8.5 t 的 Cockpit Pilots 系列，以及适用于任何尺寸游艇并能够在超慢速情况下实现自动导航驾驶的 AP 系列。AP12 和 AP14 导航装置适用于 30 ft 的船只，包括磁罗经航向驾驶和全球定位系统驾驶等功能。AP16 和 AP25 系列采用了公共中央计算器模块。所有产品都具有无偏航驾驶模式。在这种驾驶模式下，船只上全球定位系统的信息可以消除由于风速和水流所引起的航向偏差。此外，还有一款专门为沃尔沃 Penta IPS 驱动系统配套的型号。AP35 和 AP50 导航装置可以与普通磁罗经和回转罗经集成。AP50 产品(图 5 – 15)可以采用遥控指挥控制系统。AP9MK3 是 Simrad 公司生产的功能最强的自动导航装置，适用于任何游艇。

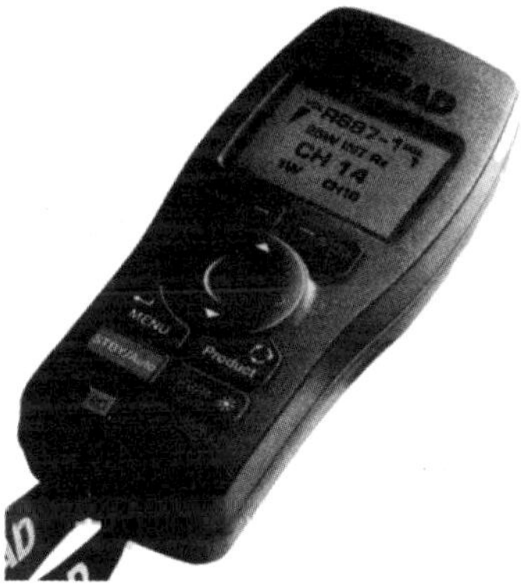

图 5 – 15　Simrad 公司的 AP50 型导航装置

挪威 Navico 集团旗下拥有 B&G、Lowrance 和 SIMRAD 三大品牌。Navico 对其三个品牌的市场定位：B&G 主要针对专业级帆船用户；SIMRAD 主要针对豪华大中型游艇；Lowrance 主要针对中小型游艇和钓鱼艇。

SIMRAD NSE 系列多功能船舶导航系统(图 5 – 16)已经投放市场，适合 25 ft 以上各类船艇使用。该系统有单站与双站之分，单站只有一台 HDS 多功能显示器，如图 5 – 17 所示，它集成了 GPS、海图、雷达、测深、视频图像、主机运行状态监控等多种功能于单体一机，使用简单方便。双站设有两台 HDS 多功能显示器，一台放置于座舱驾驶台前，另一台放置于飞桥驾驶台前，两台的功能是相同的。

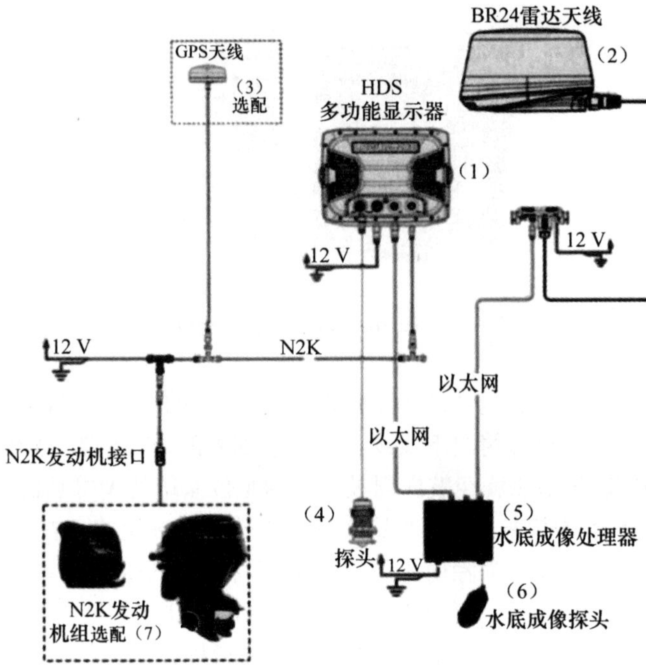

图 5-16 单站系统配置图

图 5-17 SIMRAD NSE 系列多功能船舶导航系统

SIMRAD NSE 系列多功能船舶导航系统具有下列特点：

(1)使用高清晰度防日晒彩色液晶显示屏和基于航海专业级的 C-Map Max 海图系统。各种海区信息数据全面、详细，同时在部分地区还提供港口航拍照片、动态海水流向、潮汐水文资料等。

(2)内置高性能声呐装置，可外接各种不同类型的声呐探头，为船艇提供实时准确的水深、水流速度与温度等参数。

(3)具有雷达功能，可支持 2~25 kW 的雷达天线。

(4)兼容 NMEA 2000 与 SimNet 协议，各种传感参数网络共享，全船通导设备接口具备，包括各种航海仪器、自动舵和 VHF 甚高频无线电话等。

(5)与 AIS 连接，可直接在海图画面显示实时动态的周围船舶航行信息。

(6)可直接与支持 NMEA 2000 的船舶发动机相连，显示各种主机运行动态参数。另外通过外接摄像头，可随时直观监视船舶各个部位的状况，提高安全性。

四、计程仪

计程仪是在航海中用来指示船舶航速和航程的仪器。计程仪与罗经配合使用可以确定船位。

目前,船舶使用的4种计程仪通常为水压计程仪、电磁计程仪、多普勒计程仪和声相关计程仪,虽然都是测量船舶航速、航程的仪器,但它们的测速原理不同、测速功能不同、测量精度也不同。

1. 水压式计程仪

这种计程仪是利用船舶航行时水对船体的动压力会随船速的增加而增加这一原理制成的。由实践和分析得知,动压力是与船速的平方成正比的。水压式计程仪就是利用压力传感器测出动压力与静压力之差,利用压差的大小计算出瞬时航速,再乘以时间算出航程。

图5-18是水压式计程仪的结构原理图。如图所示,伸出船底下的压力接收器一般都安装在船的中部,它是一根伸出船底约0.9 m的双孔金属管,内有两根管道,底下水平进水孔感受的水压力是该处水位的静压力,而朝向船艏方向进水孔感受的压力是该处水位的静压力加动压力,即合成压力。两种压力通过各自的管路被引入如图5-19所示的水压盒中。水压盒分成两个腔:静压腔和合压腔。在两个腔之间用一个可以上下伸缩的波纹管隔开。当船舶静止时,两个腔的压力相等,波纹管处于自然状态(即不压缩状态),当船只以一定速度前进时,水平进水孔的静压力保持不变,而处于前进方向的进水孔受到水流的冲击,压力增加。于是静压腔和合压腔之间产生压力差,这种压力差使波纹管产生上下伸缩,波纹管压缩时张力增加,最后达到平衡状态。在波纹管的底部设置一根压力传导杆,把波纹管底部的上、下位置传导给压力传感器,通过计算机转换成航速数值。

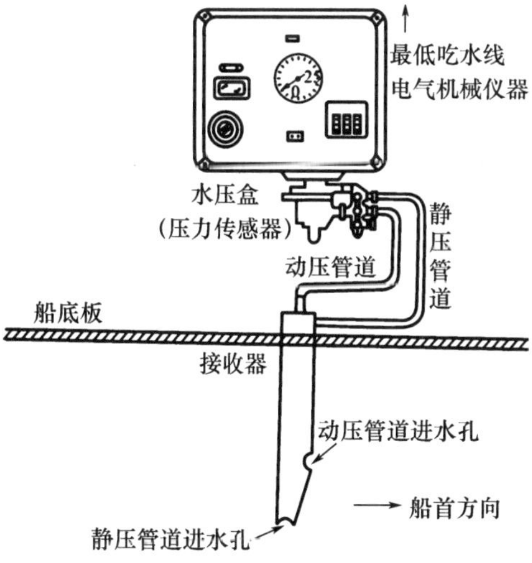

图5-18 水压式计程仪结构示意图

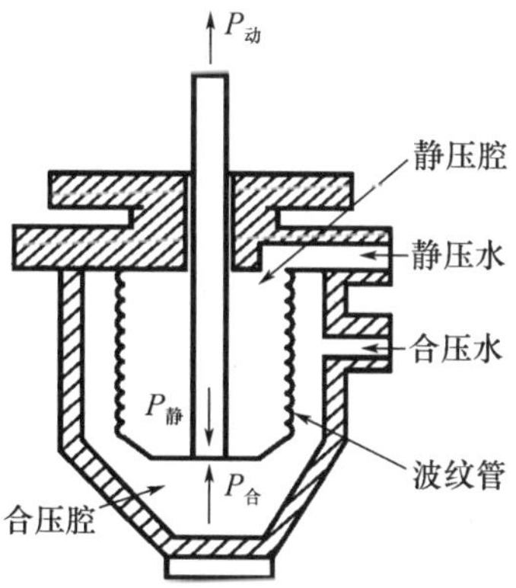

图5-19 水压盒结构简图

水压式计程仪安装的部位要求在船艇的最低吃水线以下,测得的航速和航程数据被传至装于驾驶室内的复示器上显示。

水压式计程仪测得的动压力是船相对于水的速度,而我们需要的航速是相对于地面的速度,即以地岸为参考点的速度,两者存在着误差,且是无法消除的。例如顺水和逆水的航速是不同的。在海洋中,各处的洋流是不同的,且是变化的,因此水压式计程仪的精度较差,船的实际行程须通过其他仪器进行修正。

2. 电磁计程仪

电磁计程仪是利用电磁感应原理来测量船舶的瞬时航速并累计航程的。它先把非电量的水流速度转变成相应的电势量,再根据电势的大小来指示航速和累计航程。

电磁感应原理告诉我们:导线在磁场中作切割磁力线的运动时,导线的两端将产生感应电势。当磁力线、导线和导线的运动方向三者互为垂直时,导线两端感应电势的大小与导线运动速度成正比。根据这一原理制成的电磁传感器如图 5 – 20 所示。

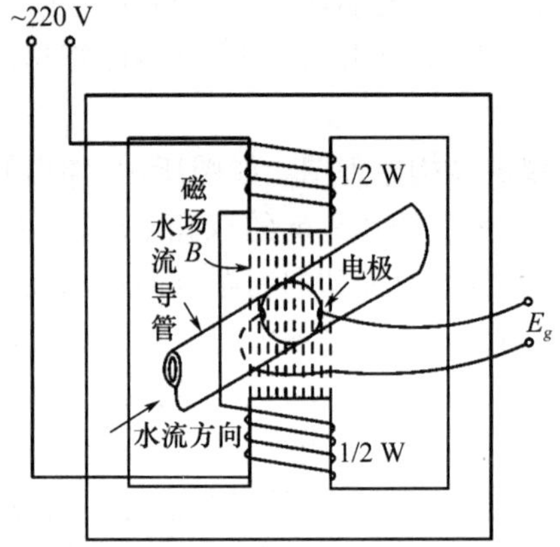

图 5 – 20　电磁传感器示意图

船舶前进时,船体相对于水运动。我们从船底外用一根既不导电也不是铁磁材料做的管子把流水引进传感器,在流水导管处于磁极位置的水平两侧装有一对电极,当水充满导管时,水就将电极连接起来。在一般情况下水是导电物质,则两电极之间就相当于有一根水平的“导线”存在。当导管内的水流动时就可以看作这根“导线”在运动,而且运动方向是与“导线”垂直的。从图中可以看到,由磁场绕组产生的磁力线是垂直方向的,电极之间的“导线”是水平安置的,水流方向也就是“导线”的运动方向,是沿着流水导管的轴流动的,这就形成了磁场、“导线”及运动方向互相垂直的局面。这时在传感器的磁场绕组上施以 220 V 50 Hz 的交流电,则两磁极之间就产生一个 50 Hz 的交变磁场。在这种情况下,流水导管两电极上就会产生 50 Hz 的交流感应电势,它的大小与水流速度成正比,这就把非电量的速度值转换成了相应的电信号。

与水压式计程仪一样,电磁计程仪也只能测量船舶相对于水的速度,不能消除水速误差。但是电磁计程仪与水压式计程仪相比较,具有航速灵敏度高、能测低速的优点。

3. 多普勒声呐计程仪

多普勒声呐计程仪是利用在水中声波传播的多普勒效应来测量船舶相对岸壁或海底的运动速度,并累计航程的仪器。

多普勒效应是人们所熟知的,例如鸣笛的火车从我们身边飞驶而过,当火车朝我们开来时,笛声越来越尖,而当火车离我们远去时,笛声音调逐渐变低。笛声音调的变化是由于声源的运动使得每秒钟撞击我们耳膜的声波数(即声频)发生了变化。这种物理现象称之为“多普勒效应”,而接收到的声频与发射出的声频的偏差就称为多普勒频移。

多普勒声呐计程仪就是利用上述效应进行工作的。安装于船底的发射换能器以一定的俯角向下前方海底发射声波,声波传到海底,经过反射和散射后部分返回水面,由船底的接收换能器接收。如果船处于静止状态,则接收声波的频率与发射频率相同,如果船以航速 V 向前航行,则接收频率会发生变化。接收频率与发射频率之差即多普勒频移与船速 V 成正比。测得多普勒频移后,就能确定船的瞬间航速 V,通过计算即可累计航程。

多普勒声呐计程仪与水压式和电磁计程仪相比具有如下优点:

(1)水深在 150 ~ 300 m 以内,能测量船舶相对海底或固定目标的绝对速度;水深大于 300 m 时,则测量船舶相对 20 ~ 60 m 深处的平静水层的速度,精度较高,可达 0.1%;

(2)能精确测量低船速,测速阈值为 0.01 kn;

(3)不仅能测船舶前进和后退速度,而且能测量横向速度,甚至三维空间的速度向量。

缺点是测量精度受声在水中传播速度的影响,而水中声速随海水压力、温度和含盐量的不同而变化。因此在多普勒频移量向船速的转换中,必须进行声速校正或补偿。

4. 声学相关计程仪

声相关计程仪是 20 世纪 70 年代研制成功的一种绝对计程仪。它是利用对水声信息的相关原理来测量船舶速度和累计船舶航程的。

声相关计程仪的测速原理如图 8 - 21 所示。发射换能器 B_t 安装在船底中部,接收换能器 B_f 和 B_a 分别安装在船首、船尾的底部,中间隔开的距离为 S(称为换能器基线),且每一接收换能器距发射换能器 B_t 的水平距离均为 $S/2$。安装在船底的发射换能器 B_t 以较大波束宽度向水下连续发射超声波,当船舶以航速 V 航行时,位于船底首、尾部的接收换能器 B_f 和 B_a 连续接收反向回波。假设当接收时刻 t_1 时(参阅图 5 - 21(a)),位于船首部分的接收换能器 B_f 接收到经发射换能器 B_t 发射的沿垂直方向传播到海底 A 点后被反向的回波信号 f_1。经过时间间隔 τ,接收时刻 t_2 时(参阅图 5 - 21(b)),此时,船舶航行了 $S/2$ 距离,船尾部分的接收换能器 B_a 接收到了来自同一海底位置 A 反射的回波信号 f_2,f_1 和 f_2 是同一海底位置 A 反射的,传播路径完全相同的两个回波信号,所含的水声信息也完全相同,即“波形不变性原理”。因此 f_1 和 f_2 是两个相关的信号,所不同的是接收时刻不同,两者的接收时间差即为相关延时 τ。若能测得接收时间间隔 τ,船舶的航速应为 $V = S/(2\tau)$。

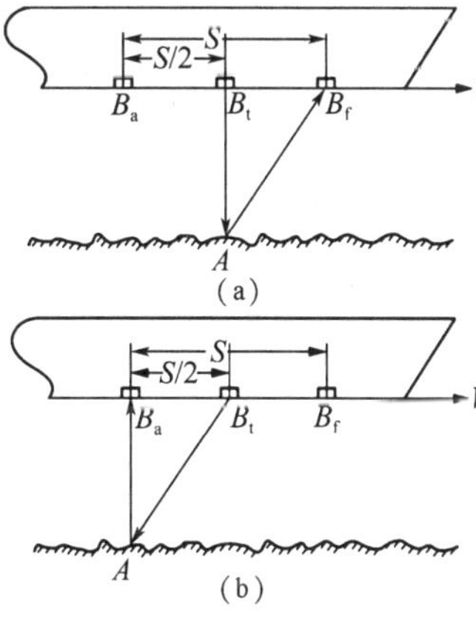

图 5 - 21　声学相关测速原理

声相关计程仪在4种计程仪中是功能比较齐全、比较先进的计程仪。它与水压式计程仪和电磁计程仪相比具有更多优点，如测量精度高，能够测量绝对航速、航程，能够测量船舶横向移动速度等。与多普勒计程仪相比，它除了具有与多普勒计程仪相同的优点之外，在海底跟踪状态下还可以测量水深，即兼有测深仪的作用。声相关计程仪的测量精度不受超声波在水中传播速度的变化影响，因此其测量精度一般比多普勒计程仪高。

Northstar Explorer M310 数字式测深测速仪（图5－22）是一款声学相关计程仪，既有测深又有测速功能。它能直观地实时显示水深、航速数据，提醒航海者避开浅海，控制航速。

图5－22　Northstar Explorer M310 数字式测深测速仪

五、通信设备

台式VHF电台是一定要配备的，其主要作用是用于船上人员与航行的商船及陆地海事部门保持联系。在我们扬帆远航的一段时间内，我们可能会与陆地失去联系，手机没有信号，这时台式VHF电台就起到了重要的作用。

Lowrance品牌下的LVR－880台式甚高频电话（图5－23）与一般台式VHF电台不同的是，它具有可以接收FM调频广播的功能，我们还可以自己携带一台MP3调频发射器，这样就可以通过FM接收机来收听自己喜欢的音乐。当值守频段一有呼叫，LVR－880甚高频电话就会自动切换到VHF接收模式下；当VHF没有信号时又会自动地转回到FM调频接收机模式下。这样可以省去安装一套船用CD播放机和FM接收机装置。

图5－23　LVR－880台式甚高频电话

六、AIS目标识别系统

我们在航行中通常会在途中遇到许多商船，由于不知道对方是谁，用VHF呼叫时对方不应答。如果船上配备了AIS目标自动识别系统，就可以很方便地知道对方的船名、船籍、呼号、航速、航向等信息，这样便于我们直接呼叫和避让。

由于AIS系统价格不菲，且帆船是没有MMSI识别码的，因此带发射功能的AIS目标自动识别系统起不到实际的作用，不如加装一款AIS接收机（图5－24）来得实用，而且价格低廉。只需要将AIS信号接入Lowrance HDS系列的电子海图中，商船信息会显示在海图的相应位置上，同时船名、呼号、航向、航速等信息都可以方便地得到。

图 5－24　AIS 接收机

七、航海雷达

航海雷达的主要功能是扫描船舶附近的障碍物，起到发现目标、防碰撞的功能。游艇在航行中，雷达的工作时间几乎是 24 小时不间断地开机，特别是在夜间和大雾中航行时更是必不可少的。游艇雷达基本工作在 3 nm 和 6 nm 以下距档，能在近距档高清晰地分辨出渔网、浮漂等障碍物尤为重要。由于在大部分时间里，游艇驾驶人员均在露台上操纵驾驶，因此要求雷达对人体超低辐射、超长工作时间、近距档高清晰分辨率。

Lowrance 品牌的 BR24 宽带连续波调频 X 波段航海雷达（图 5－25）就是这样一款新型雷达。该型雷达采用了军用技术民用化，从而颠覆了雷达的传统体制，具有超高分辨率、超低电磁波辐射、超近距离探测无盲区、超长寿命等特点。超低电磁波辐射，说明它是一款安全绿色环保型雷达，因为它的发射功率只有 100 mW，相当于一部手机的发射功率，与传统的 2 kW、4 kW 雷达相比，它对人体是无伤害的。

军用的连续波调频体制决定了它的超高分辨率、超近距离探测无盲区的特点。它的超长寿命是因为此款雷达没有磁控管，不会有使用寿命的年限。

图 5－25　BR24 连续波雷达

八、风速风向仪

扬帆远航时风向风速的变化至关重要，Northstar Explorer W315 是一款模拟指针式风速风向仪（图 5－26），它的左右红绿区域明显指出了是否适合升帆的风向，很适合帆船装备。风速用数字显示，2 级以下的风速是不适宜升帆的。

图 5－26　Northstar Explorer W315 风速风向仪

【拓展提高】

1. 船舶使用的 4 种计程仪是什么?

2. 多普勒声呐计程仪的优点是什么?

【课后自测】

1. 游艇的导航设备是用来确定船舶的________、航向、________、水深、周围目标及自动驾驶用的设备。

2. 水压盒分成两个腔:________和合压腔。

项目六　游艇舾装

【能力要求】

游艇舾装包含范围十分广泛，除去艇体结构外，艇上安装的各种机械、设备、装置和设施都属于舾装范围，本项目主要选取游艇锚、舵及舱室设备等进行相关知识讲解，并设计实训，让学生掌握游艇舾装的相关知识和技能。

【工作任务】

掌握游艇舾装中锚泊系统、舵、舱室的相关知识并完成初步设计工作。

【任务目标】

1. 熟悉游艇锚泊设备及停泊系统设计。
2. 掌握游艇舵相关知识及如何设计游艇舵。
3. 掌握使用游艇软件设计布置游艇舱室设备。

【任务链接】

任务一　游艇锚泊设备及停泊系统设计

任务二　如何设计游艇舵

任务三　使用游艇软件设计布置游艇舱室设备

任务一　游艇锚泊设备及停泊系统设计

游艇的锚泊设备主要包括锚设备和系泊设备两个部分。游艇的停泊系统包括锚泊系统和系泊系统。锚泊设备的合理布置能够提高游艇抛锚、系泊的稳定性。如何合理布置锚泊设备就涉及到了锚泊系统和系泊系统的设计。本任务就锚泊设备及其停泊系统设计进行讲解。

一、认识锚设备

游艇的锚设备由锚、锚索（或锚链）、起锚机、锚链制动器和首滚轮组成。

相比普通钢制船舶，游艇一般质量较轻，其使用的锚质量也较轻。小型游艇锚往往采用铝合金制造，可以保证在相同的抓地力下，质量比钢制锚轻一半左右。

游艇锚有多种类别，大致可分为德尔塔锚（delta 三角锚）、犁式锚（CQR）、fortress 铝制锚（丹福尔锚风格）、manson superme 锚、布鲁斯锚、折叠锚等。

德尔塔锚（delta 三角锚）是一种多功能锚。优点：锚安装在船头，有很好的抓重比，操作迅速。缺点：船舶摆动时有可能导致走锚（此时需重新抛锚），锚抓面相对较小，在松软泥土底质表现糟糕，收藏时锋利的锚杆边缘容易摩擦受损。如图 6－1 所示。

犁式锚（CQR）多功能锚外形像耕地的犁。其优点是锚柄处采用铰链设计，前端可以摆动，猫爪前端特意加重，有利于锚的复位。缺点是由于有铰链，锚容易在船头滚轮上摆动摩擦（因此有必要固定住）。CQR 锚的价格贵，相对抓起来本身较重，锚爪抓深部分依赖锚重，25 磅（11.34 kg）以下小号锚常常起不到效果。如图 6－2 所示。

图 6－1 德尔塔锚

图 6－2 犁式锚

Fortress 铝质锚为丹福尔锚风格,质量轻,适用于各种土质。优点是直线抓力大,在泥地地质表现最好,抓重比特别大。缺点是完全不适用于岩石或者水草地质。一侧过重时,锚杆容易弯曲,因此最好花钱买一个抗拉强度高的版本。锚松动时很少能复位,收藏麻烦,可移动部分可能会带来危险。如图 6－3 所示。

Manson superme 锚作为一种新兴产品,是一种"双重锚杆"的固定锚,有两种不同的配置可供选择。一种配置适应岩石和珊瑚礁底地质,一种适应沙地和泥地地质。锚杆中有一狭长的缝隙,万一碰到阻碍,可以让锚"倾翻"。不过,最显著的特征应该是自动修正保护杆,它有助于锚迅速抓地,是一款真正的全能锚,有镀锌和不锈钢两款可供挑选。这类锚的优点是操作迅速,抓持底质深,功能全面,广受好评。缺点是新产品的价格很贵。如图 6－4 所示。

图 6－3 Fortress 铝制锚

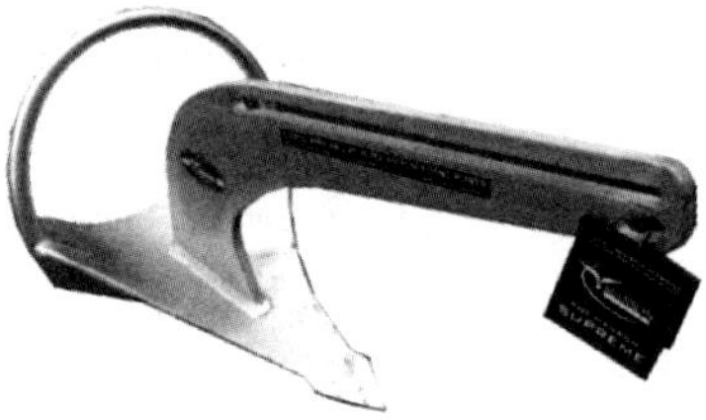

图 6－4 Manson superme 锚

布鲁斯锚(bruce)是一种多功能锚/岩石底质锚(用于固定海上钻井井架)。优点是收藏方便迅捷,抓重比好,可复位性能好。缺点是锚爪容易抓住势头而不能使用,要把它装进甲板上的储藏柜困难不小。如图 6－5 所示。

折叠锚是一种便捷式可折叠游艇锚,此种锚的锚爪可以折叠,主要解决现有锚在使用时存在的结构笨重、存放空间大等问题。它具有结构简单、携带方便、锚泊稳定及防卡死等特点。如图 6－6 所示。

图 6－5 布鲁斯锚

图 6－6 折叠锚

游艇锚索、锚链是一种连接介质，被用在游艇系泊或抛锚时连接固定带缆桩、艇锚等用途。锚索是由多股纤维或者钢束按照一定规则缠绕在一起的结构形式，锚链则是由多个链环连续相扣结合在一起的结构形式。两者在游艇设备中均供提升、牵引、拉紧和承载之用，应用十分广泛，属于标准件。如图 6－7 所示。

【小提示】锚索和锚链的区别（表 6－1）：

表 6－1 锚索和锚链的区别

	锚索	锚链
结构形式	多股钢束或化纤	专用链条（三段链节）
力学特性	韧性好	强度高
应用场景	系泊停泊	锚泊停泊

图 6－7 锚索（左）和锚链（右）

游艇起锚机安装在游艇首尾部主甲板上，供游艇起锚、抛锚系缆时用。起锚机按照驱动形式可以分为手动、电动、液压三种形式。电动锚机在游艇上应用得较多，电动锚机即以电能驱动的锚机。电动锚机根据是否带有绞盘，分为带绞盘锚机和不带绞盘锚机，如图 6－8 所示。

（a）　　　　（b）

图 6－8 电动锚机

（a）不带铰盘；（b）带铰盘

起锚机及附属件的尺寸是根据选用的锚链尺寸来选配的。锚链也是铝制的，直径 6 mm 铝制锚链的质量为每米 0.75 kg；8 mm 每米重 1.4 kg；10 mm 每米重 2.25 kg；13 mm 每米重 3.8 kg。船与锚的连接不必全部采用锚链，在平静的浅水中，可用较短的锚链加锚索来系锚。在这种情况下，锚链的长度根据水深来选配，若水深小于 5 m，锚链仅需 2 m 长；水深每加深 4 m，锚链须加长 1 m。锚链加锚索的总长度须为水深加船首离水面高度总和的 5～7 倍。与锚链同等拉力的柔性锚索的质量比锚链轻得多。

起锚机根据布置方式也可以分为卧式和立式两种。如图 6－9 所示。

图 6－9　立式(左)卧式(右)电动锚机

锚绞盘根据起锚机的布置方式也可以分为卧式和立式两种。如图 6－10 所示,卧式锚绞盘的驱动电机安装在甲板上,而立式锚绞盘的电机安装在甲板下面。

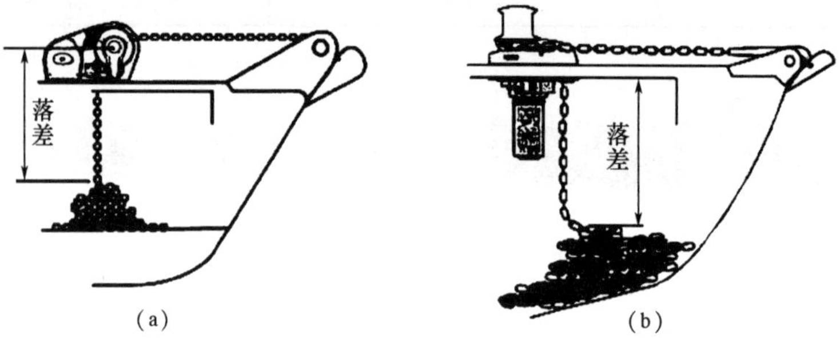

图 6－10　锚绞盘在艇上的布置形式

游艇的锚设备一般都布置在艇首,一个单锚经由艇首的滚轮收放。立式锚绞盘的布置形式如图 6－11 所示,由于立式锚绞盘占用的甲板面积小,这种配置一般适用于较小的艇。

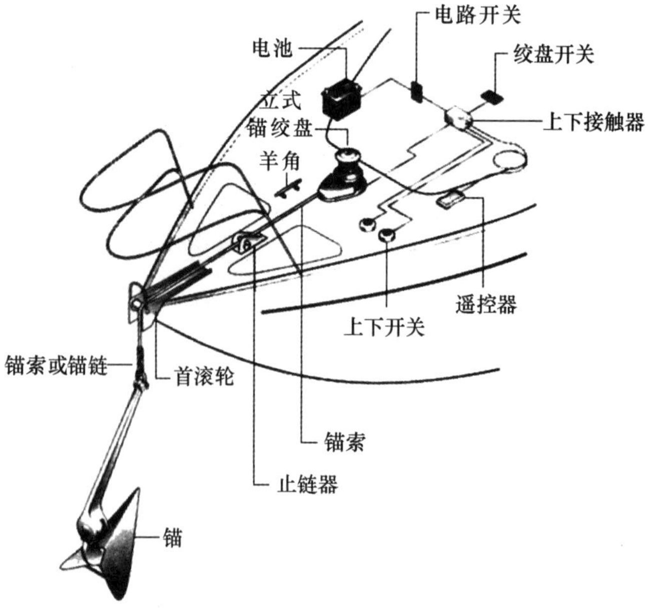

图 6－11　立式锚绞盘在艇首布置图

卧式锚绞盘的布置形式如图 6 – 12 所示，卧式锚机的功率相对较大，适合于较大的游艇。锚绞盘的控制可在驾驶室和舷旁进行。锚绞盘的底下便是容纳锚链和锚索的锚链舱。

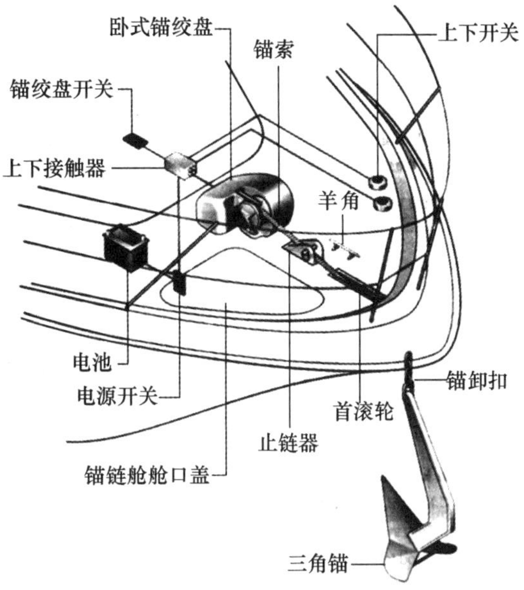

图 6 – 12　卧式锚绞盘在艇首布置图

为了充分利用甲板面积和保持游艇的美观，游艇设计者经常把小型锚绞盘、锚索等一整套设施隐藏在甲板下面的夹层中，驾驶者需要在驾驶台操纵或遥控操纵绞盘。但是为了方便以后检修起锚机和绞盘，必须在甲板上设置检修孔。图 6 – 13 为一艘游艇上锚泊设备的布置，它的上面用一块盖板覆盖，所以从上面看不到锚机和锚链。检修时，盖板用油缸撑起，展现出图中的游艇盖板下部结构。

图 6 – 13　立式锚绞盘在艇首布置图

轻型锚绞盘用于豪华船艇、高速舰艇及军辅船舶起锚系缆，具有结构简单、便于操作、维修方便、效率高等特点，同时由电动机带动工作，从而实现制动。游艇上锚绞盘都是轻型的，按照结构形式可以分为立式和卧式，两者各有其特点。

立式绞盘可以加装缆绳卷筒，兼做缆绳的收紧作业，特别适用于帆船作业。这种小型锚绞盘也可以采用手动操作，它的上面设置有星爪形孔，插入专用摇柄后，就能用人力轻松地收放缆绳。图 6－14 是 LEWMAR 公司的一款小型立式锚绞盘，它在甲板上的尺寸（长×宽×高）为 190 mm×128 mm×69 mm，非常适合 10.5 m 以内的小艇。

卧式锚绞盘是和电机组合成一体的，所以它的体积更紧凑，图 6－15 是 LEWMAR 公司的 3 款小型卧式锚绞盘，其中也有一款是带缆绳卷筒的。

图 6－14　小型立式锚绞盘

图 6－15　小型卧式锚绞盘

止链器又称锚链制止器或掣链器，是指掣住或夹住锚链的专用器具。止链器固定在锚机和锚链筒之间，与锚链轮相分离，承受收锚和锚泊时锚和锚链的拉力，使其不会传至锚链轮上。游艇上的止链器按照承受力大小不同可分为小型和大型止链器。图 6－16 是 LEWMAR 公司的一款小型止链器；图 6－17 则是适用于大型游艇的大型止链器。

图 6－16　小型止链器

图 6－17　大型止链器

游艇上锚设备还应配套一些锚泊配件，如锚链筒盖、锚链导轮，如图 6－18 所示。

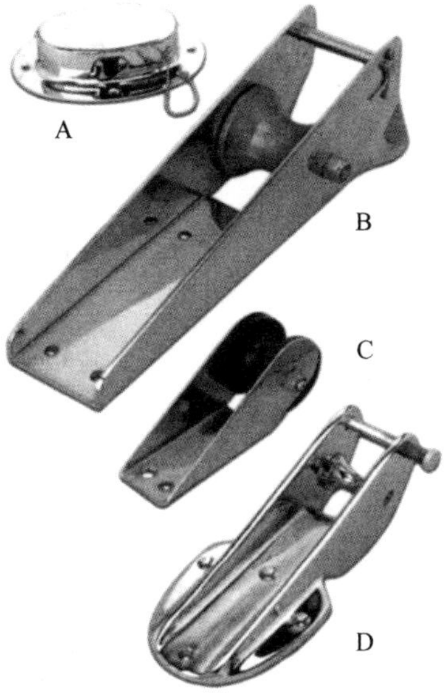

图 6-18 锚泊配件

(A—锚链筒盖;B、C、D—锚链导轮)

二、认识系泊设备

系泊系统指的是将船舶固定到码头的系统。

游艇系泊设备由缆绳绞车(绞盘)、系缆绳、带缆桩、导缆钳等组成。

系泊设备中有一部分是和锚泊设备通用的,譬如有些锚绞盘是带缆绳卷筒的,可用来绞紧缆绳,使艇系泊在码头或浮筒上。

有时候,配备一台小型的手摇绞盘也十分重要,对于一艘使用舷外挂机的艇或帆船来说,如果不安装电动的锚绞盘,那么就可以采用手摇绞盘。图 6-19 是小艇上用的一种人力绞盘。只要把带星爪插头的摇杆插进绞盘上面的孔,就能轻松地转动绞盘,收紧缆绳,这种绞盘很适合帆船和舷外挂机游艇使用。

系缆绳用于游艇系固于码头、浮筒、他船或拖带的绳索。其种类分为纤维缆、钢丝缆和复合缆等三种。其中纤维缆分为植物纤维缆和化纤缆两种,具有耐腐蚀、耐油、耐碱等特性,如图 6-20 所示。钢丝缆有硬、半硬和软钢丝缆三种,具有强度大、使用寿命长等突出特点,如图 6-21 所示。复合缆是一种用金属与纤维复合而成的缆绳,结构特点是每股均有金属丝核心。综合以上各种系缆绳特点,游艇系缆绳具有强度大、耐腐蚀、耐磨、密度小、弹性适中、质地柔软、使用方便等特点。

一般游艇的系泊索采用纤维索,对艇长大于 12 m 的游艇一般配置两根,每根纤维索的破断力根据游艇建造规范相关规定选配。同时,系泊索的直径不小于 15 mm。

系结缆绳使用精巧的系缆羊角(图 6-22)非常适合小型游艇系泊。但对于大型游艇来说,就需要使用带缆桩(图 6-23)了。游艇上的这类金属舾装件都用不锈钢制作,不生锈、有光泽。

图 6－19　人力绞盘

图 6－20　纤维缆

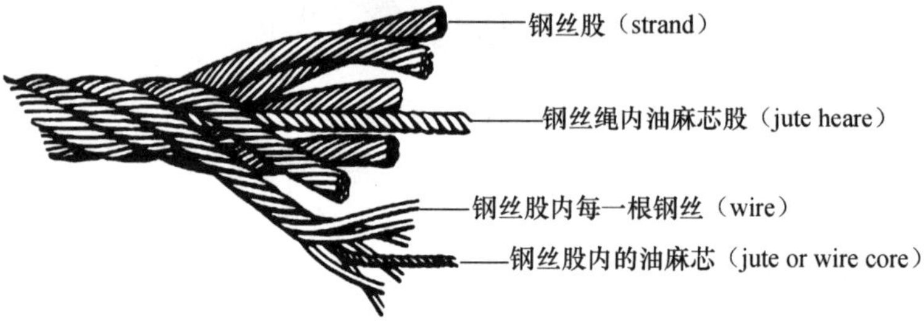

图 6－21　钢丝缆(带油麻芯)

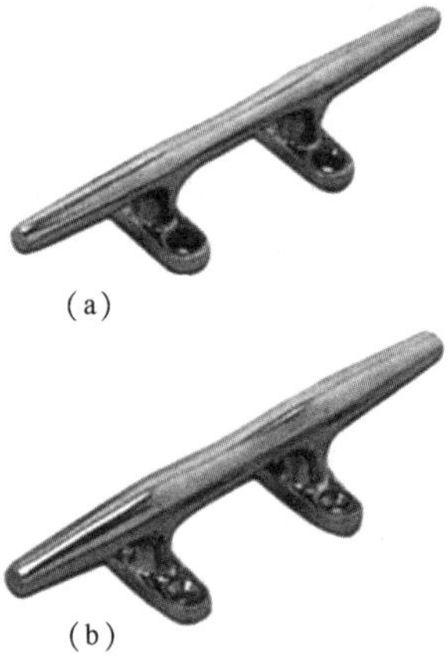

图 6－22　系缆羊角

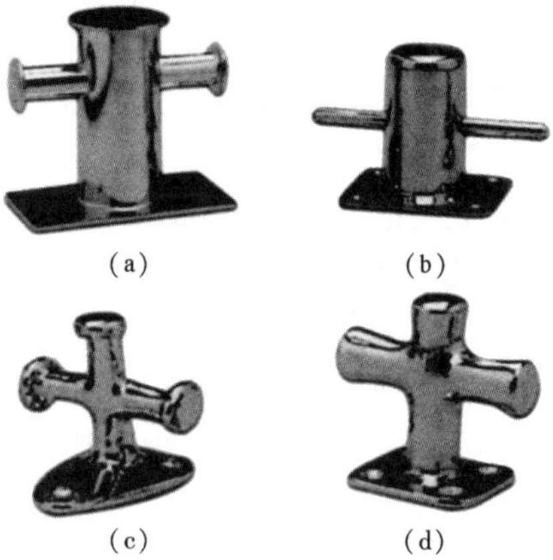

图 6－23　带缆桩

三、设计游艇停泊系统

1. 游艇码头

游艇码头是指专门负责为游艇提供的港外防护、港内系泊和靠岸服务的一个特殊港口的功能区域，包括水域设施、防护设施、系泊设施、上下岸设施、游艇陆上安保设施、陆上管理运营中的设施、码头服务设施、港口区域的交通设施。游艇往往停泊在游艇码头中，进行存放和维护。图 6-24 为游艇码头示意图。

图 6-24 游艇码头

2. 避风海湾

当游艇远离游艇码头时，遇到恶劣海况，需要在避风港湾进行停泊。避风海湾具有离岸式泊位，泊位不与陆地相连，设置浮筒供游艇系泊，游艇乘客往返泊位与陆地需通过摆渡艇实现，适用于各种水深，建设及维护费用低，使用成本也非常低。如图 6-25 所示。

图 6-25 离岸式泊位 浮筒系泊

3. 游艇锚泊系统设计

游艇的锚泊设备的组成比起一般海船来说要简单一些，主要由起锚机、锚链制动器、首滚轮、锚链舱和锚组成。游艇一般配置一个大抓力锚，其主要原因是为了减轻锚的质量，同时还要获得较大的抓力。另外，锚的材料一般为铝合金。游艇锚质量的选择也和一般海船不同，对于艇长小于等于 20 m 的游艇，锚质量的大小主要由游艇的水线间长 L 和总长 L_{oa} 的平均值乘航区系数 k 来决定。其中航区系数 k 这样来取：A 类航区，$k=1$；B 类航区，$k=0.9$；C 类航区，$k=0.85$；D 类航区，$k=0.8$。根据《游艇建造规范》，锚的质量及锚链和系泊索的选配如表 6-2 所示。

表 6-2 锚泊及锚链系泊索

$(L_{oa}+L)/2$	锚	锚链直径		纤维系泊索	
/m	质量/kg	链/mm	索/mm	长度/m	破断力/kN
6	5	6	10	22.5	25
7	6	6	10	22.5	25
8	7	6	10	22.5	25
9	9	8	12	22.5	25
10	1	8	12	22.5	25
11	12	8	12	25	30
12	15	8	12	25	30
13	17	8	14	25	30
14	19	8	14	25	30
15	21	10	14	25	30
16	23	10	14	30	30
17	26	10	14	35	32
18	28	10	16	35	32
19	31	12	16	40	32
20	34	12	16	40	32

游艇抛锚停泊是常用停泊方法。其过程大致是:游艇上面以锚链或锚索连接的锚抛入水中着地,并使其啮入土中,锚产生的抓力与水底固结起来,把游艇牢固地系留在预定的位置,根据不同的水域、气象条件和作业要求,锚的抛投方法有所不同,常用的方式有船首抛锚、船尾抛锚及船首尾抛锚,如图 6-26 所示。

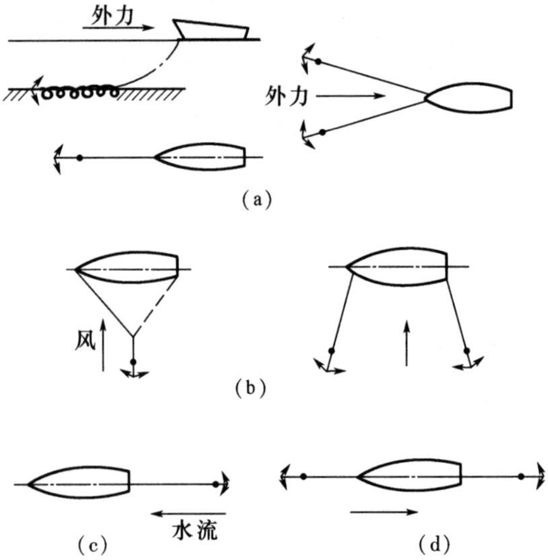

图 6-26 游艇锚泊方式

(a)船首抛锚;(b)舷侧抛锚;(c)船尾抛锚;(d)船首尾抛锚

4. 游艇系泊系统设计

游艇是依靠系泊设备系留于预定水域或系结于游艇码头上的。系泊设备通常包括系绳、浮筒、系泊码头、岸边或他船所需带缆桩、导缆器、缆索卷车和系缆机械等。系泊设备通常布置在艏、艉部或甲板的舷侧。一般左右对称布置,以保证船舶两舷都能停靠。带缆桩靠近船舷,艏艉各有一对。

游艇系泊方式随游艇大小、码头或船闸情况、水域和气候条件及作业要求而异,通常有四种方式:船舷系泊、船尾系泊、船首系泊和单点系泊,如图 6－27 所示。游艇船舷系泊是最常见的系泊方式,如图 6－28 所示。单点系泊是为了解决游艇在没有游艇码头的海湾停泊而采用的解决方案。

图 6－27　游艇船舷系泊

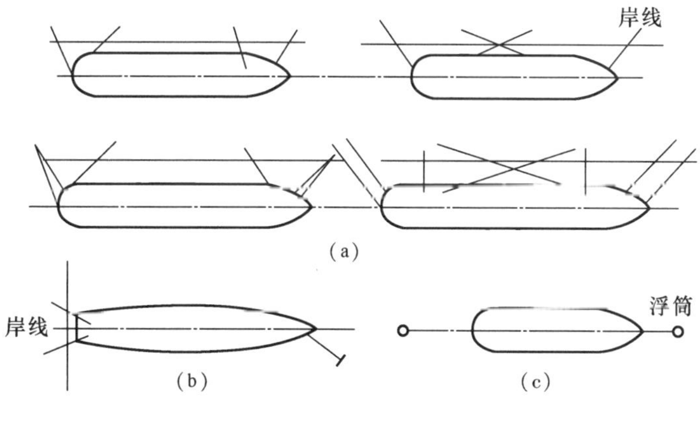

图 6－28　游艇系泊方式

(a)舷侧系泊;(b)船尾系泊;(c)艏艉系泊(连浮筒)

任务二　如何设计游艇舵

舵是设置在船体外,利用其与流体的相对运动在叶面上所产生的作用力,对船舶施加回转力矩而控制船舶航向的设备。游艇舵是游艇用来操纵航向的设备,其作用是保持游艇航向稳定性和提高游艇回转性。本任务就游艇舵设备及其初步设计进行讲解。

一、认识舵设备

游艇舵设备通常由舵叶、舵杆、舵柄和舵机组成。

1. 舵叶

舵叶的结构形式是具有一定厚度的翼形物件。

舵的形状有矩形(图 6 - 29)、梯形和铲形等。舵的主要尺度有舵的高度 h 和宽度 c,舵的宽度 c 又称为舵的弦长。

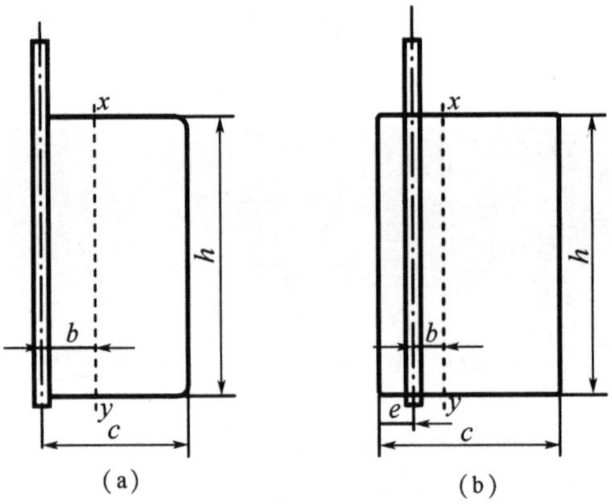

图 6 - 29　矩形舵和平衡舵

(a)矩形舵;(b)平衡舵

按照舵面积在舵杆轴线两边的分布情况,舵又可区分为平衡舵和非平衡舵。非平衡舵如图 6 - 29(a)那样,舵杆位于舵的最前边,即"导边"处。

那么什么叫"平衡舵"呢?因为舵的作用力 P 大致作用在舵舷长 c 三分之一的地方,如图 6 - 29 中 xy 线的位置,舵杆上所受的转矩 M 等于舵力 P 乘舵力作用线到舵杆中心线的距离 b,即 $M = P \cdot b$。如果舵杆从舵的导边向后移动一段距离 e,则 b 的距离就缩短,转矩减小,这样可以减小舵机的功率。于是舵杆前的面积 $h \times e$ 可视为舵的平衡面积,因为它所产生的转舵力矩是和舵杆后的面积产生的转舵力矩相反的,起到平衡作用。具有平衡面积的舵图 6 - 29(b)称为平衡舵。

对中小型游艇来说,极大部分游艇上使用的都是悬挂式铲形舵,其形状如图 6 - 30 所示。这种舵的体积小,质量轻。舵的材质有不锈钢、铝合金等。

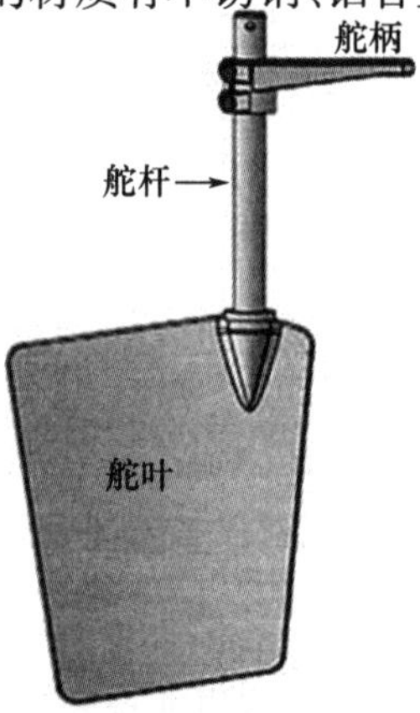

图 6 - 30　铲形舵

舵通常布置在艇尾部最后端,安装在螺旋桨的后方。也有的与螺旋桨构成组合体,一起转动。使用喷水推进的船艇一般不设舵。

2. 舵杆和舵柄

舵杆(图 6-30 中铲形舵的舵杆)指的是连接舵柄和舵叶的部分,一般用不锈钢制造。其直径有 30 mm、40 mm、50mm、60 mm 等 4 种规格。

舵柄(图 6-31)用两个抱箍夹紧在舵杆上,当它与舵机连接后,就能在舵机的驱动下转动舵。中小型游艇上通常采用铝合金舵柄。

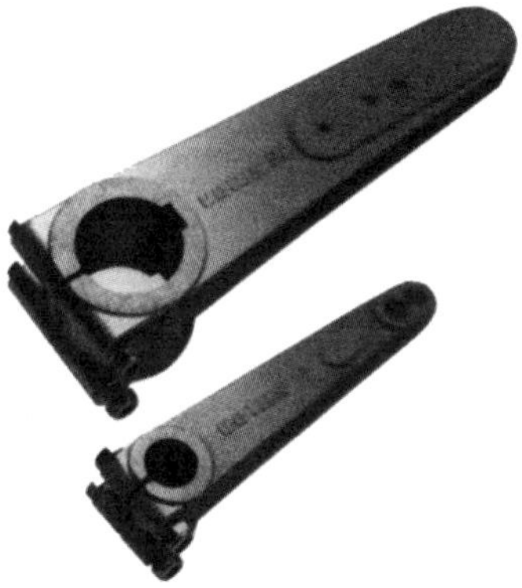

图 6-31 舵柄

3. 舵机

舵机有液压和电动两种驱动方式。小型舵机的液压源是手动液压泵(图 6-32),与驾驶手轮组合成一体,通过液压油软管与转舵油缸相连。由驾驶员转动操舵手轮提供动力,与其连接的柱塞泵按照一定方向输出液压油,液压油经管路驱动小型舵机油缸,带动舵柄旋转。

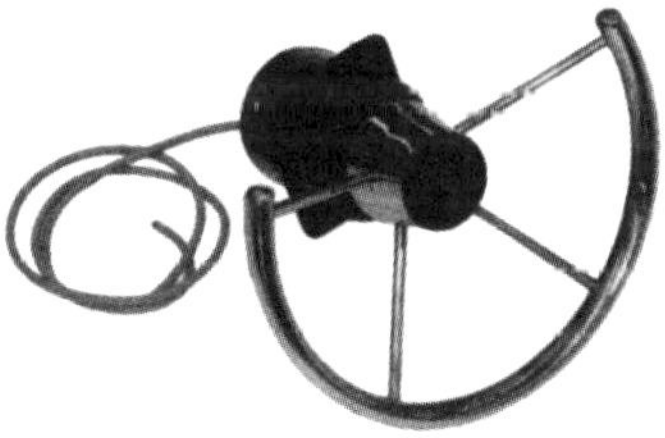

图 6-32 由舵轮驱动的手动液压泵

如图 6-33 所示,小型液压舵机适合用于操纵舷外挂机的转向。

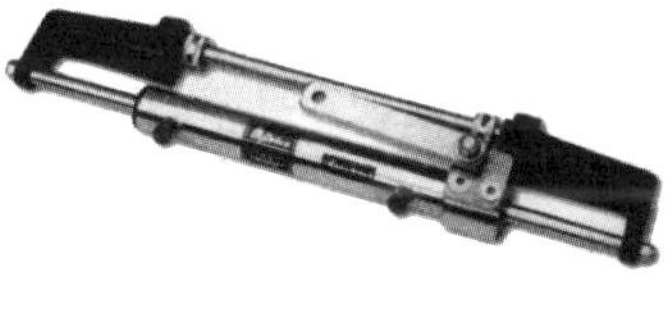

图 6-33 舷外挂机用操纵装置

稍大一点的舵机如图 6 – 34 所示，除了手动液压泵之外，在系统中还可以配备电动液压泵（图 6 – 35）。配备电动液压泵后，大大减轻了驾艇人员的操舵力。大型游艇用的双作筒液压舵机如图 6 – 36 所示，这种舵机需要配备专用的液压泵站才能工作。

电动舵机有采用步进电机的，一般都使用于电气驾驶系统中，在中小型游艇上使用较少。

图 6 – 34　液压舵机

图 6 – 35　电动液压油泵

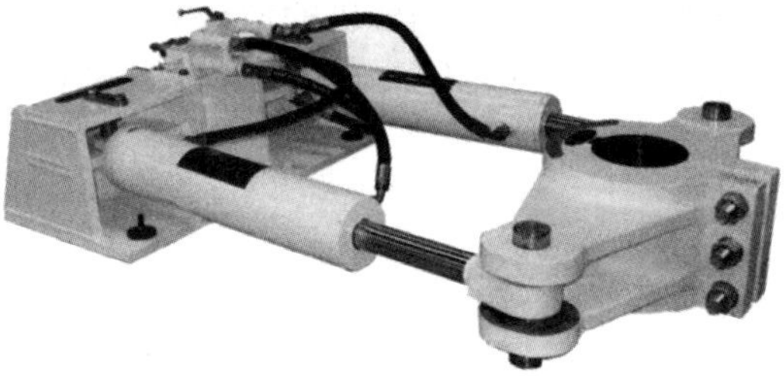

图 6 – 36　大型液压舵机

二、设计游艇舵

1. 舵的工作原理

舵的工作原理如图 6 – 37 所示，舵处于螺旋桨后方的流场中，当舵处于正中位置时（即舵未转动），舵两侧的绕流是相等的，所以不产生舵力。当舵转动一个角度后，舵两侧的绕流就发生了变化。舵面朝向来流方向的一侧称为迎流面；舵面背向来流方向的一侧称为背流面。流线遇到舵后会产生绕流，迎流面一侧流线走的距离短，所以流线的速度减缓；而背流面一侧的流线走的距离长，所以流线的速度增加。根据伯努利提出的理论，流线的速度提高，流线中的压力就下降；反之，流线的速度减缓，流线中的压力就提高。因此舵的迎流面的压力提高，而背流面的压力降低，舵的两面就产生了压力差 P，理论上压力差 P 垂直于舵的中心线（即舷线），称之为舵力。

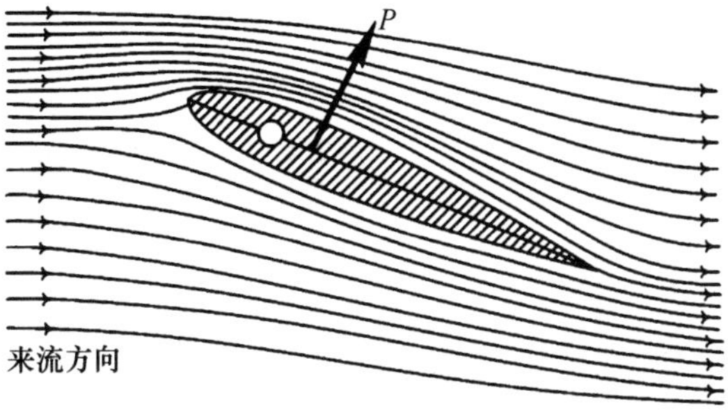

图 6－37 舵上的绕流

2. 舵力的计算

舵产生的作用如图 6－38 所示。当舵转过一个角度 α 之后，产生了舵力 P，我们可以把它分解为两个力，一个是垂直于艇中心线的方向的力 $P \cdot \cos\alpha$，另一个是平行于艇中心线方向的力 $P \cdot \sin\alpha$。前者使船产生横移力和转船力矩，后者则使船产生阻力。舵力产生的横移力相对于船的侧向移动阻力来说小得多，所以艇不会产生明显横移。其中转船力矩的大小与舵距艇重心的距离相关，这个距离越大越好，因为游艇的重心比较靠后，所以这个距离最大不超过 $L/2$。

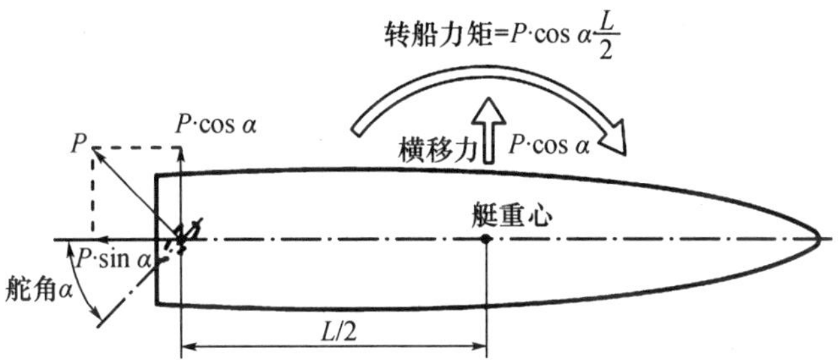

图 6－38 舵的作用

舵力 P 的大小取决于舵的面积、舵的转角和艇的速度。舵力 P 的大小为

$$P = C_L \cdot \frac{1}{2}\rho v^2 S$$

式中 ρ——水的密度，g/cm^3；

v——舵前方的来流速度，m/s；

S——舵的面积，m^2；

C_L——舵的升力系数，C_L 的大小取决于舵的转角 α 和展弦比 h/c。

3. 舵升力系数的确定

如图 6－39 所示，舵的升力系数 C_L 随着舵角的增加而成斜直线上升，但到达一定角度后，升力就会丧失，这个角度称为“失举角”。失举角的大小与展弦比有关。展弦比越大，在同一舵角下的升力也越大，但失举角小。一般船舵的展弦比不会太大，在 1～2 范围内，所以它的失举角为 25°～35°，这为设计舵的最大舵角提供了依据。

速度高的艇，相对来说，舵的面积可以缩小一些，但要保证低速时对艇有足够的控制能

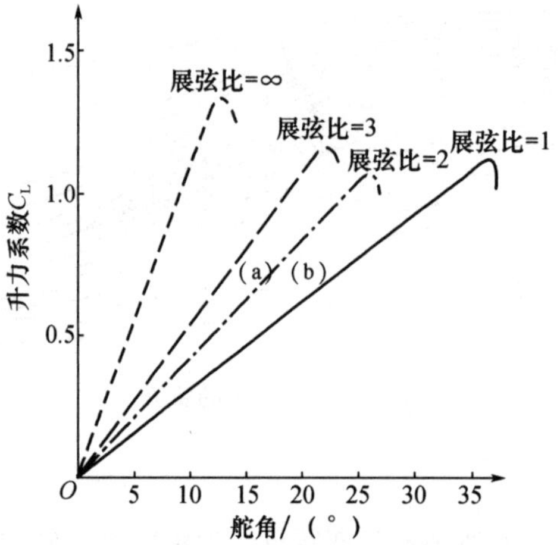

图 6－39　舵的升力系数

力。过大的舵面积并不可取,因为这样会造成过大的附体阻力,同时增加了转舵力矩,因而需要较大的舵机功率。

在游艇舵的设计时,为避免危险的舵叶“失速”,舵叶的最大舵角被限制在35°以内。另外根据Dave Gerr给出的游艇舵叶侧总面积公式计算舵叶的面积,根据不同形状舵升力系数和航速的关系确定舵叶剖面的形状,根据展弦比和舵升力系数的关系确定舵叶侧面的形状。

任务三　使用游艇软件设计布置游艇舱室设备

一、现代游艇舱室布置概况

进入新世纪,现代科技在各个领域发展迅猛,随着新技术的不断应用,游艇正变得越来越奢侈、豪华、大型化,新兴的技术则为游艇提供了更为广阔的发展空间。如今,游艇的装备花样不断翻新,在利用有限空间创造舒适环境方面各显身手。

整体式厨房也开始装配到游艇上,以满足那些美食家的需要。同时还有风格新颖的家具,让人充满居家生活的温馨感觉。

在卫星通信、视频会议和因特网的帮助下,游艇主甚至可以在海洋的任何角落,仅仅通过卫星通信电话便能主持会议和从事商务活动。新型的游艇拥有舒适的办公室。

在大型游艇上不断增添休闲设备,比如对于注重身体健康的船东来说,健身房越来越受欢迎;对于喜爱音乐和影视的船东,音响设备和家庭影院则备受青睐。

有些设计专家还在考虑对艇上医务室进行改进,提出了seamed方案,通过远距离程控视频监测和诊断设备,远在洛杉矶的Cedars－Sinai医疗中心的紧急救护专家能够提供准确的诊断和治疗方案。

现代游艇的舱室设备自动化、智能化程度不断提高,如视频和音响设备、洗涤设备、空调设备、航行设备、通导设备、监测设备、防污设备等,而要将这些设备有机地统一起来,减少操作人员的负担,智能化系统是不二的选择。我们可以做这样的设想:依据艇上探测设备提供的实时气象、海况信息，中央处理器适时打开太阳能电池板，并跟踪太阳运行轨迹，将太阳能板面向太阳，将日光能转化为电能储存起来，并自动调节各种能源的使用比例；当确定目的地之后，中央处理器将根据风向、海浪的信息，选择恰当的航线和合适的航速，使舵、桨、机、侧推器处于最佳匹配状态，以高效节能的方式到达目的地，并将航线信息通过远程通信系统向相关海事机构自动通报，且自行记录航海日志；中央处理器也会自动监测船上一切航行设备和安全设施，如主机、泵、烟火报警和消防设施，在发生问题的时候自动启动应急设施，并发送报警信号；另外，中央处理器会时刻监视污染情况，并将各类废弃物、废水进行处理。当今游艇上大量应用包括航天科技的高新技术已成时尚趋势。

二、游艇舱室设备

1. 驾驶椅

游艇的驾驶座椅直接和使用者接触，其舒适性、安全性、实用性将直接影响到驾驶者的主观感受，座椅的美观性和人机工程学设计优劣反映出厂家的实力。美国游艇协会(ABYC)规定的座椅标准在1996年9月1日起生效执行，这些标准将椅基座分为两类：

(1)A级：适用于任何速度的艇，要求承受102 kg重以1.82 m/s快速度冲击10次，不破损或基座不超过10°倾斜。

(2)B级：适用于速度不超过4.34 kn的艇，要求承受102 kg重以0.91 m/s快速度冲击10次，不破损或基座不超过10°倾斜。

除冲击试验外，经扭力及静态负荷试验，A级座椅又分为两种：①客座椅(标志为AP)，必须承受40 N·m以上的扭矩。②驾驶椅(标志为AD)，必须有机械锁紧装置，同时承受200 N·m以上的扭矩。

从上述要求来说，一艘艇选择座椅时，首先要考虑艇的营运速度，其次再考虑用途。对于高速艇的驾驶椅来说，必须承受艇航行时的纵向和垂向加速度，从安全考虑，应选择AD级基座。一些高速艇座椅生产厂商遵循美国游艇协会的标准，在产品说明书中标有“B”“AP”“AD”等级符号，在选用时须留意这些等级符号。图6-40为常见驾驶员座椅的式样。

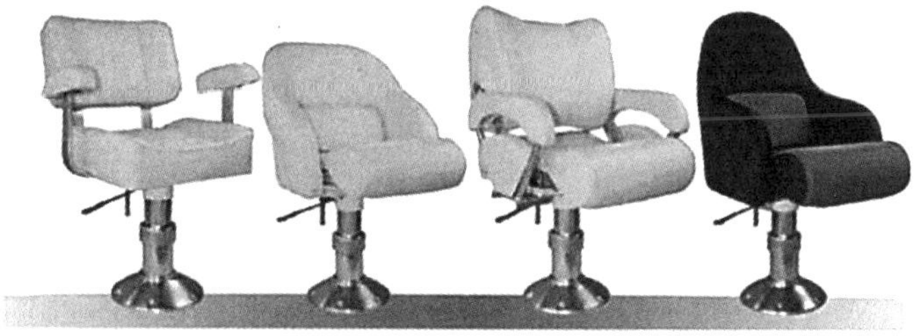

图6-40 驾驶员座椅

2. 家具

游艇中家具的设计要有充分的艺术性和创新思维。在中小型游艇上，家具设计的创意往往就是充分利用空间和一具多用，巧妙构思。

艇首的舱室常常布置成主卧室。这个舱室的特点是前窄后宽，所以一张宽大的床铺总是沿着艇长方向布置，占据了主要地位。其余的空间由设计师因势利导地加以利用。图

6－41 是将船首的狭窄空间布置成卧室的一个设计方案,可供读者借鉴。

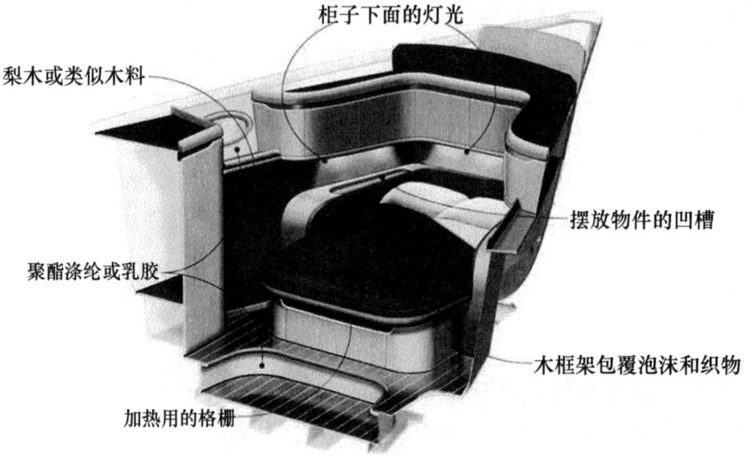

图 6－41　卧室的设计

上面这个舱室的空间很小,中间刚好放得下一张床。精心的设计师在两旁设计了可以摆放物件的凹槽,顶上的空间设计成储物柜子。柔和的灯光布置在柜子的下方。整个房舱全部为暖色调,显得很温馨。

座椅巧妙设计也会让舱室很协调,如图 6－42 中的座椅设计。这个设计兼有沙龙、绘图桌和床铺的功能,下面的折叠椅拉出来还可增加一个人的座位。

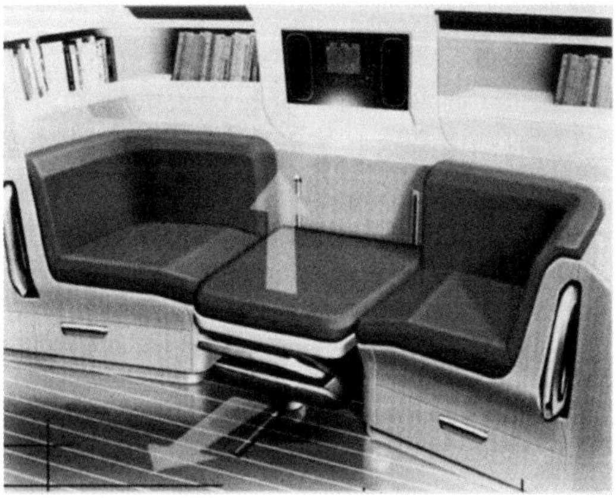

图 6－42　座椅的设计

升降式桌子在小型游艇上很有情调也很实用。白天,把桌子升高,就成了沙龙、会客室或餐厅。晚上把桌子降低与坐椅相平,就可以连同周围的坐椅形成一张床铺。图 6－43 中的甲板小桌就属于这样的设计。

图 6－43 甲板小桌的设计

3. 抽水马桶

抽水马桶是小艇上必备的生活器具。艇用抽水马桶要求质量轻、体积小、密封性好，不散发臭气。目前主要有两种类型，一类是带有储水箱的，无须连通管路，可随意放置。箱体由聚乙烯吹塑而成，经久耐用。废水经化学药水处理，储存在废水箱内。整个桶体的质量根据废水箱的容积有 5.5 kg 和 6 kg 两种规格，倾倒污水和清洗都很方便，很适合于小艇使用。另一类是不带储水箱的，需要连接冲洗水的管路，适用于任何中小型船只。抽水马桶又可分为手动冲洗和电动冲洗两个品种。图 6－44 为一种电动船用抽水马桶的结构，废水中的固体物经绞刀打碎后经排污泵排入污水柜。这类电动抽水马桶的电制也有直流和交流之分，直流电制一般适用于小型游艇，交流电制适用于中、大型游艇。

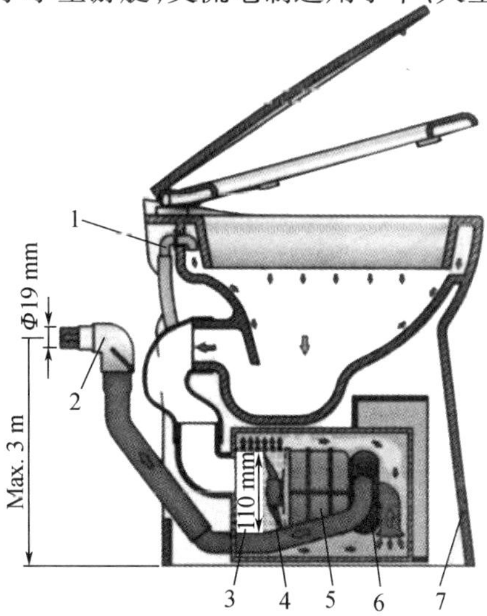

图 6－44 电动船用抽水马桶

1—清水入口；2—废水排出口；3—防护格栅；4—绞刀；5—搅动电机；6—排污泵；7—瓷质桶体

4. 音响设备

高端音响对于游艇和汽车一样，都是必须配备的。轻松的音乐会让驾艇出游成为一种享受，增添生活的乐趣。船用音响产品要求适应恶劣的水上环境，耐受紫外线的照射等。

游艇音响除了音质要优秀外，还必须保证具有强大的防潮防水能力。阿尔派公司推出的一款船用音响设备如图 6－45 所示。内置 50 W × 4 大功率功放、CD－R/－RW/MP3/AAC/WMA 播放器、USB 连接 iPod、iPhone 或 U 盘。这款主机的亮点是配置双排显示液晶屏，在光线直射条件下，屏幕内容仍然清晰可见。防跳 CD 机芯结构确保在游艇冲浪过程中连续播放。该机通过了 IPx 5 防水标准和盐/雾、紫外线试验标准认证。一个大号的双动作按钮，配合清晰的双排显示屏幕，让各种模式下的搜索操作变得轻松方便。按一下音源按键，可以在 iPod 与 CD、FM/AM 调谐器之间自由切换。一台主机可以连接多个扬声器，于是可以在艇上构建一个多个地点都能灵活控制的音响播放系统。

图 6－45　阿尔派船用音响

游艇音响工作站可以发挥多媒体设备的优秀扩展性。图 6－46 是 Navico 公司推出的游艇音响工作站配置图。图中的集线器(HUB)可以接插多种设备，构成一个局域网络。其特点是可以连接 iPhone，还可以利用艇上配置的多功能显示器来播放 DVD 或视频。

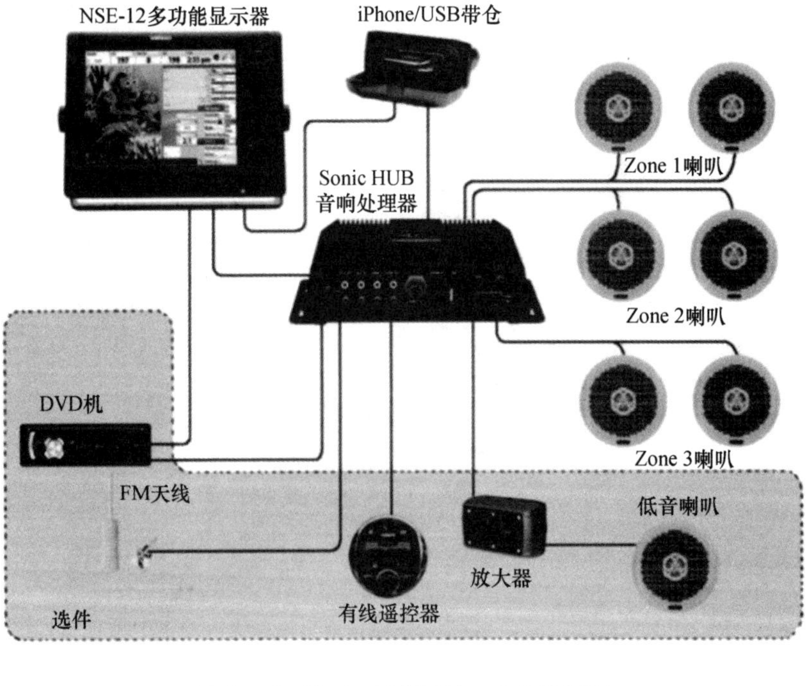

图 6－46　Navico 游艇音响工作站配置图

5. 海水淡化装置

淡水在海上尤为重要，游艇必须具备淡水存储乃至制造能力。游艇上的淡水是在艇出航前储存在淡水柜中的，供饮用、洗涤、机器冷却等之用。游艇上淡水柜的容量是受限制的，过大的淡水柜容量减小了艇的装载量，影响艇的速度，也限制了艇在海上停留的时间。如果能够装备一台制淡水机，则可以随时制造淡水。这样可以减少艇出航时携带淡水的容量和淡水柜的容积，增加艇的装载量和在海上滞留的时间。

海水淡化装置又称“制水机”。图6－47为每天制水能力1.5 m^3 的小型制水机，热耗能45 kW，这种加热用的温水可利用主机的冷却水以节约能源。

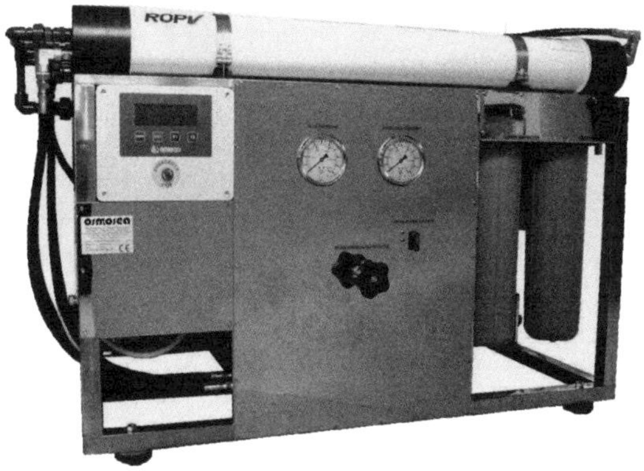

图6－47　制水机

高盐浓度的海水经海水泵输送给热交换器，在那里，海水经加热后，部分转变为蒸汽。剩下的卤水经射流装置排出舷外。水蒸气上升进入冷凝器，在海水的冷却下凝结成冷凝水，然后由冷凝水泵输送至清水柜。冷凝器中的空气在射流装置的抽吸下被排出舷外。图6－48为制水机工作原理图。

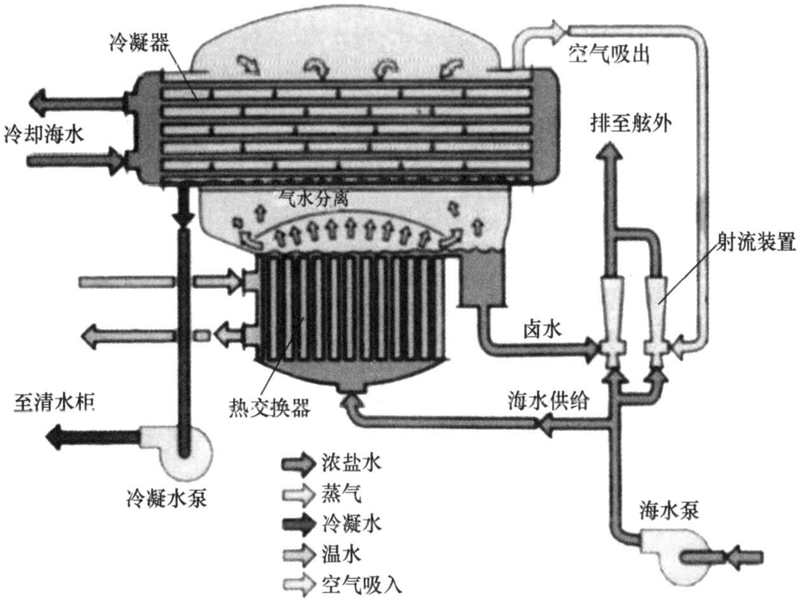

图6－48　制水机工作原理图

6. 防撞护舷

游艇在靠泊过程中会对码头产生撞击、挤压和摩擦作用，为达到安全靠泊的目的，对设置在码头前沿的护舷防撞装置进行合理的选择是十分重要的。

游艇防撞护舷是一种采用 PVC 材料制成的轻便型防护器具（图 6－49），具有用后无痕迹的突出优点。一艘中型游艇上常配备 2～4 只长筒形的防撞护舷，放在艇首或艇尾，当靠泊码头时，放置在艇与码头接舷处，防止艇的舷边被码头擦伤。

图 6－49　游艇防撞护舷

三、游艇软件设计布置舱室设备

游艇的布置是游艇整体设计中的一项重要元素，它影响了游艇的效能和性能，更是后续外观及内饰设计的重要依据。游艇的区域划分包含交通路线的规划及舱室布置的规划，根据性能需求规划出游艇的空间格局。这需要充分将技术、艺术及人机工程相结合，进而设计出与人方便、功能协调的内部环境。

从基本结构来说，游艇都会依据用户个人喜好进行个性化定制，通常游艇的区域划分基本涵盖以下功能区域：最底层通常为轮机层和货舱；主甲板层通常设为游艇的休息区域，有主居住舱、客舱、卫生间等；二层甲板是休息区域，有客厅区、公共娱乐区域及厨房，一般也设有露天甲板和浴场平台；驾驶舱、机舱等设施一般设置在顶层。而豪华游艇在布局上包含除以上基本的功能区以外，还会由于自身体长的增加，型宽的相应增加，使得各个功能区更为宽阔，在设施上也可以按照需求来增加，如增设健身中心、SPA 区域、会客区域等，这些附加项目的增加不仅丰富了船上的休闲体验度，同时增添了游艇给乘客带来的舒适感，在不同的环境空间里体验不一样的休闲生活方式。

Rhino 是美国 Robert McNeel&Assoc 公司旗下的 3D 造型软件，以其友好的界面、小体积、效果逼真，以及光滑的曲面等优点赢得了众多的用户，它整合了 $3D_s$ Max 与 Soft image 的模型功能部分，对 3D NURBS 模型有极大的优化效果，它广泛应用于工业设计、机械制作等相关领域。本任务利用强大的 Rhino 软件进行游艇三维仿真建模与实物模型制作，对游艇舱室进行布置。

1. 游艇舱室设备布置原则

（1）安全性原则。

这是一项最基本的原则。游艇首先是船舶，是要在海上航行的。海上的风浪使得游艇做着横摇、纵摇和升沉运动，这就要求游艇内部各配备或舾装件要稳固。一般地，豪华游艇上的家居等都是固定在甲板或舱壁上的，各种家电设备也都有牢固的架子对其进行固定。这样可防止游艇在做横摇、纵摇和升沉运动时，家电不会偏离原本的位置滑移或倒下，危害人员安全。

(2)适用性原则。

由于游艇空间的狭小和功能的繁多，艇上必定要装配各种各样的设备。这时，其设备必须要满足适用性原则，不能尺寸过大，也不能功能不强，必须适用。

(3)合理性原则。

在艇纵中处，避免原始横倾角，影响航态。此外，各装备的选择要合理。比如，最好不要在空间狭小的厨房里布置双开门的大体积冰箱，选用单开门的家庭式冰箱会更加合理。舱室内的布置应尽量保证较大较重的物件布置靠下，以降低游艇的重心高度，这同样也满足安全性原则。

(4)舒适性原则。

豪华游艇室内空间有限，怎样在有限的空间内布置得使人没有压迫感是对设计者们设计能力的考验，应尽量从美学和人机工程的角度布置室内空间。

(5)私密性原则。

游艇除了要提供娱乐商谈等场所或设备，同样也要提供一些私人空间，如卧室。在卧室的布置中应尊重个人隐私，设置门、窗、窗帘等。

2. 采用 Rhino 软件对游艇舱室设备布置

(1)型线导入。

先用 Auto CAD 绘制标准尺度的各向视图，如图 6－50 所示，参考工程技术规范，对游艇的层高、驾驶视线、室外沙发、楼梯设计等的设计过程中通过对人机工程学中大量的理论依据和科学数据进行分析，总结出适合游艇的人机参数，使得游艇更加人性化，保证图纸的准确性，为三维建模提供依据。再将其文件导入 Rhino 软件中，进行各个视图的对准，确保比例正确。

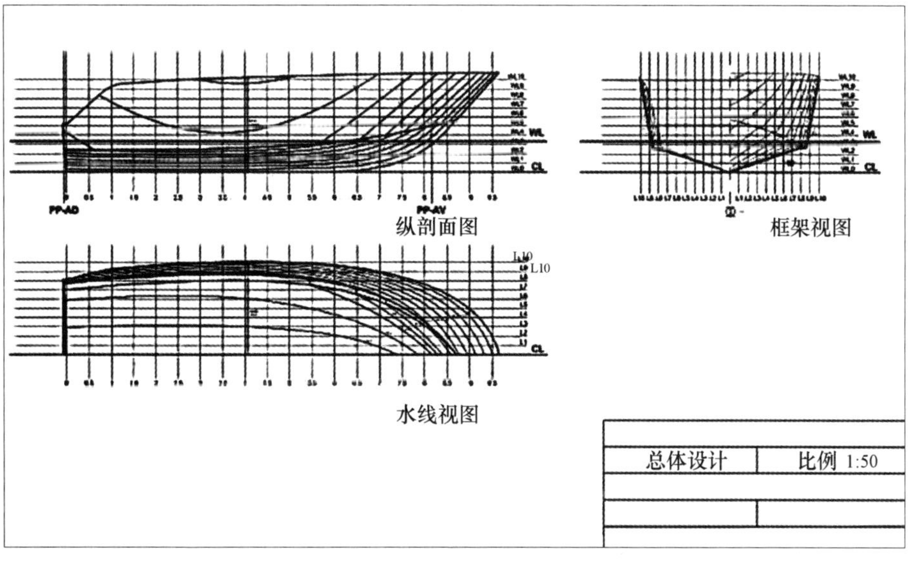

图 6－50　游艇 CAD 型线图

(2)游艇的初步建模。

由于 Rhino 软件对空间曲线和曲面具有良好的可塑性,因此本节采用 Rhino 软件对游艇进行初步建模。对外观进行建模时,应尽量采取在两个平面中曲线映射的方式形成空间曲线,以保证游艇模型与平面设计图纸相吻合,再对光顺度不够的局部进行修改与完善,最终通过光顺后的曲线形成并完善模型曲面。此处建立飞桥甲板和艏艉部附件等。如图 6 – 51。

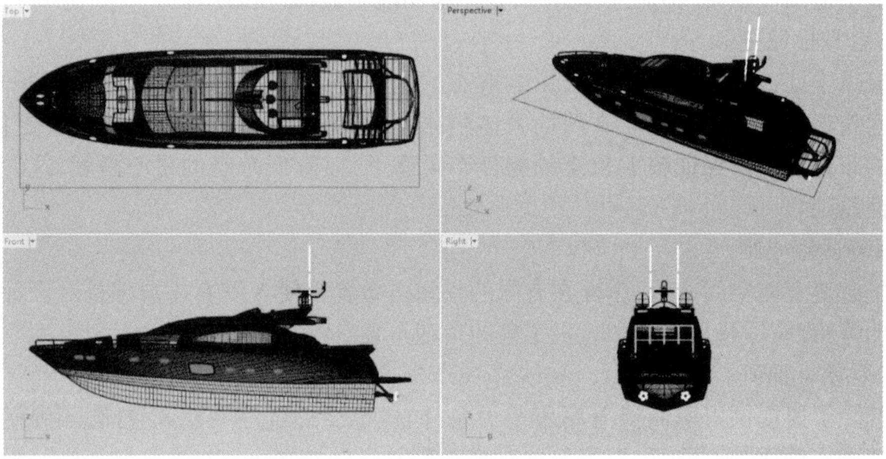

图 6 – 51　游艇 Rhino 初步建模

(3)游艇的甲板布置。

进一步增加游艇的细节,如舷窗、天窗、楼梯、家具等,并对甲板进行布置。该艇设有驾驶甲板和主甲板两层甲板,各设备在甲板上的分布位置可直接从各自的甲板平面图上来确定。

主甲板作为主要的活动区域,其上的设施较多,布置也较为复杂。在主甲板的最前端放置锚设备 6,在#25 ~ 26 肋位内的两舷侧分别布置系泊柱各一个,在#14 ~ 16 肋位之间船中布置一条通向船底部的扶梯 7,并在该区域的右舷侧放置冰箱、空调等部分生活设施,在#8 ~ 12肋位之间为主要的沙龙区域,在#7 ~ 9 的右舷侧放置液晶电视,在艉甲板的#5 ~ 7 的肋位之间设置可以从机舱底部通向主甲板的扶梯 8,在#5 ~ 7 的设置机舱口,如图 6 – 52 所示。

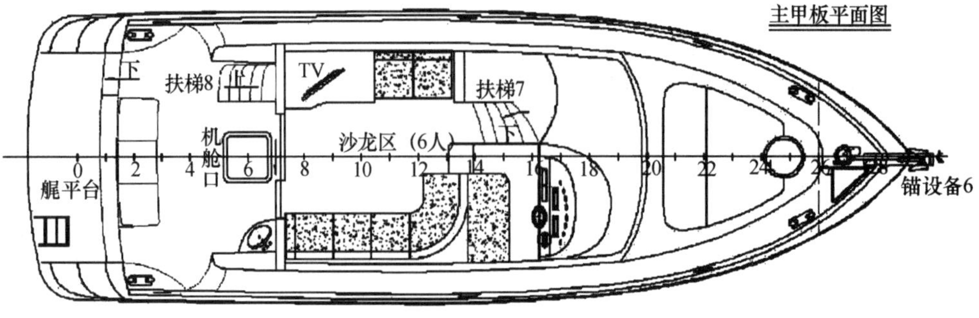

图 6 – 52　游艇主甲板布置图

驾驶甲板位于上层建筑的最上层部分，在#2～14 肋位的范围内。其主要作用是作为驾驶平台和休闲区，所以驾驶甲板上设施较少，分布较为容易布置。驾驶甲板上，在#3～6 肋位之间设置一个横向布置的茶几 1，在#10～14 肋位之间的左舷部分布置游艇驾驶操作盘 2 和驾驶座 3，在#5～8 肋位之间的左舷部分设置护梯 4，通过护梯 4 可以从驾驶甲板下至主甲板，如图 6－53 所示。

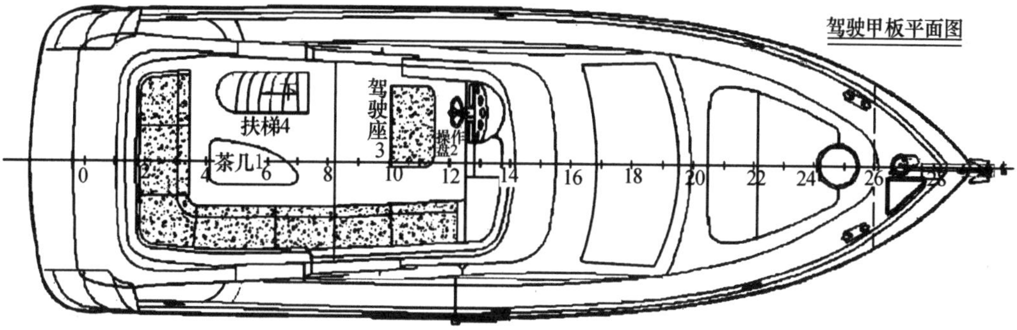

图 6－53 游艇驾驶甲板布置图

舱底作为主船体的组成部分，应能明确地说明各主要设备的布置情况。在舵机舱内的 #1 肋位处布置螺旋桨连接杆 1，在#2～3 肋位的左舷侧布置淡水箱，在#3～5 肋位之间布置日用油箱，并在#3～6 肋位间的左舷侧布置发电机组 2，在#6～9 肋位之间的左右两舷侧分别布置主机 3 和 4，并在该肋位之间的主机的外侧分别布置一对蓄电池，在#11～12 肋位之间布置燃油箱，在#14～16 肋位之间布置扶梯 6，由此梯可从船底通到主甲板平台，在#18～21 肋位的右舷侧为船员室，在肋位之间的两侧分别布置卫生间各一个，在#21～26 肋位之间为贵宾室，并在#22～26 肋位内布置双人床，如图 6－54 所示。

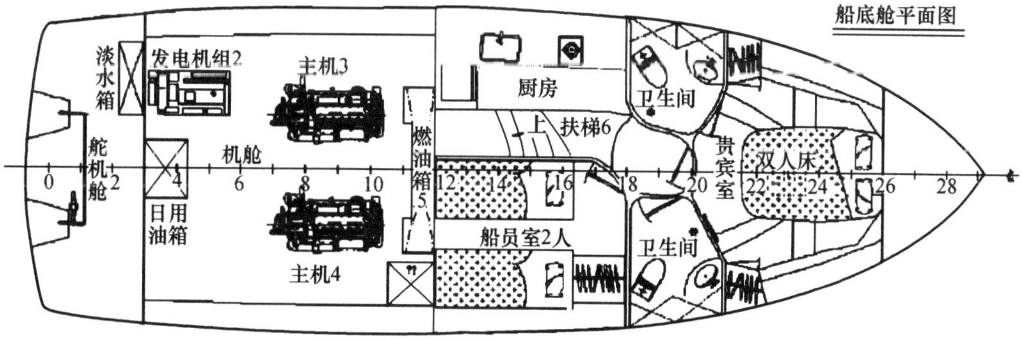

图 6－54 游艇舱底布置图

（4）游艇的最终渲染图。

游艇上不同的部位、不同的部件拥有不同的材质，有木材、玻璃、塑料钢材等，在 Rhino 中将游艇的模型建好后还须对相同材质的部件进行图层的分类，以及更改图层的颜色和名称，以便在导入渲染软件中进行渲染时清楚分辨各个部分。图 6－55 是渲染之后的游艇模型。

图 6－55　游艇模型最终渲染图

随着人们对游艇的造型设计要求越来越高，游艇的外观、质量、工艺水平的好坏显得越来越重要，这决定了计算机辅助技术在游艇造型设计中将成为主流。

【拓展提高】

如何进行双体游艇的锚泊系泊系统设计？

【课后自测】

1. 游艇的锚泊设备包括________和________。

2. 游艇的系泊设备主要由________、________、________和________等组成。

3. 游艇舵的形状有________、________ 、________三种。

4. 游艇海水淡化装置高盐浓度的海水经海水泵输送给________ ，在那里，海水经加热后，部分转变为________，剩下的卤水经射流装置排出舷外。

5. 简要叙述游艇的系泊系统如何设计？

6. 简要叙述游艇舵的工作原理，对升力系数进行阐述。

7. 采用 Rhino 软件对游艇舱室设备布置的流程是什么？

项目七　游艇舱室布置及内饰

【能力要求】

游艇设计的内容十分广泛，其中游艇舱室布置及内部装饰又是影响游艇整体的美观性和实用性的重点。本项目通过对游艇内饰设计的风格和影响因素、游艇内部舱室的布置，以及计算机辅助游艇室内设计软件的了解，让学生在了解游艇室内设计基础知识的前提下，掌握初级的计算机辅助游艇设计的操作技能。

【工作任务】

掌握游艇舱室布置及室内设计的相关知识并完成初步简单的设计工作。

【任务目标】

1. 熟悉游艇室内设计的相关基础知识。
2. 掌握游艇舱室设计的注意事项。
3. 掌握计算机游艇内饰设计的过程和操作。
4. 掌握简单的计算机游艇内饰设计的操作。

【任务链接】

任务一　了解游艇室内设计

任务二　游艇舱室布置及色彩配置

任务三　游艇室内设计色彩的运用

任务四　计算机辅助游艇室内设计

任务一　了解游艇室内设计

游艇室内设计是根据游艇的外观、性能、作用、环境和相应标准，运用物质技术手段和游艇设计原理，对游艇内部空间进行计划及规划，创造功能合理、舒适优美、满足人们对游艇物质和精神生活需要的游艇内部环境。

一、游艇室内设计目的

游艇室内设计的目的，是在理解用户的期望、需要、动机的前提下，为客户创造完美的设计，并理解业务、技术和行业上的需求和限制，进行精细的施工，让客户拥有一个专属于自己的绝妙空间。在全面认知项目后，将这些所知道的东西转化为对游艇的规划（或者游艇本身），使得游艇的形式、内容和行为变得有用、能用，并且在经济和技术上可行，以创造出符合该项目的完美设计。

【小思考】

1. 在游艇室内设计之初，都要考虑哪些方面的问题？
2. 据你所知的世界上知名的游艇设计公司有哪些？

二、游艇室内设计的影响因素(表7-1)

表7-1 设计因素对游艇室内设计的影响

影响因素	影响方式
空间要素	游艇的室内空间的合理化并给人们以美的感受是设计的基本要求。要勇于探索时代、技术赋予空间的新形象,不要拘泥于过去形成的空间形象
色彩要求	游艇的室内色彩至关重要,由于游艇的室内空间复杂,色彩除对视觉环境产生影响外,还直接影响人们的情绪、心理。科学的用色有利于工作,有助于健康。色彩处理得当既能符合功能要求又能取得美的效果
光影要求	阳光的引入、灯光的布置,在游艇上更加讲究。游艇行驶在海面上,海面会反射阳光,将阳光引入室内,要考虑采光多少才合适。有限的空间,在消除室内的黑暗感和封闭感的同时,要考虑柔和性,使室内空间更为亲切自然
变化要素	游艇室内整体空间中不可缺少的建筑构件结合功能需要加以装饰,可共同构成完美的室内环境。充分利用不同装饰材料的质地特征,可以获得不同风格的室内艺术效果,游艇室内设计还可以根据不同地区的历史文化特征去设计
陈设要素	游艇室内家具、地毯、窗帘等,均为必需品,其造型往往具有陈设特征,大多数起着装饰作用。实用和装饰二者应互相协调,需求的功能和形式统一而有变化,使室内空间舒适得体,富有个性

游艇的室内设计是商业设计的艺术与技术的结合,在设计的美学与工程实践的可操作性中探寻相对平衡点。在设计的过程中要遵循以下原则:

1. 和谐至上原则

(1)艇与自然的和谐:包括两个层面,即物质层面的和谐与精神层面的和谐。艇与自然的物质层面的和谐是指人艇系统在设计、制造和运营的整个过程中,尽可能减少对自然的索取和破坏。

(2)人与艇的和谐:首先是指艇的外部造型、室内风格传达出的文化韵味与船舶使用者的文化背景及个人品相相切合。这二者和谐与否,直接影响到船舶使用者的心理状态舒适与否,这也是个性化设计要求。其次是指船上设施是否能给船舶使用者带来身体上的舒适与操作上的方便。

2. 安全性原则

不论是在海上或是湖上,波浪会影响人员在游艇上的平衡,在保护人员安全的前提下,通常运用皮革包墙或是选择用圆角的橱柜桌椅等家具。

三、游艇室内设计风格

室内风格的形成,是不同时代的思潮和地区特点,通过创作构思和表现,逐渐发展成为具有代表性的室内设计形式。一种典型风格的形式,通常是和当地的人文因素和自然条件密切相关,还需要有创作中的构思和造型的特点。

目前,游艇室内设计并没有形成特定的风格,主要是根据房屋室内设计的风格,汲取精华,从中创新。当然游艇的室内设计比较活跃,没有特定的限制,还依据购买者的个人追求、人文因素、教育背景、审美标准和价值取向等条件设计。

通过目前国内外游艇室内的风格特点总结出以下几种风格与流派。

1. 新古典主义

新古典主义作为一个独立的流派名称,最早出现于18世纪中叶欧洲的建筑装饰设计界,以及与之密切相关的家具设计界。从法国开始,革新派的设计师们开始对传统的作品进行改良简化,运用了许多新的材料和工艺,但保留了古典主义作品典雅端庄的高贵气质,如图7－1所示。

图7－1 新古典主义风格

兼具欧式与美式游艇的特质,糅合时尚与古典双重审美视觉效果的新古典主义室内风格,其实就是对古典主义的改良和重新演绎。这一风格既与崇尚时尚前卫的简约主义形成剧烈的反差,又并非是对古典风格的生搬硬套,过分繁复的雕饰在经过适当简化后,参入了部分现代元素,因而具备了古典与现代的双重审美效果,令人们得以在享受物质文明的同时也使精神得到了慰藉。

2. 极简主义

极简主义也译作简约主义或微模主义,是第二次世界大战之后60年代所兴起的一个艺术派系,又可称为"minimal art"。极简主义作为对抽象表现主义的反动而走向极致,以最原初的物体自身的形式为表现方式,展示于观者面前,意图消弭作者借着作品对观者意识的压迫性,以及极少化作品作为文本或符号形式出现时的暴力感,开放作品自身在艺术概念上的意象空间,让观者自主参与对作品的建构,最终成为作品在不特定限制下的作者。

游艇室内简约主义集聚"少"和"精"的特色。少,将华而不实的布置逐渐减去;精,在性能和设计上更精细。游艇的室内有许多结构性的布置,包括电缆、电线和水管,外部有夹板、绞车、天线、圆顶和锚固系统,为了达到简约的效果,必要的零件加以隐蔽。同时,在选材、色彩搭配上都追崇单一的风格,整体简洁但不简陋。

希仕德徕 sea stella 53 尺是游艇室内设计简约主义的尝试(图7－3),这艘游艇是由意大利游艇设计师 Michele Cadore 和国内知名游艇设计公司 DND 道恩设计公司共同设计,打造了宽敞空间和简洁的环境,室内整体明亮清晰。

图 7 – 2　极简主义风格

图 7 – 3　Sea Stella 希仕德徕 53 尺“水晶宫殿”

3. 意大利风格

意大利室内风格的特点就是工艺精益求精，内饰设计浪漫、时尚，标新立异，色彩纯度较高，在视觉上是一种享受、一种冲击。国内已经兴起意大利室内风格的游艇，国内游艇希仕德徕 Sea Stella 63 尺就是以意大利纯手工精工细作（图 7 – 4），是国内唯一一家拥有意大利设计团队的专业设计公司——DND 道恩设计公司之作。

图 7 – 4　Sea Stella 希仕德徕 63 尺

4. 英联贵族风(图 7－5)

超豪华游艇 Blind Date 的室内风格是最能展现英联贵族风的,内部奢华装潢设计在英国设计师 Keech Green 和船东的共同打造下,向世人展示了一个最华丽美艳的游艇。

图 7－5 英联贵族风

Blind Date 的室内设计风格被称为"modern deco",使用的材料包括大理石、玛瑙、丝绸和遍布内部空间的开司米羊毛制品。船上最具创意的便是甲板之间的楼梯,楼梯的墙面采用铜金属打造,并且铺满了抽象的花纹,使得游艇室内彰显贵族气息、昭示身份显贵。

5. 典雅中国风(图 7－6)

游艇进入中国市场以后,游艇设计方面也逐渐加入东方元素在游艇室内设计中。应东方人生活习惯、娱乐习惯的需求,室内设计加入会议沙龙区、KTV 多功能区、棋牌麻将室等更具中式休闲风格的设施与空间。

(a)

(b)

图 7－6 典雅中国风

根据中国建筑设计风格,室内装修风格加入中国元素:中国龙、祥云印花、木质雕花、亚洲风格的床上用品或丝质中国风壁纸，内部灯饰以中国龙形象为主题等，形成了典雅而充满东方韵味的中国风游艇室内风格。

【拓展提高】

游艇室内设计和建筑室内设计有什么区别吗？

1. 客体对象游艇是动态的，另一个建筑物是固定不动的。游艇是高速移动的车船空间，属于船飞行器内装。一般建筑室内装饰设计是固定的不移动的建筑物，是指工业与民用建筑、商用或住宅内部装饰设计。

2. 游艇内饰设计从空间利用和布局到选材及工艺制作远复杂于建筑物内装，集精粹于一艇。

游艇必须在内装项目上考虑最大化的优化来节省空间，目的是必须达到安全，具有豪华、耐用、舒适、节能、能更换、轻质低密、坚固抗震、耐腐耐候耐火等特点。

3. 严格遵循人体工程学数据结合游艇动态静态工况去设计。座椅、桌柜、格床等多功能复合功能见长，游艇的设计及材料工艺要求太多。

【课后自测】

1. 影响游艇室内设计效果的设计因素有________、________、________、________、________和________。

2. 游艇室内设计的过程中要遵循________和________的原则。

3. 游艇室内设计都有哪些流派？分别有什么风格特点？

任务二　游艇舱室布置及色彩配置

一、游艇舱室配置

舱室配置根据游艇功能的不同而有很大变化，一般情况下舱室的配置符合表7－2的要求。

表7－2　游艇舱室配置

大型游艇	1. 主人房、客房、客厅、厨房、卫生间、淋浴房、游泳跳台； 2. 通信设备、会议设备、办公设备。“沙龙”式客舱，可以随时调整为会议空间，舱内布置气派豪华，设有宽大的游步甲板
中小型游艇	1. 下层：主人房、客房、卫生间； 2. 中层：有客厅、驾驶舱和厨房，露天甲板平台； 3. 上层：有露天望台和驾驶台。为了防晒和防雨，一般还设置软篷
运动型游艇	1. 一般都配套大功率的发动机，里面的设施可能要简单一些； 2. 休闲型的游艇则会更加注重家庭味，如厨房、客厅、卡拉OK设备、电子游戏机房、加长的钓鱼船尾等以满足休闲时的家庭氛围
钓鱼艇	多配有鱼竿支座、鱼诱箱、钓丝切割机等设施

二、游艇舱室布置实例

舱室配置根据游艇功能的不同而有很大变化，本节结合一艘帆艇的配置方案来讨论各个舱室的处理方法和一些基本原则。

帆艇舱室配置的原则是活动区域尽量集中在艇运动的中心，便于在航行途中使用它们。客厅、卧室、贮藏室集中在艇的首部和尾部。

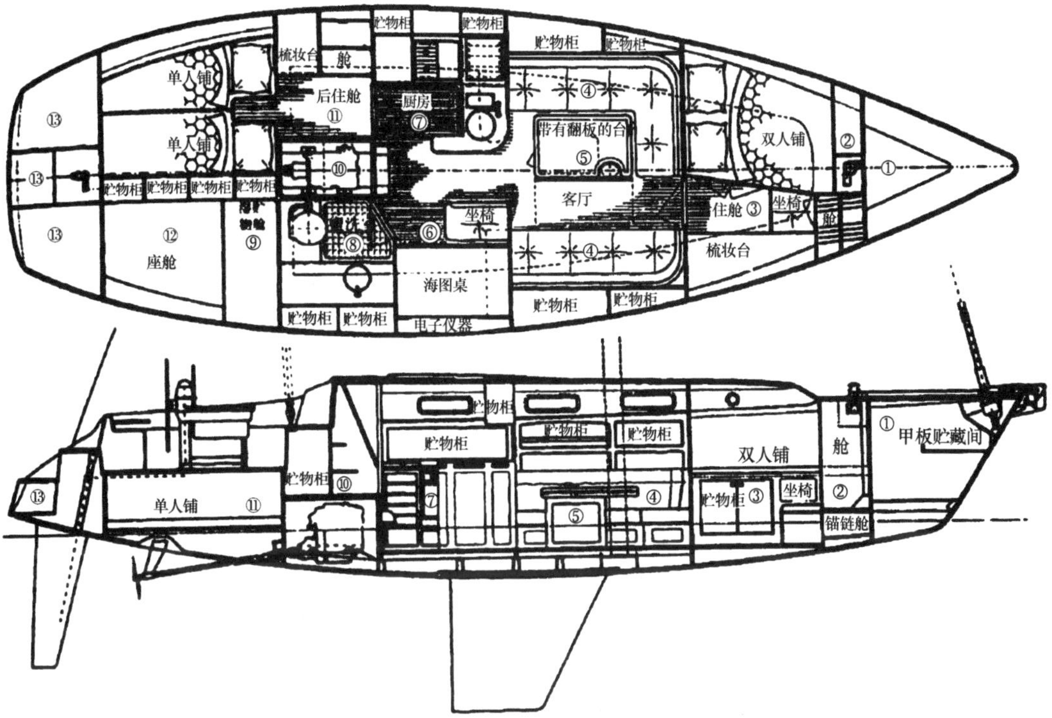

图 7 - 7　YD - 40 型帆艇布置图

图 7 - 7 中①—⑩舱室分别说明如下：

①艏尖舱和前甲板。

前甲板下面的空间（即艏尖舱）全部作储藏舱，储藏备用帆、护舷、绳索等。虽然这里是布置锚泊和系泊设备的最佳区域，如果上面加一个覆盖，这样，卷起前桅帆，前甲板就很清洁，可作为享受日光浴的休闲场地。艏尖舱的舱壁应当做成水密舱壁，受到碰撞后不致引起前舱进水。

②锚链舱。

在这个区域布置锚绞盘和掣链器。这样重的物件应当布置在远离纵摇中心（即艇的纵向重心位置）的地方，在形成艇的惯性半径中起重要作用。

③前住舱（主卧）。

相信这是游艇主人最关心的居住空间了。在一些不大的游艇上，主卧室都设置在艇底舱的首部，因为那里距离机舱远，相对来说比较安静。一张柔软舒适的双人床和衣柜是不可或缺的。

本艇要求设置一张较宽敞的双人床。帆船的艇体形状为下部很瘦削，宽度有限，为了要达到令人舒适的宽度,床铺不得不抬得比较高,因此不适合兼作座位,所以单独设了座椅。其他的设施有吊衣柜、梳妆台和个人物品贮柜等。

④客厅(沙龙)。

艇上的客厅(沙龙)是指聚会的地方,兼作休闲活动区。一般是艇上空间最大的地方,沙发是必不可少的,桌子可以做成折叠式的或升降式的,使其具有放置饮料或用餐的功能,在沙发的对面可设置电视。酒柜和咖啡吧的设置,营造出一种悠闲的气氛。

台子周围要留有足够的空间,使得住在艇上的所有人都能围着台子吃饭。客厅的长沙发必须足够长,以便在上面躺着休息。由于艇上要有足够的水箱容积,而本艇艇体很浅,放置水箱的地方有限,所以在长沙发的底下设置了水箱。

⑤台子。

一张大的台子放在左舷 L 形沙发的凹进处,右舷让出较宽的过道。对于大型聚餐会来说,台子右边的活动翻板可以撑起来使用,使得右舷的沙发同样能够发挥作用。

⑥海图桌。

对于长达 10 m 的艇来说,往往需要装备一张足够大的海图桌和座椅。大海图桌翻开时的尺寸为 1.3 m×0.8 m,这在 YD-40 艇上紧靠船舷布置是做得到的,若是做不到,至少要安排 0.65 m×0.8 m 的面积,即把大海图桌折叠起来放置。对驾驶员来说要在艇倾侧 30°的情况下使自己站稳,座椅必须有坚实的靠背或者坐垫且成凹形(人面对舷侧布置时)。另外,好的导航站需要大量的贮藏壁橱用来放置书本和电子仪器。尽管现在已经有了先进的电子海图,但传统的纸质海图还是有必要准备一套,以备不时之需。

⑦厨房。

游艇上一般不会设置很大的厨房。大部分厨房和餐厅连接在一起,或者只是一长条的操作台。操作台上水斗、微波炉是必不可少的,较大的厨房还设置电磁灶、烘烤箱等烹饪设备。冰箱一般都放在下面的柜子中。厨房的布置要靠近客厅,不是在它的旁边,就是在它的后边。另外,厨房的位置最好紧靠后楼梯,因为那里的纵摇最小,通风良好,烹饪的烟雾和噪声不会影响船员休息,食品送达驾驶座舱也比较方便。

本艇的厨房放在左舷,幸好那里比较宽敞,不用挤占座舱到客厅的通道。工作台呈 J 形且带一个"钩"形围栏,这样做,即使艇倾斜 30°,厨师也能倚着围栏操作。

炉灶的燃料可供选择的有:

a. 酒精:火焰的温度最低因此烹饪最慢,但相当安全,没有爆炸的危险,而且火焰可以用水扑灭。只是有些船员闻到这种味道会感到恶心。

b. 煤油:具有最热的火焰,所以曾经是最常用的炉灶燃料,但现在越来越难以得到了,且越来越贵。它需要一个蒸发点火过程,有恶臭味。

c. LPG(液化石油气):火焰温度仅次于煤油,它以液体贮存,自动蒸发释放,所以它与家庭用管道煤气差不多。它的缺点是比空气重,与空气混合后有爆炸的危险,因此在密闭空间或舱底使用有高危隐患,需要非常小心地贮藏和保管。

d. CNG(压缩天然气):与 LPG 不同之处是比空气轻,因此即使泄漏也会上升和逃逸。它的使用不如 LPG 普及,且比较贵一些。

⑧盥洗室。

卫生间在游艇上也是不可或缺的,在一些小型艇上,卫生间的布置显得非常紧凑。标配的设备是洗脸盆、抽水马桶和淋浴器,一切都是因地制宜。

本艇布置盥洗室有两个地点可供选择:一个是在客厅和前住舱之间;另一个是紧靠楼梯的地方。最终设计者选择在靠楼梯的地方,其优点是纵摇小。请注意马桶的中心线应对准艇的首尾方向,对于横倾较大的艇来说这是正确的方向。马桶中心距舱壁的距离为 0.65 ~0.75 m。洗脸盆靠舷边布置。在洗脸盆和马桶前有一块约 700 mm×700 mm 的空地可用来洗涤和淋浴。

⑨湿贮物舱。

恶劣天气时衣服的贮藏是个令人头痛的问题,湿衣服不仅仅是笨重且被盐水浸湿,因此要准备一间单独的湿衣贮物舱。这是本艇独到的安排。

⑩机舱。

动力游艇上的机舱占领着中后部的一大块空间,是产生噪音和振动的主要区域,一般它和住舱要尽可能地隔离开。但本艇是一艘帆船,只设一台小型发动机作辅助推进动力并提供电力,因此占用的空间很小。机舱顶正好形成一个登梯平台,从座舱下两个台阶即到机舱,管理比较方便。

⑪后住舱。

相比于前住舱,后住舱的摇摆要小一些。这里放置两张单人床,并配备供两人贮物的柜子和吊衣橱。

⑫座舱和驾驶台。

游艇的座舱是设置驾驶台的地方,也是一艘艇的航行指挥中心。

游艇的驾驶台一般都设置在座舱的前方,有宽敞的视野。现代游艇的驾驶台一般都不大,前面是一排仪表板,有各种显示仪表。电动或液压的操纵器都很小,跟汽车的驾驶盘差不多大小,有许多是单手柄操纵的,通过智能控制轻松地驾驶艇。

但帆船的驾驶台比较例外,一般都布置在靠近艇尾处,因为那里接近舵,可用钢丝绳直接带动舵转动。驾驶台的仪表和操纵器比较少,但设有大直径的驾驶舵轮,依靠人力来操纵舵的转向。驾驶座底下可以储物。

⑬艉尖舱和游泳平台。

许多游艇在船尾接近水面的地方设置游泳平台。艇上的人员可以通过这个平台和海水亲密接触,享受游泳、潜水或驾驶摩托艇的乐趣。平台前面的舱室称为艉尖舱,是安放舵机的地方,又称舵机舱。如果还有空间的话,往往设计成储藏室,里面可储藏摩托艇、橡皮舟等水上娱乐设备和潜水装备。一些大型艇上还设置固定的或可移动的起吊器具。

艉尖舱中间主要用来装操舵机构,两侧可贮藏救生筏、LPG 瓶、护舷等。同时,备有可折叠的舷梯,安装到尾板平台上后,人们可以登梯方便地下到水中,进行游泳、潜水等活动。

游艇室内设计是根据游艇的外观、性能、作用、环境和相应标准,运用物质技术手段和游艇设计原理,对游艇内部空间进行计划及规划,创造功能合理、舒适优美、满足人们对游艇物质和精神生活需要的游艇内部环境。

【拓展提高】

游艇舱室设计过程中都要遵循哪些原则?

【课后自测】

1. 前甲板下面的空间(即艏尖舱)全部作储藏舱,储藏________、________、________等。

2. 游艇的航行指挥中心是________。

3. 游艇上炉灶的燃料可供选择的有________、________、________和________。

任务三　游艇室内设计色彩的运用

色彩直接影响船艇的外观和舱室内部的设置，它起着美化环境的作用，能引发使用者内心最深处的心理活动。色彩设计合理的船艇能够使驾乘人员在舒适的环境中休息，以饱满的精神状态工作，大大提高游艇商品的吸引力。

一、色彩的生理效应

科学家发现，自然界的五颜六色不仅丰富了我们的感官世界，还对调节人体生理机能有着微妙而神奇的影响。

(1)红色：它代表着活力与力量，激发人类的激情，能促进血液循环，平衡低落的情绪。但红色长期刺激易于使感官疲劳，神情紧张，因此不宜用于盥洗间等处所。

(2)黄色：明亮、醒目的黄色能刺激大脑神经，使大脑活跃起来，同时也能促进食欲，有利于肠胃功能的运作。

(3)绿色：和平、清新的绿色通常能使眼部神经和大脑神经消除疲劳，平复亢奋的情绪，对于心血管病的治疗有积极作用。

(4)蓝色：有助于舒缓脑部神经，使人保持冷静、清醒。蓝色有助于出血、烧伤、神经紧张的治疗。

(5)紫色：通常被认为是神秘的色彩，但它是缓解骨骼关节疼痛的良药，同时也能增进睡眠。但过度运用紫色可能造成嗜睡等不良后果。

(6)橙色：介于红色和黄色之间的颜色，有着两者共同的特点，但不及两者显著。此外，橙色还能改善人体的免疫系统。

(7)白色：有着良好的缓解痛楚的作用，与其他颜色搭配能起到增强效用的效果。因此医院都是选用白色墙面。

(8)银色：亮丽的银色能净化人体内部的杂质，消除环境杂乱感的作用。

二、色彩的心理效应

“色是由于光刺激视觉神经，传到大脑的视觉中枢而引起的一种感觉”。色彩对人类的心理变化有着举足轻重的作用，其影响无法用语言描述。色彩本身并无内涵，只因人类长期生存于充满色彩的世界之中，积累了大量的色彩感官经验，因此易受色彩的影响。

心理学家发现，不同的色彩能引起人类不同的感官效果。人们通常在暖色(红、橙、黄)调的环境中感到兴奋、温暖和温馨；在冷色(绿、蓝、紫)调的环境中感到冷静、放松和弛缓。这就是色彩对心理产生的感应。暖色和冷色不仅能产生冷暖感，还能产生胀缩感、进退感、时间感。例如，在选择船艇的舱室通道和工作室、休息室、健身房的色彩时，设计者更倾向于选用冷色调。这是由于冷色具有收缩事物、缩短感知时间的效果，让人产生空间距离变小、时间跨度变短的错觉，并由此而忘记了实际的距离和时间，更好地缓解疲劳、增强自信。同样，色彩的明度、亮度、强度也能产生不同的感官效果。一般而言，浅色让人感到“轻”，深色让人感到“重”；明色和弱色给人以“细腻、柔润、丰满”的感觉；暗色与强色让人感到“粗糙、厚重、坚实”的感觉。

三、船艇色彩配置原则

在现代化的船艇设计中,色彩的配置原则如下:

(1)以国家和国际相关标准为依据,如管道、消防设施等色彩均有规定或约定俗成的原则;

(2)船艇设施的色彩与船艇整体色彩相协调,达到美观、赏心悦目的效果,让驾乘人员在一个舒适和谐的环境中工作和生活;

(3)船艇设备的色彩整体统一,与产品的实用性结合起来,例如船艇上使用的机械多采用暗色调,给人以安全、稳重的感觉;

(4)船艇外表应考虑安全性与美观性的统一,所谓安全性,就是指船艇的外表颜色必须鲜明,有较高的辨识度。见图7-8。

图7-8 游艇外表

四、船艇外壳色彩选用

总体而言,船艇的外壳色彩应该保持:

(1)船艇整体的醒目性,使其具备鲜明的特征;

(2)现代感,外壳色彩设计应符合现代的潮流;

(3)功能性,能传达船艇的功能和属性;

(4)安全性,通过色彩的运用,给乘客以安全、稳定的效果。

游艇的外形要求美观、大方、动感。水线以上的艇体、上层建筑的颜色一般采用白色、米色、浅蓝色这类较柔和的色彩。水线以下的艇体则可以用深褐色、深灰色这类较浓重的色彩以更好地体现敦实感。高速艇体型瘦长,外观小巧。为了给人以快速、轻巧灵活的感觉,艇体多采用明快鲜艳的颜色,如黄色、白色、绿色等。此外,还可以采用色彩渐变的方式,使艇体产生膨胀感,带来强烈的视觉冲击。

五、船艇内部的色彩配置

船艇内部的色彩配置同乘员的工作和生活息息相关,其色彩配置的优劣直接影响到驾乘人员的工作效率和功能发挥。

(1)工作区。

工作区一般包括甲板工作区、驾驶室和机舱三个部分。

甲板的色彩配置一般与船艇上层建筑的色彩相协调,但需要注意的是尽量不要运用红色。因为红色具有刺激视觉神经,促进人体血液循环的作用。驾乘人员短时接触红色有助于工作,但时间过长就会加剧疲劳感。因此甲板最好不用红色,而采用较平和的色彩。

驾驶室的墙壁、驾驶台应该采用浅色,如浅黄色、浅灰色这类较平和的颜色,但要适当提高明度,以保持驾驶室明亮、较好的视线。地板的色彩可以同墙壁一致,但其明度应比墙壁低。墙壁与地板的颜色要同家具的色彩区别开,并且保持协调。机舱的空间狭小、噪声大、温度高且采光差。根据这些特点,机舱墙壁、地板和天花板都应该采用浅色、偏中性的色彩,黄绿色、蓝绿色是很好的选择。这些中性色彩能调节人体的感知温度、感知光线、感知空间等。除此之外,还应该注意机舱内各个机械的色彩与环境色彩相协调。

(2)生活区。

游艇的生活区应采用暖色调,尽量营造出温馨、温暖、舒适的感觉。比如,可以采用浅色沙发、鹅黄色窗帘,与棕黄色的墙壁搭配,从而使整体的舱室视觉效果温馨、舒适。

(3)消防安全设施。

安全设施也是船艇工作区域的组成部分。救生艇、救生衣应该采用橙色,其颜色醒目,即使在大雾天,其辨识度依旧很高。红色在危急情况下有警觉作用,是消防安全设施的首选颜色。例如,甲板、机舱、过道等地的消防龙头、消防箱都应该运用红色,达到醒目、警示的效果。

【拓展提高】

你还能说出哪些色彩对于人的生理和心里有暗示作用的例子?

【课后自测】

1. 游艇的外形要求美观、大方、动感。水线以上的艇体、上层建筑的颜色一般采用________的色彩。
2. 游艇救生艇、救生衣应该采用________。
3. 游艇的工作区一般包括________、________和________三部分。
4. 游艇外壳颜色选择应该遵循什么原则?

任务四 计算机辅助游艇室内设计

游艇属于船舶,是船舶大类中的一个小类,但是游艇作为一种水上娱乐用高级耐用消费品,它的娱乐工具这一属性,又使它区别于作为运输工具的高速船和旅游客船。所以一般的船舶设计软件可以在游艇设计中使用,但用游艇的设计主要为艇体的造型设计,加部分的性能设计,诸如静水力曲线与大倾角性能计算。而大的船舶设计软件更侧重于设计制造等一体化,有很多诸如轮机管系设计、电气设计、施工的工艺设计,这些并不是游艇设计所必需的。所以用船舶软件设计游艇,似乎有点“杀鸡用牛刀”的感觉。

【小思考】

目前主流的船舶设计软件都有哪些?

一、了解船舶设计软件(表7-3)

表7-3 船舶设计软件介绍

序号	名称	作用
1	Tribon	Tribon集CAD/CAM(计算机辅助设计与制造)与MIS(信息集成)于一体,并覆盖了船体、管子、电缆、舱室、涂装等各个专业的一个集成系统
2	NAPA	1. 利用NAPA Steel设计师们可以在较短时间内迅速完成结构初步设计和质量、成本计算,生成可供送审的技术文件和图样,并根据需要生成结构有限元计算所需的网格模型; 2. 其中与Tribon之间的接口可以实现曲线的转换、表面的转换、图的转换等
3	FORAN	1. FORAN软件是一个囊括了船、机、电、涂、舾装各个专业的强大设计软件,是降低成本、提高生产效率的主要工具; 2. 系统可以应用在所有船型的设计建造上,且不受船舶尺寸的限制,同时可以根据不同用户的特定需求进行客户化定制
4	CADDS 5i	主要包括船体、管系、舾装、电力、空调通风系统等几大模块。目前,在我国该软件已在江南、大连、辽南、武昌、长江船舶设计院等船厂和设计院使用
5	CATIA	CATIA是法国Dassault System公司的CAD/CAE/CAM一体化软件,居世界CAD/CAE/CAM领域的领导地位,广泛应用于航空航天、汽车制造、造船、机械制造、电子\电器、消费品行业,它的集成解决方案覆盖所有的产品设计与制造领域,其特有的DMU电子样机模块功能及混合建模技术更是推动着企业竞争力和生产力的提高
6	NUPAS - CADMATIC	1. 它是唯一一个面向船厂和其他有意提高设计制造效率的CAD/CAE/CAM解决方案; 2. 它是新一代船体、轮机、管系、配件、舾装的开放软件,最好的是还提供多种多样的产品信息

船舶业兴盛发展至今,国际上开发的软件绝对不仅仅是上面提到的这些,另外还有Intelliship、Shipconstructor及一些船级社不对外流传的软件Safeship、Rulecal、Shipright等,不一而足,在此就不一一赘述。

二、了解游艇设计软件

一般的游艇室内设计有两个基本模块:一是成型建模,二是室内装饰的设计和布置。

在国外的游艇设计中,Maxsurf与Rhino是用得比较多的软件。MAXSURF是澳大利亚的一款设计软件,有Maxsurf、Hydromax等模块,在设计软件的功能上,可谓是最全的了。Rhino是一款小巧的三维建模软件,本身并没有游艇性能计算功能,但其有一款插件软件Rhinomarine可与之无缝联接,进行性能的计算。两者各有优势,总体上来说,MAX家族庞大,功能齐全, Rhino 小巧实用,价格便宜。

就国内的游艇设计公司而言,在室内设计阶段一般是采用 Rhino 和 3DMAX 两款软件结合进行设计。其中,Rhino 软件用于游艇的外形建模设计,3DMAX 用于游艇的内饰设计。

三、计算机辅助游艇室内设计步骤

1. 设计准备型线图(图 7 – 9)

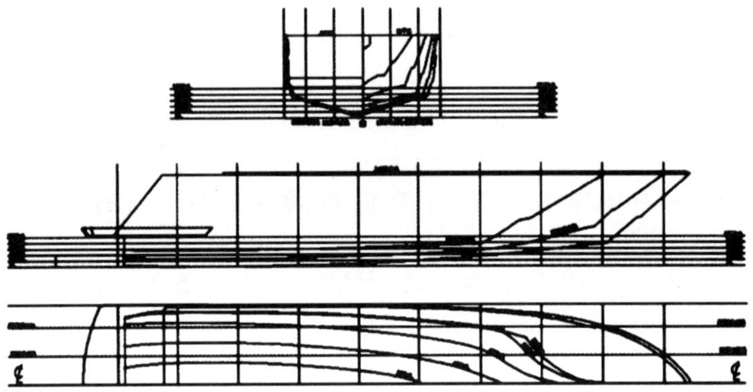

图 7 – 9　游艇室内型线图

2. 设计总布置图(图 7 – 10)

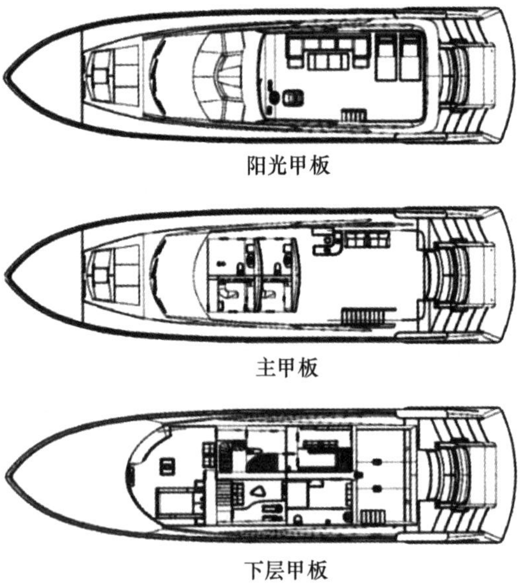

图 7 – 10　游艇设计总布置图

3. 利用 Rhino 软件建立游艇外壳模型(图 7-11)

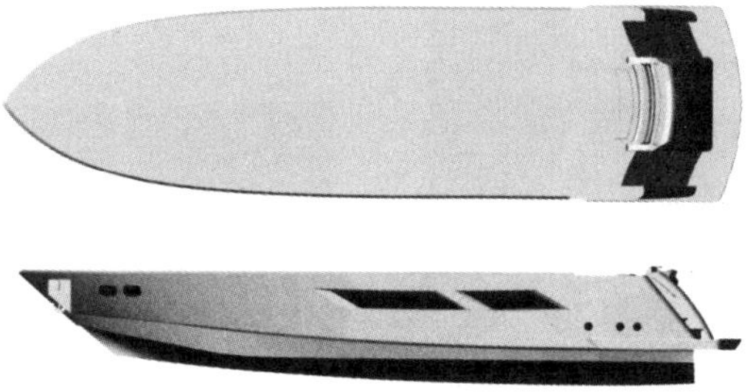

图 7-11　游艇外壳模型

4. 建立各层甲板的模型(图 7-12)

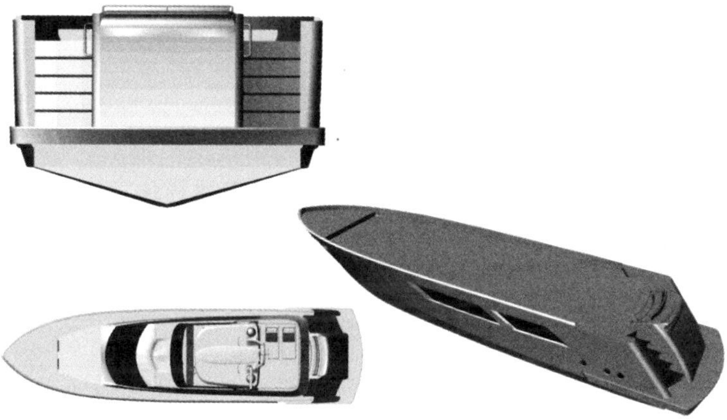

图 7-12　各层甲板横型

5. 利用 Rhino 软件建立内部家具设备的模型(图 7-13)

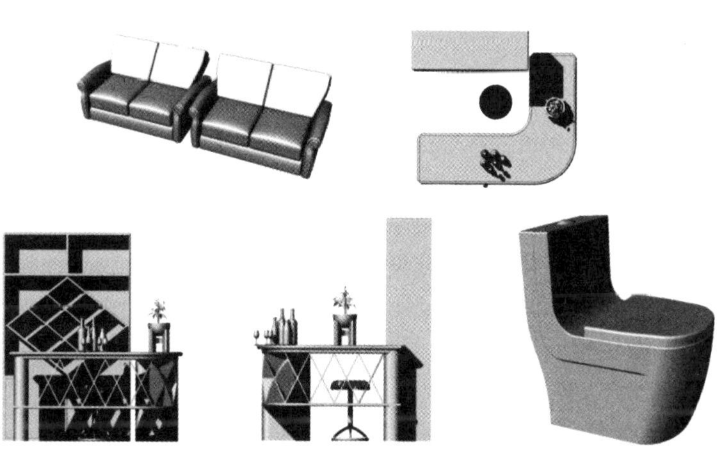

图 7-13　内部家具设备模型

6. 利用 3DMAX 软件对外壳以及家具设备进行渲染(图 7 - 14)

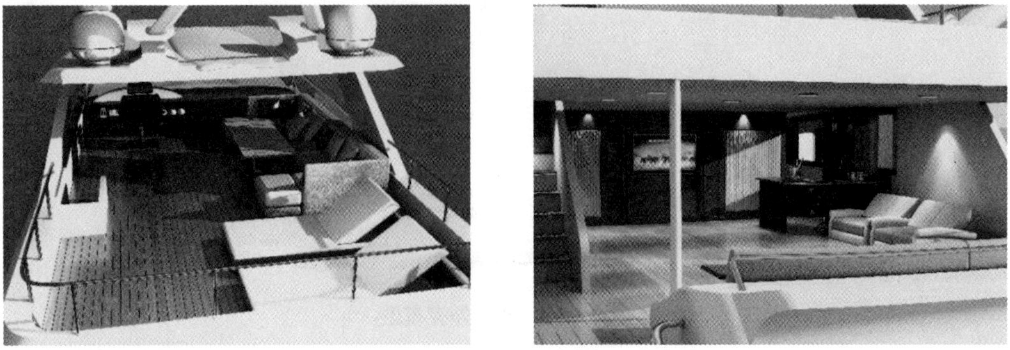

图 7 - 14　3DMAX 软件渲染图

【拓展提高】

说说你知道的船厂运用的设计软件?

【课后自测】

1. 游艇的________属性是区别于一般船舶的重要因素。
2. 一般的游艇室内设计有________和________两个基本模块。
3. 说说你所了解的船舶设计软件的设计流程。

项目八　游艇维护保养

【能力要求】

学会游艇的日常维护保养知识，不仅可以减少昂贵的修理费用，而且能够延长游艇的使用寿命，更为重要的一点，保养好游艇也是确保游艇安全的最有效途径。本项目主要涉及各类游艇的保养与维护、游艇的标准与规范学习及游艇消防等方面，让学生能够掌握游艇维护保养的基本知识与技能。

【工作任务】

掌握各类游艇的维护保养知识，并学习游艇的标准与规范及游艇消防知识。

【任务目标】

1. 掌握金属游艇的维护与保养。
2. 掌握玻璃钢游艇的维护和保养。
3. 掌握游艇木材的维护和保养。
4. 了解游艇标准与规范。
5. 了解各类灭火器的使用。

【任务链接】

任务一　如何保养金属游艇

任务二　玻璃钢游艇的维护和保养

任务三　游艇木材的维护和保养

任务四　学习游艇标准与规范

任务五　游艇消防知识

任务一　如何保养金属游艇

金属游艇主要包括钢质艇体和铝合金艇体。钢质艇体容易腐蚀，如何保养金属游艇就涉及了金属游艇的防腐工作。本任务就金属游艇的保养进行讲解。

一、钢质艇体的防污

采用钢质艇体的游艇多为大型游艇和低速游艇，平时不可能拉到岸上来保养。钢质艇体长期停泊在水中，艇体外表会附生海蛎子等海洋生物，造成污染，使艇体表面变得粗糙，增加船体阻力。所以每隔 ·到两年要拉到岸上来进行一次清理，清除掉附着的海生物，重新涂油漆。

钢质游艇的油漆主要有两层，内层是红丹漆（图 8－1），主要起防锈作用；外层是防污漆，它的作用是阻止海生物生长。传统的海轮船体油漆都含有重金属毒物如铜和三丁基锡，这些活性成分的作用是毒杀黏附船体的水生物如藤壶、长毛虫和海藻。这种船体油漆会在日常的运行中逐渐损耗掉并失去作用，于是海生物又会漫延生长，所以需要定期保养。

图 8-1　外壳油漆保养

二、电化学腐蚀的防护

船体是钢结构，钢是铁与碳和其他元素组成的合金。其中，铁比其他元素更易失去电子，电位较高。船体常年浸泡在海水中，而海水是强电解质。铁元素失去电子成为正极，其失去的电子，经过海水这个电解质到达其他元素，其他元素获得电子成为负极。这样就形成了一个个微电池，但并不腐蚀钢铁。关键在于海水中存在溶解氧，这些溶解氧在海水中呈负离子状态，必然与失去电子成为正极的铁结合生成氧化铁，这就是电化学腐蚀。

在船体与海水接触部位表面的化学腐蚀、海生物腐蚀、运动磨损腐蚀、杂散电流腐蚀等各种腐蚀中，电化学腐蚀最为严重。电化学腐蚀最大特点是，仅腐蚀阳极区域，不腐蚀阴极区域。因此金属艇体常用附加的高电位的阳极材料（如锌和铝）作为牺牲阳极来防护金属艇体不发生电化学腐蚀。

钢质艇体的定期保养还包括更换这些牺牲阳极板。牺牲阳极是为防护金属表面产生电化学腐蚀而必须设置的牺牲材料。对于主要在内河（淡水）航行的小艇，建议采用铝阳极，因为铝的电位差比锌大，淡水比海水有更大的电阻。对于在海水中航行的小艇，则建议采用锌阳极，虽然铝阳极在海水中能很好地工作，但它们会牺牲得很快。每千克当量的锌阳极（铝阳极约为 0.45 kg）约可以防护 12 ~ 14 m^2 涂覆油漆的金属表面。对于玻璃钢船体上的牺牲阳极，必须用导线与金属部件相连，在玻璃钢船体上只须防护金属部分。

三、铝合金艇体的防护

铝合金材料目前已成为制造小型游艇的热门材料。从理论上讲，铝合金在海水中的耐腐蚀性比钢好。铝合金游艇采用耐海水腐蚀的铝合金材料制造，即使不涂油漆，使用年限也可达 20 年以上。这是一般钢质艇体所望尘莫及的。

通常，铝合金艇体的外表同样涂油漆保护，如果是一艘小艇，你用过后可以把艇拉上岸，用清水冲去残留的盐渍，然后放在库房中保存，以备下次使用。

【拓展提高】

电化学防护的方法有哪些？

【课后自测】

1. 钢质游艇的油漆主要包括________ 和________。

2. 简述钢质游艇的电化学防护的主要方法及机理。

任务二 玻璃钢游艇的维护和保养

玻璃钢是指以合成树脂为基体、以玻璃纤维为增强材料经过固化后形成的一种复合材料。玻璃钢具有质量轻、强度高、耐水、耐腐蚀等优良性能,且具有产品表面光洁、美观等特点。目前,以玻璃钢为主材的小型游艇已成为船艇市场的主流产品。

现在,有一种流行的观点认为玻璃钢耐水、耐锈蚀,船体又有胶衣层保护,所以玻璃钢船艇是一种免维护产品,这是对玻璃钢船艇的一种误解。其实,和其他船艇一样,玻璃钢船艇同样需要经常进行维护和保养。适当的维护不仅可以保持玻璃钢船艇靓丽的外观,防止玻璃钢船艇过早失去风采,还可以有效延长玻璃钢船艇的使用寿命。本任务就玻璃钢游艇的维护和保养进行讲解。

一、船体保养工作[1]

1. 避免船体表面划伤和磨损

玻璃钢船艇在靠离码头和岸堤的过程中,与岸边石块、混凝土构筑物及金属构件摩擦碰撞时会对船体表面造成损伤,如产生划痕、磨损胶衣层等。因此应采取防护措施,尽量减少船体表面损伤。最简单的办法是在船体易损伤的部位设置防撞耐磨的软质橡胶护舷。在玻璃钢船艇靠泊码头期间,应系好缆绳,在船艇与码头之间设置专用碰垫,以防止波浪起伏造成船体与码头直接磨蹭。

2. 消除船舱积水

玻璃钢具有一定的吸水性,虽然吸水率较低,但是沿着玻璃纤维与树脂界面的微小通道渗入内部的少量水分足以使玻璃钢船艇船体强度显著下降。而且,玻璃钢船艇骨材多为木质芯材与玻璃钢积层敷制而成,未被清理的舱底积水会被木质芯材吸收,长期处在半干半湿环境下,木料极易腐烂,进而影响骨材强度和可靠性,大大降低船艇使用寿命。在寒冷天气,渗入玻璃钢主材和木质骨材的水分会结冰,由于冻胀效应,可能还会造成微小孔穴的扩张,导致纤维分层,所以必须高度重视舱底积水问题,及时清除舱底积水。

3. 艇体胶衣层的养护

玻璃钢船艇表面常喷涂一层薄薄的胶衣树脂,以提高其光洁度,凸显其靓丽色彩。但胶衣树脂与所有材料一样,也存在老化问题,也需要经常养护。胶衣层是玻璃钢船艇表面的保护层,虽然其厚度只有 0.3 ~0.5 mm,却是玻璃钢船艇养护的重点。有人恰如其分地把玻璃钢船体胶衣层称作“女人的脸面”,为保持船艇外表的美观,应当经常保养胶衣层,重点做好定期上蜡抛光工作和保持船体清洁工作。

定期上蜡抛光可使船体外表光亮并能有效保护胶衣层。常用的材料以玻璃钢专用上光蜡为优,可上 2 ~3 遍,每遍间隔 2 h,使其在玻璃钢表面形成一层坚韧的蜡膜。抛光时最好用手提抛光机抛光,使表面光亮如新。

船体表面沾上机油、柴油等油污后,可用普通的家用清洁剂清洗,不可用腐蚀性较强的溶剂清洗,也不可用去污粉、钢丝绒(球)擦洗,以免留下擦痕,影响美观。若油污难除,允许用丙酮、甲苯、二甲苯等溶剂清洗,但洗毕一定要立即用清水冲洗干净,并防止丙酮等溶剂侵入结构内部。清洗时也可辅以工具刮铲,但要用硬度低于玻璃钢的竹木片或塑料片,以免刮伤表面。船体表面沾染的灰尘、水渍等,可用汗布、纱布、软毛巾及软质泡沫塑料之类的软性材料擦洗。

当胶衣层色泽陈旧、划痕较多时，应先将船体表面清洗干净，用环氧腻子对表面划痕进行修补，再用水磨砂纸进行水磨，可获得整旧如新的效果。

二、玻璃钢艇环保清洁系统

以往，常规的 FRP 艇艇身的清洗和脱漆是一项费劲和有害的作业，通常依靠铲括、砂纸打磨及采用化学品药剂清洗的方法。铲括可以从一个合成材料的艇身上去除严重堆积的海生物，但容易损坏玻璃钢表面的凝胶漆；砂纸打磨是非常有效的，但它只适用于表面沉积物不厚的艇体，且也容易损坏表面光洁的胶衣层；这两种作业方式都比较费劲，产生的尘埃有害工人的健康。

若采用危险化学品药剂清洗，无疑将破坏环境。但这种化学品清洗系统大大降低了工人的劳动强度和粉尘污染，所以研制无害化学品清洗的方法是一种趋势。Soda Blasting 公司最近推出了一款能更加温和地清除 FRP 艇身上的油漆和污垢的环保型清洁系统。它采用一种特殊配方的无毒碳酸氢钠（俗名小苏打）作为喷射介质来清除 FRP 艇身上的油漆和附着海生物。由于喷射介质的天然性和可溶性，既不会损坏艇身上作为打底的一层保护屏障的凝胶漆（又称胶衣层），又能将艇身上污垢清除干净。

这种称为 soda blasting 的清洗系统通过气动，在高压下经水龙带喷射出一股无破坏性的按特殊配方配制的无毒碳酸氢钠射流，在这股射流的冲刷下，可脱掉艇身上的防污漆并揭开在凝胶漆上的任何鼓泡。然后对鼓泡周围受影响的区域，则采用一种快速涡旋的“微型研磨器”使其光顺过渡。这样就可为艇身表面的进一步修理作好准备。完成整个艇身的清洁过程仅需较短时间，但得到的是一个焕然一新的艇体，当对表面进行适当处理后即可重新涂漆。

【拓展提高】

通过查阅相关资料，了解玻璃钢游艇表面所涂胶衣树脂的性能、用途。

【课后自测】

1. 玻璃钢游艇的船体保养工作主要包括____________、____________和____________。
2. 简述 Soda Blasting 的清洗系统的清洗原理。

任务三　游艇木材的维护和保养

柚木是船只建造中的“万木之王”，它给船只增添了档次。即便是在全玻璃钢船上，柚木制的镶边、栏杆、梯子和台阶仍然占有十分重要的地位。本任务主要介绍柚木的维护和保养。

一、柚木特点

柚木俗称“油木”，它是一种落叶的阔叶乔木。柚木有明显的墨线与油斑（图 8－2），颜色越深代表含油量越多。柚木的纹理分布越广，线条排列越密集，表示含油量越高，品质越好。因为含油脂量丰富，防潮性佳，常被制成稳定性高的家具耐久材。因产地不同，品质和差价也很大。例如美洲柚木、非洲柚木的生长系数快，年轮间距较大，相对的含油量少许多，质地也不太坚硬；而东南亚地区出产的缅甸柚、印尼柚含油量居所有树种之冠，达 6%，是最佳的柚木种类。目前泰国的柚木产量逐渐稀少，而缅甸的柚木由于产自原始森林中，树龄皆有50年以上的历史，油质最多，纹理也最为美观，但由于保育政策，近年来也限制出口产量，所以价格较高。目前一般市面上柚木多产于印尼的人工林，树龄在20~30年，算是目前最大宗的中价位柚木来源了。

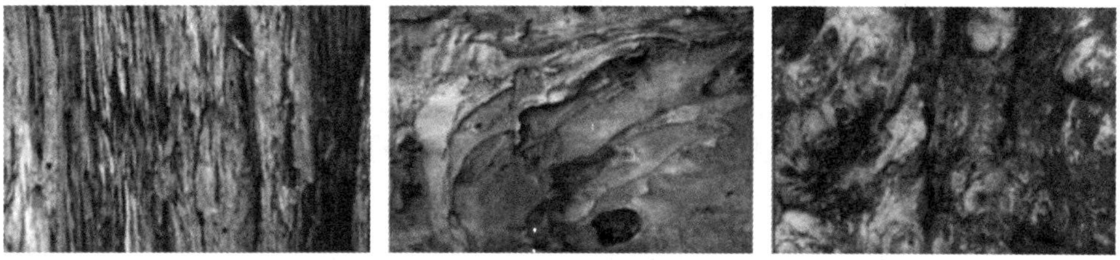

图8-2　柚木的纹理和色彩

柚木最大的特点就是能适应潮湿的气候。刚砍伐下来的柚木，呈现一种迷人的棕黄色或金黄色，色彩的深浅因其产地和质量而有所不同。它有一种天然的防滑表面，并且所含的油脂使它对开裂、风化和腐烂有一定的抵抗力。如果不加处理，柚木会老化成淡淡的银灰色。城市中的空气污染极易把未经处理的柚木弄脏，并且总是在极短时间内使其变色。如果你不想让你的游艇显得老旧的话，就得经常地对柚木进行清洁和保养。一般情况下，一个月至少两到三次。

如果用未经油蜡处理过的柚木做甲板，就很难保持干净。食物碎片、鱼血、饮料滴及其他落在甲板上的异物都会迅速地渗入多孔、未封闭的木料，使清洁变得十分困难。新鲜的柚木必须要经过多层干燥脱水、磨光等程序加工，使柚木的稳定性提高，质地更坚硬，品质也才能有所提升。

柚木的油质含量多，所以不太需要上漆来保护。品质最好的柚木家具最多会上一层薄薄的柚木油，增加亮泽度。但也有使用传统的原生漆来涂拭柚木表面，漆体提炼来自天然的树木，会使家具呈现深褐色泽，营造不同家居风格。

二、柚木清洁[2]

如果只是想将已有的木料刷新清洁，在多数的情况下，你要做的是用柔和的洗涤剂、柚木清洁剂或“增色剂”清洗木料表面（图8-3）。

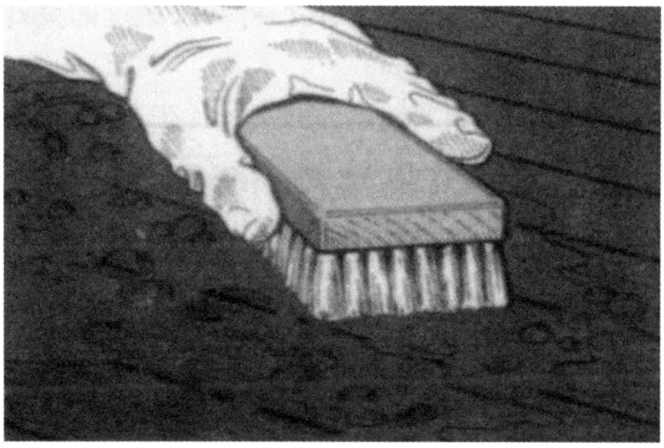

图8-3　柚木清洁

柚木清洁剂可分为三大类:双成分清洁剂、单成分清洁剂及所谓的"柚木增色剂"。双成分的清洁剂具有腐蚀性,会使木料变得轻微粗糙并可能会去掉一些软纹理,所以如果木料不是太脏,或脏得用其他清洁剂已无法洗净,或你想将木料表面剥去一层,就不要使用这种强效清洁剂。

单成分清洁剂通常效力较为柔和,腐蚀性也较弱,呈粉末状或液态,也有呈胶状或乳状的。乳状清洁剂通常更贵,但也更易使用,特别是清洁头顶正上方的柚木时显得更加有效。

柚木"增色剂"有漂白剂和清洁剂的双重作用。它们的清洁作用比清洁剂柔和,可在使用完普通的单成分清洁剂后立即使用增色剂以淡化木料的颜色。先前上过油蜡的木料老化后,需要重新上一两层时,用增色剂清洗都很理想,而不须用普通的柚木清洁剂。不要把柚木清洁剂放在上过胶、油漆或清漆的木料上面。

用清洁剂前先用水龙带把附近的木料抹湿,使用时也把水龙带放在附近备用。留心清洁剂别流到别处去了,特别是沿着船体边缘流下来,引起其他材料腐蚀。用毛刷擦洗最好,不要用金属丝(钢丝绒)刷,因为这会把木料表面弄粗糙。

三、表面处理

表面处理绝非仅仅是美观问题。用油蜡处理保护的木料绝对比未经处理的经久耐用。用好的油蜡处理的木料能祛污、防水、防腐,因此可以减少开裂甚至断裂的危险。

可供选择的柚木处理剂很多。著名的牌子有 Teak Brite、Amazon Golden Teak Oil、Star Brite Premium Teak Oil、Tip Top Teak、Teak Wonder、Nu - Teak、Classic Teak Oil 等。这些处理剂有时被称作柚木油或柚木腊。不管它们叫什么,通常说来在两个重要方面上,它们是相似的:①它们均不含任何柚木油(从柚木中提取的油);②它们都是渗入木料的穿透型油蜡,而不是像清漆那样保留在木料表面。

多数柚木处理剂以桐油为基料配制,但也有些含亚麻籽油、聚硅酮、聚合树脂,或同时包含这些物质的混合物。柚木处理剂多数很稀,易流动(稠度几乎和水一样),但也有些浓得像糖浆一般。一般说来,较浓的处理剂干得也较慢,甚至有可能在使用后的一段时间内都保持黏稠。所有的处理剂都会渗入木料而几乎不留在表面,这就是为什么多数说明书都会教你擦去多余的油蜡的缘故。

由于木料表面缺乏这样的保护层,柚木极易迅速老化,所以必须对它们进行定期更新。平均两三个月就得上一次油蜡以保养木料(图 8 -4),让它看起来像新的一样。当然,这取决于这些木料暴露于露天的时间。上过油蜡的木料比没上过的更好使,也更易保养,而且油蜡也不会像清漆那样使木料脱皮或开裂。

柚木油蜡在变干的时间上也各不相同。有的一两个小时就可以干,有的一两天内都会保持黏稠。而且它们在颜色上也不尽相同。有的让木料上过油蜡后立即带上金色,例如 Deks Olje#1、Amazon Golden Teak Oil 和 Teak Brite Golden Oil;其他的在上过油蜡后颜色轻些,如 Teak Wonder、Teak Cote、Teak - Gard 和 Teak Brite Natural。所有的油蜡都会使木料在一定程度上颜色加深。

大部分油蜡都会随着使用被氧化使颜色加深,所以如果色彩对你很重要的话,应先在一小块柚木上进行试验,然后再应用到整艘船上。有些处理剂甚至暴露于露天中数周后也不变色。最不加深木料颜色的牌子是 Teak Wonder,也许是因为它是一种聚硅酮而非油蜡的缘故。但是问题在于,如果以后还决定用其他牌子的油蜡或清漆,则留在木料内的聚硅

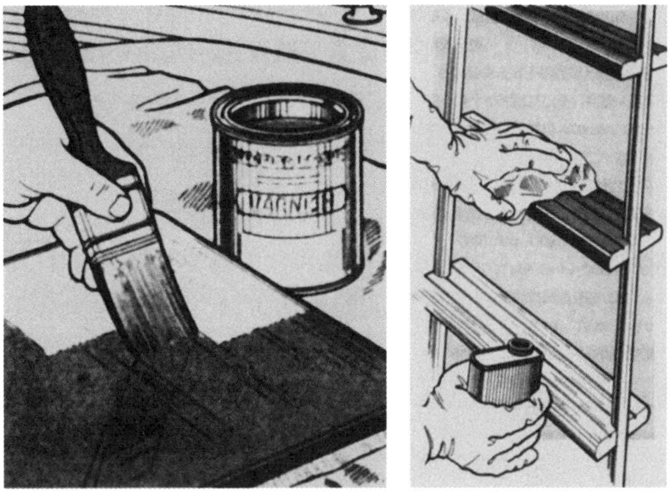

图 8－4　柚木上蜡

酮会使其他油蜡几乎不可能渗入木料。

柚木油蜡干了之后就很难从玻璃钢胶衣层或上了油漆的木料表面除去，所以使用时应留心油蜡滴落，避免油蜡滴落的方法：可以使用遮蔽胶带，但有时也不太顶事；及时擦去污斑、滴迹可加以避免，必要时可使用溶剂；给附近的木料上一层蜡可起保护作用。

因为这些油蜡必须渗入木料才能起作用，为达到最大的保护效果应使用多层油蜡。让每层油蜡都渗进木料直至木料不再吸收为止。

【拓展提高】

单成分清洁剂与双成分清洁剂的区别？

【课后自测】

1. 柚木清洁剂可分为____________、____________和____________。
2. 简述柚木用作游艇建造木材的优势。

任务四　学习游艇标准与规范

由于世界上游艇数量的不断增多，如美国目前就拥有一千多万艘各种类型的游艇，其中绝大部分为玻璃钢艇，玻璃钢艇的安全成为各方关注的焦点。因此 ISO/TC188 把玻璃钢艇及其艇员安全作为其首要工作，为此制定了一系列相关标准。

采用这些标准将提高玻璃钢艇的质量、寿命、增加安全性。玻璃钢艇是一种很有发展潜力的艇型，遵照上述国际标准，将确保玻璃钢艇质量与安全，开创我国玻璃钢艇生产与出口的广阔前景。本任务主要介绍玻璃钢游艇建造的相关标准与规范。

一、国际标准化组织及相关标准

在国际标准化组织（ISO）中与游艇关系最密切的技术委员会（TC）为 ISO/TC188 小艇标准化技术委员会。它的工作范围是艇长小于或等于 24 m 的游艇和采用类似设备的其他小艇的设备和结构的标准化，但不包括救生艇和救生设备。

ISO/TC188 小艇技术委员会是 1985 年从 ISO/TC8 船舶与海洋技术委员会下属的第 14 分技术委员会(SC14)演变而成立的,它的成立反映了近十几年来国际上游艇和采用类似设备的其他小艇的迅猛发展。

我国为 ISO/TC188 的 P 成员国,TC188 国内技术归口单位为中国船舶及海洋工程设计研究院(MARIC),我国国家质量技术监督局已于 1999 年 8 月 9 日批准成立全国小艇标准化技术委员会(标技委),并明确该标技委同时作为 ISO/TC188 的国内技术归口单位。小艇标技委也是我国船舶行业中唯一的与 ISO 的某一技术委员会完全相对口的标技委。

国外著名的配套工业厂家为占有较高的市场份额,积极支持 ISO/TC188 委员会的工作,制定了一系列标准,如下:

ISO 6185-1:2001	充气艇 第 1 部分:发动机最大额定功率为 4.5 kW 的动力艇
ISO 6185-2:2001	充气艇 第 2 部分:发动机最大额定功率为 4.5~15 kW 的动力艇
ISO 6185-3:2001	充气艇 第 3 部分:发动机最大额定功率为 15 kW 及其以上的动力艇
ISO 7840:1994	小艇 耐火燃油软管
ISO 8469:1994	小艇 非耐火燃油软管
ISO 8846:1990	小艇 电气装置 防止周围可燃性气体点燃
ISO 8849:1990	小艇 电动舱底泵
ISO 9093:1994	小艇 通海旋塞和贯穿艇体配件第 1 部分:金属制件
ISO 9094-1:2003	小艇 防火 第 1 部分:艇体长度低于 15 m(含)的小艇
ISO 9094-2:2002	小艇 防火 第 2 部分:艇体长度超过 15 m 的小艇
ISO 9097:1991	小艇 电风扇
ISO 9650-1:2005	小艇 气胀式救生筏 第 1 部分:型号 I
ISO 9650-2:2005	小艇 气胀式救生筏 第 2 部分:型号 II
ISO 9650-3:2009	小艇 气胀式救生筏 第 3 部分:材料
ISO 10087:2006	小艇 艇体标识 代码系统(GB/T 16696—2008)
ISO 10133:2000	小艇 电气系统 超低压直流装置
ISO 10134:2003	小艇 电气装置 避雷保护
ISO 10239:2000	小艇 液化石油气(LPG)系统
ISO 10240:2004	小艇 艇主手册(GB/T 19917—2005)
ISO 11105:1997	小艇 汽油机和(或)汽油柜舱室的通风

ISO 12215-1:2000	小艇　艇体结构和构件尺寸　第1部分:材料(热固性树脂、玻璃纤维增强塑料、基准层合板)(GB/T 19314.1—2003)
ISO 12215-2:2000	小艇　艇体结构/构件尺寸　第2部分:材料-夹层结构用芯材、埋置材料
ISO 12215-3:2000	小艇　艇体结构/构件尺寸　第3部分:材料-钢、铝、木、其他材料
ISO 12215-4:2000	小艇　艇体结构/构件尺寸　第4部分:车间和制造
ISO 12215-5:2000	小艇　艇体结构/构件尺寸　第5部分:设计压力、许用应力、构件尺寸的确定
ISO 12215-6:2000	小艇　艇体结构/构件尺寸　第6部分:设计和建造的细节
ISO 12217-1:2002	小艇　稳定性和浮力评估和分类　第1部分:船体长度大于或等于6 m的无帆小艇
ISO 12217-2:2002	小艇　稳定性和浮力评估和分类　第2部分:船体长度大于或等于6 m的带帆小艇
ISO 12217-3:2002	小艇　稳定性和浮力评估和分类　第3部分:船体长度小于6 m的小艇
ISO 12401:2009	小艇　甲板安全索具和安全索　安全要求和试验方法
ISO 12402:2006	个人漂浮设备
ISO 13297:2000	小艇　电气系统　交流装置
ISO 13592:1998	小艇　汽油发动机逆火火焰控制
ISO 13951:1997	小艇　舷外机便携式燃油系统
ISO 14227:2001	小艇　磁罗经
ISO 15085:2003	小艇　人员落水的防止和打捞
ISO 15652:2005	小艇　小型喷水推进艇舱内用遥控操纵系统

美国船艇协会ABYC标准在美国游艇业界很有影响,并对国际游艇业界有一定影响。如美国保险商协会UL是一个独立的检验机构,UL的鉴定受到美国的许多地方和区域政府当局的重视,产品附有UL注册标志便意味着制造厂、销售方或进口商能证实其已经检验且符合安全标准。目前UL的标志或标签已在许多国家通行。在UL的安全标准中有些与游艇有关。

二、玻璃钢游艇的相关标准[3]

1. 汽油机和 LPG 使用安全的标准

现代技术的发展使玻璃钢艇可装备汽油机和液化石油气(LPG)器具(如烹饪灶具)等,以提高玻璃钢艇的速度和舒适性,为确保使用汽油机和 LPG 的玻璃钢船艇的安全,TC188 制定了以下标准:

ISO	11105:1997	小艇	汽油机和(或)汽油柜舱室的通风
ISO	13592:1998	小艇	汽油发动机逆火火焰控制
ISO	10239:2000	小艇	液化石油气(LPG)系统
ISO	7840:1994	小艇	耐火燃油软管

这些标准中的许多条款是在对以往出现的危及玻璃钢艇及艇员安全的事故加以分析、总结而得出的。一些条款是从已付出的血的代价中得出的。遵照这些标准,可以使人们既享受到科技进步所带来的高速、舒适等感受,又不降低艇的安全。这也是 TC188 受到欧、美、日及世界上玻璃钢艇行业普遍重视和关注的重要原因。

2. 玻璃钢艇设计、制造的标准

玻璃钢艇的质量和使用寿命在很大程度上取决于其所选用的原材料、制造工艺、车间条件和构件尺寸,为此 TC188 制定了一套标准,其由以下 6 项分标准组成:

ISO	12215 -1	小艇	艇体结构/构件尺寸　第 1 部分:材料——热固性树脂、玻璃纤维增强材料、基准积层板
ISO	12215 -2	小艇	艇体结构/构件尺寸　第 2 部分:材料——夹层结构用芯材、埋置材料
ISO	12215 -3	小艇	艇体结构/构件尺寸　第 3 部分:材料——钢、铝、木、其他材料
ISO	12215 -4	小艇	艇体结构/构件尺寸　第 4 部分:车间和制造
ISO	12215 -5	小艇	艇体结构/构件尺寸　第 5 部分:设计压力、许用应力、构件尺寸的确定
ISO	12215 -6	小艇	艇体结构/构件尺寸　第 6 部分:设计和建造的细节

编制这一套国际标准的基本理由是为了协调现有的标准和推荐规程中对于作用于艇体的载荷和小艇尺度的规定,由于过去这些标准和规定差别太大,这样就限制了艇在世界的使用范围。

ISO12215 -1 适用于建造玻璃钢艇所用的热固性树脂和玻璃纤维增强材料,对玻璃纤维增强材料和树脂基体及由此制成的积层板的材料特性,规定了最低要求。

该标准中还提出了"对玻璃钢艇的材料特性的要求",规定增强材料应为 E 级玻璃纤维,并列表对其交付时的含水率(最大值)、每单位的质量及点火时的损耗都有规定。此外,规定了液态树脂和固化后的树脂(包括胶衣树脂、外涂树脂和层压树脂)的特性,所有这些规定都对玻璃钢艇的质量至关重要。

ISO 12215－2 适用于玻璃钢艇结构用芯材和埋置在夹层结构中的材料，在该分标准中对夹层结构规定了“结构的要求”和“材料的一般要求”，还对多孔泡沫塑料等材料提出了特殊要求。

此外还提出了“制造的要求”：

(1) 对使用阴模的夹层结构，应按照其材料制造厂的技术要求和根据下述的外壳板敷层，除去芯材表面的空穴和其他不均匀处，涂以填料、树脂或夹层黏合剂。在采用已擦伤的芯材时，应在黏接中使用足够数量的树脂或黏合剂，以填入缝隙。

(2) 对具有阳模的夹层结构，在形成外壳板的层压板之前，芯材中的接头、裂缝及空隙均应予以填充和相互固定。在铺敷芯材时，其弯曲或变形的程度应不使此芯材的性质产生有害影响。

(3) 对埋置材料，应考虑到埋置材料相对于层压板在膨胀和收缩方面的不同性质，以不致损害结构层压板的总体性能。埋置的层压板应为防水和防煮型，且应具有易于与树脂或黏合剂相黏接的表面。通常，在夹层与层压板之间不应采用硬木埋入。

ISO 12215－4 适用于车间条件、材料的贮存和加工及对艇的制造的要求。该标准在玻璃钢艇“车间条件”中指出：用于生产和贮存的建筑应具有适当的结构，并能提供材料制造厂或供货方所要求的环境。为了使层压板的污染或损坏减至最小，应使生产区域与贮存区域分开，且应使不同的制造过程在分开的区间内进行。车间和设备应保持清洁和有效状态，基本上无硬化的树脂碎片和多余的材料。

对于玻璃钢艇制造工艺中的“温度和湿度”要求：如采用通常的手工敷层或喷射成型工艺，则一般应在整个模制车间内，在敷层和车间温度固化期间，保持车间温度在其树脂制造所规定的限值之内，应特别注意在层叠制作过程中的温度下降；如该温度在所规定的限值之外，则艇的制造者应会同树脂制造厂，确定其所得出的层压板是否能满足其构件尺寸和设计的要求。

模制车间中的相对湿度应按材料制造厂的建议，且保持在一实际的范围内，确保不会出现在模具和材料上产生凝水的情况。通常这一湿度范围为 40%～80%，且可随着各国家地域而有差异。其 40% 的下限特别适用于喷射成型。

材料在采用之前，应达到车间温度，其误差在 2 ℃之内。应在适当的部位监测温度和湿度。

此外，对于“通风”的要求：应在层制区域中提供适当的通风，以使在模具中树脂单体烟气的积聚为最少，且不应使模具和层压板的表面温度出现大的降低。

通风的原则应考虑到此层制车间的大小、可能的分隔和处于固化中的树脂的数量。通风的布置应不致引起树脂单体过多地蒸发。

该标准还对灰尘控制、照明、材料（树脂、催化剂、加速剂、增强材料和芯材等）的贮存和加工、模具、树脂的准备、叠敷过程、表面涂层、层叠件的固化等作出规定。

应特别指出的是该标准还对人员的资格、最终检查、合格保证等作了规定。

ISO 12215－5 适用于玻璃钢艇的设计载荷、压力、应力的确定，并适用于由纤维增强塑料、铝或钢合金制造的单体小艇构件（包括内部构件）尺寸的确定。

ISO 12215－6 适用于玻璃钢艇的设计和结构细则，其用于确保构件上的总载荷和局部载荷符合要求。

在玻璃钢艇结构的要求中，对艇体加强区域作了规定。

在 ISO 12215 整套标准中,ISO 12215 －4 特别适用于玻璃钢艇制造厂,ISO 12215 －5、ISO 12215 －6 特别适用于玻璃钢艇设计单位。

3. 电气安全和救生标准

TC188 制定了一系列电气安全标准:

ISO 10133	小艇	电气系统	超低压直流装置
ISO 13297	小艇	电气系统	交流装置
ISO 8846	小艇	电气装置	防止周围可燃性气体点燃
ISO 10134	小艇	电气装置	避雷保护

遵照这些标准,将确保玻璃钢艇上人员免受电气危害和电击危险。

TC188 还制定了救生标准:

ISO 9650	小艇	气胀式救生筏
ISO 12401	小艇	甲板安全索具和安全索安全要求和试验方法
ISO 12402	个人漂浮设备	
ISO 15085	小艇	人员落水的防止和打捞
ISO 15027	救生服	

这些救生筏、安全索具、个人漂浮装置和救生服的标准对于玻璃钢艇一旦失事后的人身安全至关重要。

三、我国相关的法规与标准

国家有关部门出台游艇行业的管理政策,为我国游艇行业的健康发展起到了决定性的推动作用。我国交通部《游艇安全管理规定》的出台,意味着中国的江河湖海将全面向私人开放;国家海事局对通过正规驾校培训合格的学员颁发游艇私人驾照,使私人驾船有了水上通行证;国家海事局出台的《游艇法定检验暂行规定》和中国船级社颁布的《游艇建造规范》也为游艇制造业健康发展奠定了技术规范;中华人民共和国国防科学技术委员会出台的包括游艇在内的船舶建造许可制度,使游艇的制造严格按照国家的规范标准进行。

这些规定、规范、标准的出台,总的目的是为了游艇的使用安全。

1. 游艇建造规范

中国船级社已于 2008 年颁布我国第一部《游艇建造规范》。该规范适用于艇长 20 m 以下的非营业性机动游艇。它针对游艇的特性,在检验模式及技术要求上作了有别于商业性船艇的一些规定:

(1)采用形式检验(批量生产)及符合性检验模式,签发符合性证明。即对批量生产的游艇采用类似于产品检验的模式,对其首制艇或原型艇进行图纸审查、建造检验及各种试验要求,但对其后续艇或产品艇,免除其图纸审查及各种试验要求,给游艇生产厂及检验人员提供了方便,有利于缩短建造周期。

(2)建立对游艇制造厂进行工厂认可及评估制度。游艇生产制造厂须经中国船级社对该厂的生产工艺、生产设备及质量控制等进行认可或评估后,方可进行相应的符合性检验,从而确保游艇建造质量。

(3)针对游艇的特殊技术规定:对尺度较小的游艇允许通过实艇抛落试验验证艇体结构及可不设置加强筋的规定;对锚泊与系泊设备的配备只要求适合艇预期的营运条件,而并非强制要求配备锚设备等。

(4)接收国际公认标准组织(如 ISO、ABYC)颁布的游艇设计标准,作为 CCS 游艇规范的等效要求,而不限于 CCS 规范的要求。游艇设计者可根据自身情况选择设计标准,申请签发 CCS 的符合性证明,为国内外游艇客户提供了很大方便。

第一部《游艇建造规范》颁布之后,考虑到我国艇长超过 20 m 的大型私人游艇开始起步,为适应形势发展需要,CCS 在 2012 年又颁布了《游艇入级与建造规范》(2012 年 6 月 1 日生效)。这是一部集大、小游艇入级检验于一体的综合性规范,也是 CCS 首次颁布的涉及大型游艇的规范,使国内大、小游艇的设计、建造与检验有据可依。

《游艇入级与建造规范》(2012)在《游艇建造规范》(2008)的基础上,将原大、小游艇的分界线由 20 m 调整为 24 m,并且根据近几年的使用经验反馈,对小型游艇的技术要求作了适当调整,同时补充了大型游艇的检验技术要求。大型游艇检验技术要求主要适用于艇长 24 ~ 90 m 的钢质、铝合金和纤维增强塑料机动游艇,包括高速、低速、单体、双体等游艇。其对大型游艇的艇体结构、舾装、轮机、电气装置等均作了详细规定,并根据游艇特点及不同的设计类别、航行水域给出了不同的技术要求。

因私人拥有的大型游艇通常比较豪华,建造费用昂贵,考虑到船舶保险之需,艇主申请入级较多。这样,船级社制定游艇入级规范就显得比较重要。

CCS 编写的游艇入级规范的最大特点是艇体结构部分引入了新的"轻型船"概念。24 m 以上的大型游艇与 24 m 以下的小型游艇比较,除船体尺度差异外,两者的相对航速差别较大。一般来说,机动小游艇相对航速较高,属于高速艇($V/\nabla^{0.1667} \geqslant 7.19$ 或 $V/L \geqslant 3$)。而大型私人游艇的航速通常在 20 kn 左右,相对航速或速长比不高,大多属于非高速艇。因此,大型游艇艇体结构所受的外载荷基本上可以分成两种:对于数量较少的高速游艇,艇体结构的外载荷可参照 CCS 高速船规范的规定;其余数量众多的非高速游艇按"轻型船"的结构外载荷规定。

所谓"轻型船"的概念是借鉴国外先进船级社中对于执行非常规运输任务,即特种业务的非高速船型提出来的。建立此新概念的前提:游艇从事的航行性质完全不同于各船级社主规范体系对应的运输船舶的商业性航行。担负商业性运输任务的运输船长年航行在海上,遭遇的海洋环境条件比较恶劣。私人游艇则不然,它是游艇艇主用于私人或亲朋好友休闲娱乐的,追求的是舒适和安全,一般不会拿生命去冒险,也不会选择恶劣天气出海。因此,大型非高速游艇的艇体结构设计载荷无须按高速船要求,也不必按普通运输船的规范要求,而是采用了国外"轻型船"的设计载荷。由于艇体结构的设计载荷相对比较合理,游艇入级规范对艇体构件尺寸的要求也较合理,有利于减轻艇体结构的质量。

除此以外,我国制定的游艇入级规范还从国外船级社引入平甲板舱口盖及无须配备风暴盖的舷窗等规定,使游艇入级规范更适合游艇的实际使用情况。

2. 游艇法规

中华人民共和国海事局《船舶与海上设施法定检验规则——游艇法定检验暂行规定》自 2009 年 1 月 1 日起实施。其适用范围基本与《游艇建造规范》相同,但对检验和发证的细节作了详细规定,并对乘员的安全保护、脱险措施、消防、干舷、水密完整性、稳性、安全设备和环保要求作了补充规定。内容详尽,具有实际的可操作性。

该法规的特点主要反映在以下方面:

(1)按游艇能承受的航行水域风浪环境条件,对 A、B、C、D 等 4 类不同设计类别的游艇分别规定相应的安全技术要求。

(2)明确符合公认标准(如各船级社规范、ISO 标准、CE 标准、ABYC 等)的游艇可作为该暂行规定相关条款的等效要求(如结构、稳性等),但安全设备的配置还须满足该暂行规定。

(3)根据游艇特点简化检验类别,只有初次检验与换证检验。对由俱乐部管理(应具有海事局签发的资质证书)的游艇,其换证检验周期可延长至 5 年(其他为 2 年)。对批量生产的新建艇,可选用产品检验模式,签发游艇形式检验合格证书。另对国内已持有形式检验合格证书的艇(CCS 或其他船舶检验机构签发均可),其后续艇可免做图纸审核、原型检验与各种试验,大大简化检验程序与项目。但须对制造厂进行评估,以确保设施和设备、质量控制、生产程序和人员的游艇制造技能等资源的适宜性。如游艇制造厂发生影响许可条件的任何改变,如生产设备、生产程序等,应立即通知船舶检验机构,并将新程序及相关文件在实施前提交该机构。

(4)考虑到目前大量从国外购进的现有游艇因涉及知识产权问题而无法提供图纸资料,但有的又具有公认机构签发的证书,满足 ISO 或 CE 导则等要求的实际情况,明确对现有游艇如已具有海事局承认机构签发的证书、证明等,可免审图纸。

(5)针对游艇特点所作的有别于商船的某些规定,如允许使用 LPG 炉灶;无须勘划载重线标志,只须标识设计水线;干舷甲板以下允许开舷窗等。

3. 游艇安全管理规定

中华人民共和国交通运输部《游艇安全管理规定》已于 2009 年 1 月 1 日起施行。这是我国第一部为游艇专门制定的行政法规。该法规结合我国国情,对中国水域使用的大小私人游艇的登记注册、船舶检验、游艇操作人员培训、发证以及游艇的停泊、航行水域和游艇维护及游艇俱乐部组织等各个方面作出的行政管理规定。加上前面所述的游艇规范和法规,我国的游艇质量检验和管理体系已初步形成。

《游艇安全管理规定》规定游艇应当经船舶检验机构检验,并取得相应的船舶检验证书后方可使用;在中华人民共和国管辖水域航行、停泊的游艇应当取得船舶国籍证书;并规定了游艇操作人员培训、考试和发证的要求,并提出了游艇的安全和防污染要求。

4. 游艇相关的国家标准

我国已制定一系列小艇的国家标准,这些标准等同于 TC188 制定的相应国际标准,也同样适合用于游艇。所以如果你的手头没有现成的国际标准,完全可以采用我国国家标准来替代,这些标准大多数可以从网上下载。现将收集到的相关标准目录提供如下:

GB/T 11580—1989	小艇　锚链
GB/T 11686—2002	小艇　厕所废水集存系统
GB/T 11699—1989	小艇　舷内机桨轴端和桨毂
GB/T 11700—1989	小艇　船用推进发动机及其装置的功率测定及报告书
GB/T 11702—1989	小艇　污水接头

GB/T 13412—1992	赛艇、皮艇、划艇及其附件技术条件
GB/T 14652.1—2001	小艇　耐火燃油软管
GB/T 14652.2—2001	小艇　非耐火燃油软管
GB/T 15095—1994	游艇术语
GB/T 16696—1996	小艇　艇体识别代码
GB/T 17726—1999	小艇　电气装置防止点燃周围可燃性气体的保护
GB/T 17844—1999	小艇　遥控操舵系统
GB/T 17845—1999	小艇　功率 15 ~ 40 kW 舷外挂机遥控操舵系统
GB/T 17846—1999	小艇　电动舱底泵
GB/T 17847—1999	小艇　电动风机
GB/T 18571—2001	小艇　舷外机便携式燃油系统
GB/T 18572—2001	小艇　舷外机的静推力测定
GB/T 18573—2001	小艇　电气装置避雷保护
GB/T 18814—2002	小艇　电气系统交流装置
GB/T 18815—2002	机动小艇操舵部位的视野
GB/T 18821—2002	小艇　液化石油气(LPG)系统
GB/T 18822—2002	艇体长度小于 8 m 的小艇最大推进额定功率的确定
GB/T 19309—2003	舷内机小艇锥度为 1:16 的螺旋桨轴端和桨毂
GB/T 19310—2003	小艇　永久性安装的燃油系统和固定式燃油柜
GB/T 19311—2003	小艇　电气系统超低压直流装置
GB/T 19312—2003	小艇　汽油机和/或汽油柜舱室的通风
GB/T 19313—2003	小艇　启动运行保护
GB/T 19314.1—2003	小艇　艇体结构和构件尺寸第 1 部分:材料热固性树脂、玻璃纤维增强塑料、基准层合板
GB/T 19315—2003	小艇　最大装载量
GB/T 19316—2008	小艇　小型舷内机喷水艇的遥控操舵系统
GB/T 19317.1—2003	小艇　通海旋塞及贯穿艇体的附件第 1 部分:金属件
GB/T 19318—2003	小艇　液压操舵系统
GB/T 19319—2003	小艇　防止人员落水和重新登艇

GB/T 19320—2003	小艇　汽油发动机逆火火焰控制
GB/T 19321—2003	小艇　操舵装置齿轮传动连接系统
GB/T 19322—2008	小艇　机动游艇空气噪声的测定标准
GB/T 19917—2005	小艇　艇主手册
GB/T 20845—2007	小艇　舷内柴油机机装燃油和电气部件
GB/T 20847.1—2007	小艇　防火第1部分:艇体长度不大于15 m的艇
GB/T 20895.1—2007	小艇　稳性和浮性的评定与分类第1部分:艇体长度不小于6 m的非帆艇
GB/T 20895.2—2007	小艇　稳性和浮性的评定与分类第2部分:艇体长度不小于6 m的帆
GB/T20897.1—2007	充气艇　第1部分:发动机最大额定功率为4.5 kW的艇
GB/T20897.2—2007	充气艇　第2部分:发动机最大额定功率为4.5~15 kW的艇

【拓展提高】

通过查阅玻璃钢游艇设计、制造标准,了解玻璃钢游艇的制造工艺标准。

【课后自测】

1. 柚木清洁剂可分为__________、__________和__________。

2. 简述柚木用作游艇建造木材的优势。

任务五　游艇消防知识

游艇上的消防安全关系到人的生命财产安全,因此学习游艇消防知识对游艇建造及使用人员至关重要。本任务主要学习各类灭火器的适用范围及使用方法。

一、消防知识[4]

火的形成需要三大要素,即燃烧物、热量和足够的自由状态的氧气。

根据可燃物质的种类,火灾可分为以下四类:

A类:指固体有机物质燃烧的火。属于这类物质在燃烧后通常会形成炽热的余烬,属于这类物质的有:木材、棉花、纸张、植物纤维或合成纤维绳索、煤炭等。这种火灾不单在物体表面燃烧,而且能深入物质内部,故扑灭后仍会有余烬或火种。施救的方法主要是冷却,而水则是极好的能够大量吸收热能的冷却剂。

B类:指易燃液体或可熔化的固体燃烧的火。这类燃烧物质包括各种油类、脂肪等,如汽油、柴油、油漆、酒精、动植物油脂等。这种火灾只限于表面燃烧,但有爆炸危险。施救方法是隔断空气,但不用水,因为水重油轻,油浮于水,反而会使火灾蔓延。

C类:指易燃气体,如液化石油气、天然气、氢等燃烧的火。

D类:指轻金属燃烧的火。

在实际发生的火灾中,经常会遇到由于电气设备漏电引起的火灾,或者是由上述各类火灾蔓延引起的电气设备火灾,通称电起火。这种火灾有触电的危险,在电源未切断前不能用水浇。因此施救时,首先要切断电源。

二、手提式灭火器

手提式灭火器(图 8-5)按其充装的灭火剂类型可分为水型(包括清水灭火器、酸碱灭火器)、泡沫型、干粉型、卤代烃型及二氧化碳型等。

图 8-5　手提式灭火器

清水灭火器的灭火剂为清洁的水,水中可加一定比例的添加剂、防冻剂、浸润剂等,除水之外不得加其他物质。灭火剂贮存于钢制桶内,筒体内装有喷射用的 CO_2 贮气瓶。使用时操纵打击机构,戳穿 CO_2 钢瓶的密封片,使 CO_2 泄放到筒内,通过气体压力使灭火剂从喷嘴中喷出。

酸碱灭火器的灭火剂由两部分组成。其一为酸液,通常使用纯度 60% ~65% 的硫酸(H_2SO_4)溶液,置于玻璃瓶内;其二为碱液,通常使用纯度 85% ~92% 的碳酸氢钠($NaHCO_3$)与水混合的溶液。两者均置于钢制圆筒内,使用时将筒身倒置,两种化学溶液混合后起化学反应,所生成的 CO_2 溶于水中,且将水从喷嘴中喷出,压力甚大。

清水灭火器和酸碱灭火器适用于扑灭初起的 A 类火灾,如木材、纺织品、纸张等固体物质的火灾,不适用于油脂、石油产品、电气设备等火灾。这两种灭火器由于性能较差,目前在船上很少采用。

化学泡沫灭火器的主要结构由外部筒体、内药瓶胆、弹簧机构及喷嘴等组成。其灭火剂由两部分组成:硫酸铝和清水置于内瓶胆内,碳酸氢钠和清水置于外筒体内。使用时打开弹簧压盖,将筒体倒置,并上下摇动几次,两种化学剂混合后产生的化学反应会生成大量的泡沫,通过喷嘴喷出。其中舟车型的内药瓶盖为密闭式,在颠簸下灭火剂不会渗出,适合于船用。化学泡沫灭火器适用于扑灭油脂类、石油产品类及一般的固体物质的初起火灾。喷出的泡沫流覆盖在燃烧物(或液体)的表面,使燃烧物表面与空气隔绝并阻止液体的蒸发,从而达到灭火的效果。但对易溶解于水的易燃液体如丙酮、酒精等的灭火效果不太好,对电气火灾也不宜使用。另外,灭火剂放置时间过长其效力会降低,因此要有备用灭火剂用于定期更换。

船舶常用的卤代烃型灭火器的灭火剂主要有 1211 和 1301 两种。卤代烃型灭火剂不是靠窒息作用灭火,而是通过化学作用阻止燃烧。常用的 1211 灭火器为储压式,充储的驱动氮气的压力为 1 ~ 1.5 MPa。1211 灭火器适用于油类、可燃性液体、气体、化工原料、电气设备等的初起火灾。其优点是扑灭火灾迅速,不留残余物,不污损器物。缺点是对于火会很快深入的固体物,灭火效果不显著,冷却效果差。卤代烃灭火剂会造成环境污染,毒性较大。目前在船舶的固定式灭火系统中已禁止使用,手提式卤代烃灭火器目前仍在高速艇等船舶上使用,但应尽量少用。

CO_2 灭火器是在一个钢制圆筒内储存液化的 CO_2。常用的 CO_2 灭火器配有把手和带有喷射喇叭的橡皮管。使用时,人站在上风,靠近火源,将喇叭口对准火源喷射。CO_2 灭火器主要适用于扑灭贵重设备、档案资料、仪器仪表、600 V 以下的电器及油脂等火灾。其优点是无腐蚀、不导电、不留残余物、不含老化物。其缺点是高压气体储存于钢瓶内,有一定的危险性,而且对于有气流的场所效果大受影响。

干粉灭火器是一种有别于流体的轻便、高效的灭火器。常用的干粉有碳酸氢钠、磷酸铵盐(ABC 干粉)、全硅化钠盐、钾盐等干粉,置于全封闭的钢瓶内。驱动干粉的方式有两种,一种为贮气瓶式,附装一小瓶高压 CO_2,使用时将喷嘴对准火源,然后开启 CO_2 钢瓶,利用 CO_2 气体将干粉喷射出去。另一种为贮压式,即在装干粉的钢瓶内充高压氮气,使用时将喷嘴对准火源,握紧把手,使氮气连同干粉一起射出。干粉分解后产生的气体(如 CO_2)具有阻隔氧气和冷却物体的作用,适用于易燃、可燃液体、气体、电气的火灾,以及化学物品及各种可燃物质所引起的火灾的扑救。与泡沫灭火器相比,它具有灭火效率高、应用范围广、操作方便、无毒、无腐蚀等优点,因而部分取代 CO_2 灭火器和化学泡沫灭火器。

上述各类灭火器适用的火灾类型如表 8 - 1 所示。对于 D 类火灾需用专用的干粉灭火器,表中未列出。各类手提灭火器在艇上的适用处所如表 8 - 2 所示。

表 8 - 1　各类手提式灭火器适用火灾类型

灭火器类型	适用的火灾类型	是否适用于电气设备火灾	船用型的容量	识别颜色(手柄)
水	A	否	9 L	红色
泡沫	B	否	9 L	淡奶油色
干粉	A、B、C	是	5 ~ 8 kg	蓝色
1211 卤代烃	B、C	是	2 kg	绿色
1301 卤代烃	B、C	是	2 kg	绿色
CO_2	B、C	是	5 ~ 7 kg	黑色

表 8－2　各类手提灭火器的适用处所

处所	适用的灭火器类型
起居处所	水、干粉
厨房	泡沫、干粉、卤代氢、二氧化碳
无线电室	干粉、卤代氢、二氧化碳
机器处所	干粉、泡沫
锅炉处所	泡沫
电气设备处所	干粉、卤代氢、二氧化碳

【拓展提高】

组织一次消防演练,练习使用灭火器。

【课后自测】

1. 手提式灭火器按其充装的灭火剂类型可分为__________、__________、__________、__________和__________。

2. 简述 CO_2 灭火器的适用范围及优缺点。

参 考 文 献

[1]章拯.浅谈玻璃钢船艇的船体保养[J].中外船舶科技,2009(3):34-35.

[2]佚名.柚木的护理和保养[J].船舶工业技术经济信息,2003(11):24-27.

[3]林德辉.ISO/TC188与玻璃钢艇安全[J/OL].[2018-12-08]http://www.shipbbs.com/thread-624-1-1.html.

[4]叶邦全.第5篇安全营运——第3章消防器材[J].船舶,2008,19(4):58-62.